AF523755

Adolf Holl
Werke
Band 7

ADOLF HOLL
DER FISCH AUS DER TIEFE

oder Die Freuden der Keuschheit

Residenz Verlag

Adolf Holl
Der Fisch aus der Tiefe
oder Die Freuden der Keuschheit
Band 7 der Werkausgabe (12 Bände)

Herausgeber: Walter Famler / Harald Klauhs
Grafische Gestaltung: Leo Gürtler / bahoe books
Foto Adolf Holl: ÖhnerKraller
Gesamtherstellung: GGP Media GmbH, Pößneck

Salzburg – Wien
residenzverlag.com

ISBN 978-3-7017-3543-3

Rechtschreibung und Zeichensetzung vorliegender Werkausgabe entsprechen den zuletzt von Adolf Holl autorisierten Ausgaben.

Bibliografische Information der Deutschen Nationalbibliothek
Die Deutsche Nationalbibliothek verzeichnet diese Publikation in der Deutschen Nationalbibliografie; detaillierte bibliografische Daten sind im Internet über http://dnb.dnb.de abrufbar.

Bundesministerium
Kunst, Kultur,
öffentlicher Dienst und Sport

INHALT

1. Der Gegenspieler

Jung ließ sich fallen. Da war es ihm, als ob der Boden unter ihm nachgäbe, und schon sauste er in die dunkle Tiefe. Panik. Plötzlich und nicht allzu tief kam er jedoch zu seiner großen Erleichterung in einer weichen, klebrigen Masse auf seine Füße zu stehen. Fast völlige Finsternis, an welche sich seine Augen nach einiger Zeit gewöhnten. In der dunklen Dämmerung erblickte er nunmehr den Eingang zu einer Höhle. Dort stand ein Zwerg wie aus Leder. An ihm vorbei drängte sich Jung, watete durch knietiefes, eiskaltes Wasser zum anderen Ende der Höhle und sah dann auf einem Felsband einen rotleuchtenden Kristall. Griff den Stein, hob ihn auf. Entdeckte unter dem Stein einen Hohlraum, blickte hinein, sah zunächst gar nichts, dann aber doch etwas. Zuerst strömendes Wasser, dann darin eine Leiche, einen Jüngling mit blondem Haar, am Kopf verwundet. Schwamm vorüber. Dann ein riesiger schwarzer Käfer, ein ägyptischer Skarabäus. Schwamm ebenfalls vorüber. Dann tauchte aus der Wassertiefe eine rote, neugeborene Sonne herauf, und geblendet von ihrem Licht wollte Jung die Öffnung mit dem Kristall wieder verschließen, als plötzlich ein starker Strahl hervorschoß. Blut! Übelkeit. Unerträglich lange währte der Blutstrom, bis er zuletzt doch versiegte.

Hernach war Jung ziemlich beunruhigt. Er wußte, daß die Bilder der Tiefe sich seiner bemächtigen konnten, wenn er sich ihnen aussetzte. Jung hatte Angst, den Boden unter den Füßen zu verlieren. Ich habe ein Ärztediplom, sagte sich Jung, ich wohne in Küsnacht, Seestraße 228, ich habe eine Frau und fünf Kinder. Ich muß meinen Patienten helfen. Ich muß wagen, mich der Bilder zu bemächtigen, weil sonst die Bilder sich meiner bemächtigen. Was ich von meinen Patienten erwarte, muß ich selber zu leisten imstande sein.

Jung lebte wie unter einem inneren Druck, der zeitweise so stark wurde, daß eine psychische Störung zu befürchten war. Jung mußte an Nietzsche denken, der wahnsinnig geworden war. Viel später, als alter Mann, als er bereits weltberühmt war, sagte Jung: Beinahe wäre ich ertrunken.

Unten wartete der Gegenspieler, schweigend. Jung hatte ihn zum erstenmal im Traum erblickt, als er ein dunkles, rechteckiges Loch in der Erde entdeckte, auf der Wiese hinter dem Hof des Mesners in Laufen, wo er seine Kindheit verbrachte. Neugierig trat Jung näher und blickte hinunter. Eine Steintreppe, die in die Tiefe führte. Zögernd und furchtsam stieg Jung abwärts. Unten eine Tür mit Rundbogen, durch einen grünen Vorhang verschlossen. Der Vorhang war groß und schwer, wie aus gewirktem Stoff oder aus Brokat. Jung schob ihn beiseite und erblickte einen etwa zehn Meter langen rechteckigen Raum in dämmerigem Licht. Die gewölbte Decke bestand aus Steinen, und auch der Boden war mit Steinfliesen bedeckt. In der Mitte lief ein roter Teppich vom Eingang bis zu einer niedrigen Estrade. Auf ihr stand ein wunderbar reicher goldener Thronsessel, prachtvoll wie im Märchen. Darauf nun ein riesiges Gebilde, das fast bis an die Decke reichte, wie ein Baumstamm, Durchmesser 50 bis 60 Zentimeter, Höhe vier bis fünf Meter. Das Gebilde war von merkwürdiger Beschaffenheit. Es bestand aus Haut und lebendigem Fleisch, und obendrauf war eine Art rundkegelförmigen Kopfes ohne Gesicht und ohne Haare. Ganz oben auf dem Scheitel befand sich ein einziges Auge, das unbewegt nach oben blickte. Über dem Kopf war es ziemlich hell. Das Ding bewegte sich nicht, aber Jung hatte das Gefühl, jeden Augenblick könne es wurmartig von seinem Thron herunterkriechen und auf ihn zukommen. Jung war vor Angst wie gelähmt. Da hörte er plötzlich die Stimme seiner Mutter von oben und außen, welche rief: Ja, schau ihn dir nur an. Das ist der Menschenfresser! Höllenschrecken. Schwitzend vor Angst wachte Jung auf. Er war damals drei oder vier Jahre alt.

Jungs Vater war evangelischer Pfarrer. Acht Onkel Jungs waren ebenfalls Pfarrer. Sie trugen schwarze Gehröcke und blankgewichste Schuhe, die an Begräbnisse denken ließen. Sie sprachen vom lieben Herrn Jesus, und Jung hatte Angst. Immer wenn die Pfarrer vom lieben Herrn Jesus sprachen, mußte Jung an den unterirdischen Menschenfresser denken. Es gab niemand, mit dem Jung über sein schreckliches Erlebnis hätte sprechen können. Er wuchs mit ihm auf. Er wurde Nervenarzt und freundete sich mit Sigmund Freud an. Aber nicht einmal Freud durfte etwas vom Gegenspieler erfahren.

Dann kam der Moment, in dem sich Jung fallen ließ, und fortan war Jung erst recht allein mit den Bildern der Tiefe. Er lernte den Umgang mit ihnen. Aus Büchern lernte er, daß der Gegenspieler ein Phallus war, ein ritueller Mannesbaum, wie er vor Zeiten verehrt wurde, aus Stein oder aus Holz geschnitzt, in Indien und in den Mittelmeerländern, Herr Priapos, wie ihn die alten Griechen nannten. Er war älter als der christliche Gott und der christliche Teufel, und mächtiger, ruchlos wie die Natur, eine geheime Offenbarung für Jung höchstpersönlich, die ihn sein Leben lang beschäftigte.

Spät erst, im Alter, wagte Jung die Bekanntgabe seines Kindheitstraums vom unterirdischen Menschenfresser. Nach zwei Weltkriegen und unter der Drohung durch die Atomwaffen überlegte Jung immer noch, ob das Gebilde aus Haut und lebendigem Fleisch nicht etwa dasselbe bedeutete wie der Herr Jesus der Pfarrer. Im englischen Fernsehen antwortete Jung 1959 auf die Frage, ob er an Gott glaube: I do not believe. I know. Die Bemerkung provozierte eine große Zahl brieflicher Anfragen, auf die Jung in einem Schreiben an die Radio- und Fernsehzeitung «The Listener» reagierte. Er schrieb: Insofern ich vom Zusammenprall mit einem höheren Willen in meinem eigenen psychischen System weiß, weiß ich um Gott, um einen Gott jenseits von Gut und Böse.

Die Engländer wären schockiert gewesen, wenn Jung ihnen das Aussehen seines Gottes genauer beschrieben hätte. Durchmesser 50 bis 60 Zentimeter, Höhe vier bis fünf Meter. Jung hütete sich, seinen sexuell aufgeklärten Zeitgenossen zu sagen, daß er sie für träumende Knaben hielt, die schwitzend vor Angst auf ein monströses Gebilde starren, das sie zu verschlingen droht und in dem sie nur mit Mühe das vertraute Ding zwischen den Schenkeln der Männer wiederzuerkennen vermögen. Jung wußte, daß die Sexualität eine Schattenseite hat, und nur sie interessierte ihn wirklich.

Nach seinem ersten Fallversuch am 12. Dezember 1913 bemühte sich Jung, in immer tiefere Tiefen zu sinken. Er saß am Schreibtisch und stellte sich endlose Stufen vor, die nach unten führten. Schließlich fand Jung sich am Fuß einer hohen Felsenwand wieder, wie im Lande der Toten. Er erblickte einen alten Mann mit weißem Bart und ein schönes junges Mädchen. Auch eine schwarze Schlange war in der Nähe zu sehen, von freundlichem Wesen. Der Alte erklärte, er sei Elias. Das Mädchen nannte sich Salome. Es war blind.

Der Alte, das Mädchen und die Schlange wurden für Jung zu vertrauten Gestalten, denen er immer wieder begegnete, wenn er sich fallen ließ. Er führte lange Gespräche mit ihnen, die er niederschrieb, mehrere Jahre lang. Mit der Zeit lernte Jung, daß das merkwürdige Paar aus dem Lande der Toten auch in manchen alten Geschichten umging, chinesischen, orientalischen, europäischen, unter verschiedenen Namen. Da hieß es zum Beispiel, daß ein gewisser Simonmagus, der zur Zeit Christi lebte, mit einem jungen Mädchen namens Helena herumgezogen sei, das er in einem Freudenhaus der Stadt Tyrus gefunden hatte.

Zwei Jahre vor seinem Tod führte Jung ein letztes Gespräch mit den fremden Gästen aus dem Unbewußten. Er ahnte inzwischen, daß er selber der Alte war, und daß die junge Frau eine unstillbare Sehnsucht verkörperte. Nur sie vermochte den ruchlosen Gegenspieler zu besänftigen, den Herrn der Unterwelt und der Tiefenpsychologie.

Jungs Bruch mit Freud war das Werk des Gegenspielers. Mein lieber Jung, hatte Freud gesagt, versprechen Sie mir, nie die Sexualtheorie aufzugeben. Das ist das Allerwesentlichste, ein unerschütterliches Bollwerk gegen die Schlammflut des Okkultismus. Jung hatte seine Doktorarbeit über die Psychologie und die Pathologie okkulter Phänomene geschrieben. Alles Okkulte faszinierte ihn, während Freud den paranormalen Erscheinungen wenig Geschmack abgewann. Für Freud war der Gegenspieler ein vergrößertes männliches Geschlechtsorgan, ein Zeichen für das erwachende Interesse des kleinen Jung an seiner Mannbarkeit, und sonst nichts, jedenfalls kein Gott. Wir Juden haben es leichter, meinte Freud, da uns das mystische Element abgeht. Das arische Unbewußte hat ein höheres Potential als das jüdische, meinte Jung. Das ist der Vorteil und der Nachteil einer noch nicht ganz der Barbarei entronnenen Jugendlichkeit.

Jung mußte sich gegen die nüchterne Sexualtheorie Freuds zur Wehr setzen, wegen des Gegenspielers. Das landläufige Geschlechtsleben erinnerte Jung an die Misthaufen der Bauern, wie er sie als Kind gesehen hatte. Er wollte die geistige Seite der Sexualität erforschen, die dunkle Seite

Gottes, wie er sie nannte, die Welt des Gegenspielers. Der Nationalsozialismus war für ihn eine mächtige Erscheinung, als er im Jahr 1933 den Vorsitz der deutschen Gesellschaft für Psychotherapie übernahm. Besonders im Wald fühlte Jung das schauervolle Wirken der anderen Wirklichkeit am nächsten, auch in gotischen Kathedralen, soweit in der Schweiz vorhanden. Im Wald ahnte Jung das kostbarste Geheimnis des germanischen Volkes, die prophetische Tiefe seiner Seele, den Heiligen Gral, den unsäglich reinen Glauben. Die Werke Sigmund Freuds wurden im Jahr 1933 von den Nazis öffentlich verbrannt, in Berlin. Die Schriften Jungs blieben weiterhin im Handel.

Als Jung sich von Freud getrennt hatte, da war es ihm, als falle er ins Unbekannte hinaus, da ging er gleich nach dem Mittagessen ans Ufer des Zürichsees, um Kieselsteine zu sammeln und mit ihnen kleine Häuser zu bauen, ein Schloß, eine Kirche, ein ganzes Dorf, so wie er es als Knabe getan hatte. Auf den Fotos, die es von Jung gibt, sieht er stets aus wie ein Bankdirektor. Mit der Kirche im Dorf gab es Probleme. Jung scheute sich wochenlang, in das Kieselsteinkirchlein einen Altar zu setzen. Eines Tages erblickte er einen kleinen roten Stein in der Form einer Pyramide. Das war der Altar. Als Jung den Stein in das Kirchlein tat, fiel ihm plötzlich der Traum vom Gegenspieler wiederum ein, an den er lange Zeit nicht mehr gedacht hatte.

Die Kirche ohne Altar, der verlorene Glaube. Mit großer Spannung hatte Jung bei der Feier der Konfirmation auf den Augenblick des Abendmahls gewartet, das er zum erstenmal kosten sollte. Auf dem Altartisch befanden sich große Platten mit Brotstückchen darauf. Aus einer zinnernen Kanne wurde Wein in einen Becher gegossen. Jung war fünfzehn Jahre alt. Als die Reihe an ihn kam, aß er das Brot. Fader Geschmack. Der Wein war sauer. Sonst hatte sich nichts ereignet, keine Spur von Gott. Jung hatte sich leer und enttäuscht gefühlt wie nach einer Niederlage. Nein, Christ war Jung keiner mehr, und auch die meisten seiner Patienten hatten den Glauben verloren.

Zum Glück gab es das Unbewußte.

Das Unbewußte bringt Bilder und Erinnerungen aus der Tiefe herauf, die in die leere Kirche einziehen. Gedanken, Wünsche, kaum geahnt, wirr und gestaltlos, die scheu sich vor des Tages Licht verkrochen, empfangen Form und Gewand und stehlen sich in das stille Haus des Traums. Sie öffnen die Türen, sie sehen aus den Fenstern, sie werden halbwegs Fleisch, die Glieder strecken sich, die Lippen murmeln.

Jung sah sich in einer italienischen Stadt, zur Mittagsstunde im Hochsommer. Er marschierte ein steiles Gäßchen hinunter. Die Altstadt von Bergamo vielleicht. Viele Menschen kamen ihm entgegen, modern gekleidet, offenbar auf dem Weg zum Mittagessen. Mitten unter ihnen jedoch auf einmal ein Rittersmann aus dem Mittelalter in voller Rüstung, mit herabgelassenem Visier. Über dem Kettenhemd ein weißes Obergewand mit eingewebtem rotem Kreuz. Ging vorüber. Niemand außer Jung schien den Kreuzfahrer zu beachten. Ja, jeden Tag geht er hier seines Weges, hörte Jung sagen, lange Zeit schon. Das wissen alle.

Seiner Tracht nach war der mittägliche Ritter ein Tempelherr, ein geistlicher Mann aus frömmeren Tagen, Bote der dunklen Seite Gottes, gepanzert gegen die Anfechtungen des Fleisches. Für Jung ein bedeutsamer Wink, die entkräftete Religion in der Welt des Gegenspielers zu suchen, in die sie versunken war.

Aber die Frauen. Da war Emma, geborene Rauschenbach, aus Schaffhausen. Mit ihr zeugte Jung Agathe, Gret, Franz, Marianne, Helene. Emmas Mitgift ermöglichte den Bau der

Villa am Ufer des Zürichsees, in der Jung ordinierte. Meist waren es Frauen, die Jung konsultierten. Verstörte, nervöse, hysterische, neurotische, kluge, interessante Frauen in gesicherten Lebensverhältnissen, die sich alsbald in Jung zu verlieben pflegten, wie Emma bemerkte. Da war Sabina Spielrein aus Rostow am Don. Ihr Vater war ein Geschäftsmann, ihr Großvater ein Rabbi. Sie kam im Alter von neunzehn Jahren nach Zürich, um ihre Hysterie zu kurieren und Medizin zu studieren. Jung behandelte sie nach der Methode Freuds, zuerst in der geschlossenen Anstalt am Burghölzli, später privat, und verlor schließlich die Kontrolle über seine Gefühle für die junge Dame. Skandal im Jahr 1909, ausgelöst durch einen anonymen Brief Emmas an Sabinas Mutter, Trennung, Leid, Resignation. Da war Antonia Wolff aus Zürich, bester Stall, sehr alte Bürgerfamilie, solider Reichtum, die Anfang 1910 in der Sprechstunde Jungs erschien, im Alter von 22 Jahren, wegen ihrer nervösen Zustände nach dem Tod ihres Vaters. Jung war der Auffassung, daß eine gute Ehe auf der Erlaubnis zur Untreue beruhe. Er schätzte gutes Essen, segelte gern auf dem Zürichsee, fuhr auf dem Rad nach Italien, stieg auf Berge, verstand sich aufs Jodeln und Holzhacken, lachte dröhnend und laut, brüllte im Zorn mit Patienten. Fräulein Wolff wurde seine Geliebte. Jung bestand darauf, die neue Freundin in den Kreis seiner Familie einzuführen. Die Kinder durften sie bald Tante Toni nennen. Zum Kongreß der Internationalen Psychoanalytischen Vereinigung in Weimar 1911 fuhr Jung mit fünf Damen, unter ihnen Emma und Toni. Jung führte Toni in die Kunst der Seelenbehandlung ein. Auch Emma wurde von Jung analysiert, aber seinen Schwanz steckte Jung gleichwohl in andere Frauen hinein, bei günstiger Gelegenheit, worüber sich Emma bitterlich kränkte. Ohne Toni wäre Jung möglicherweise verrückt geworden, in den Jahren der Seelenkrise nach der Trennung von Freud, was Emma wußte. So blieb die Familie einigermaßen intakt. Im Jahr 1922 erwarb Jung ein Grundstück in Bollingen am oberen Zürichsee, wo er sich nach und nach eine Art Einsiedelei einrichtete, direkt am Wasser, mit mittelalterlichem Wohnturm, ohne Elektrizität. Dorthin konnte er fahren, wenn er allein sein wollte. Daß er in Bollingen auch Damenbesuch empfing, ist nicht auszuschließen.

Die Erfahrungen mit den Frauen, die Jung therapierte und liebte, retteten ihn aus der Banalität seines Familienlebens. Jung entdeckte in seinem Unbewußten ein Wunschbild des Weiblichen, das er Anima nannte. Anima heißt Seele. Jung meinte damit den weiblichen Anteil im männlichen Seelenleben, ebenjene blinde Salome, die ihm auf seinen Traumwanderungen begegnet war, als Begleiterin des alten Mannes mit dem weißen Bart. Sie kann einen Mann in Grund und Boden vernichten, wenn er nicht auf der Hut ist, meinte Jung.

Also Vorsicht. Jung hielt sich lieber an den Alten, wenn das merkwürdige Paar wieder einmal auftauchte. Der Verstand des Alten schien in Ordnung zu sein. Die Blindheit des Mädchens hingegen stimmte Jung mißtrauisch. Ob sie dem unterirdischen Gegenspieler gewachsen war? Würde sie seinen Kopf fordern, wie die biblische Salome das Haupt Johannes des Täufers? Wollte sie das Patriarchat abschaffen? Jung verabscheute Frauen in Hosen. Am Grund der Dinge, wo Jung seine Forschungsreisen unternahm, war der Unterschied der Geschlechter keineswegs aufgehoben. Die Leitfiguren, die Jung am Fuß der hohen Felswand angetroffen hatte, waren einander als Mann und Frau zugeordnet. Der Mann mußte alt und weise sein, weil er die Kraft der Vernunft darstellte. Das Mädchen mußte jung und blind sein, weil es die erotische Leidenschaft verkörperte.

Daß zwischen den beiden etwas vorfiel, was den guten Sitten widersprach, schien ausgeschlossen. Jedenfalls war der Alte zweifellos der würdigere Teil der Doppelerscheinung. Auch mochte es kein Zufall sein, daß er eine felsige, nicht eine fruchtbare Gegend für seinen Auftritt gewählt hatte. Nicht ein Kind war den beiden beigesellt, sondern eine schwarze Schlange, was alles andere als ein idyllisches Familienbild ergab. Die biblische Schlange im Paradies war aufmüpfig und ungemein klug. Vielleicht sollte sie Jung daran erinnern, daß er von Kind auf ein heimlicher Ketzer war.

Als Gymnasiast in Basel hatte Jung mit zwölf Jahren ein Erlebnis gehabt, das ebenso prägend war wie der Traum vom Gegenspieler. An einem schönen Sommertag war Jung nach dem Unterricht zum Münsterplatz gegangen. Strahlend blauer Himmel. Die Sonne spiegelte sich in den buntglasierten Dachziegeln des Münsters, und Jung dachte an Gott, der dies alles so prächtig geschaffen hatte. Jetzt sitzt er weit oben im Himmel auf seinem goldenen Thron, und – plötzlich war Jung wie gelähmt. Erstickungsgefühl. Jetzt nur nicht weiterdenken. Sonst kommt etwas Furchtbares. Die größte Sünde, die nicht vergeben werden kann. In höchster Angst vor dem Zulassen des Lästergedankens verbrachte Jung den Rest des Tages, schlief schlecht in der Nacht, ängstigte sich weiter, bis er in der dritten Nacht aus unruhigem Schlummer aufschreckte und sich dabei ertappte, wiederum ans Münster und an Gottes Thron zu denken. Gott weiß, überlegte Jung, daß ich nicht mehr lange widerstehen kann. Er hilft mir nicht, obwohl ich im Begriff stehe, zur Sünde gezwungen zu werden, die nicht vergeben werden kann. Er will mich auf die Probe stellen, er will meinen Mut zum Verruchten. Und so, als ob er sich anschickte, für immer und ewig ins höllische Feuer zu springen, ließ Jung zu, wogegen er sich gewehrt hatte. Noch einmal sah er das

Münster, darüber den blauen Himmel und oben den goldenen Thron Gottes. Jetzt stürzte, von der Unterseite des Gottesthrons her, ein gewaltiger Kotbrocken herab, geradewegs auf das Dach des Münsters, zerschmetterte es und ließ die Kirchenwände einstürzen. Jung schluchzte vor Aufregung und Glück, er fühlte sich dankbar und unbeschreiblich erleichtert.

Die Notdurft des Allerhöchsten, die Jung geschaut hatte, isolierte ihn. Zwar hörte er im Haus seines Vaters viele religiöse Gespräche mit an, aber er hütete sein Geheimnis. Was er später darüber zu sagen wußte, steht in den zwanzig Bänden seiner Gesammelten Werke geschrieben. Stets bestand er darauf, als Psychologe und nicht als Theologe aufzutreten, auch und besonders in seinen religionstheoretischen Schriften. Trotz dieser Vorsicht blieben die christlichen Theologen mißtrauisch, mit Recht. Jungs Gott befand sich jenseits von Gut und Böse, während der christliche Gott lautere Güte ist.

Was Jungs Gott von der christlichen Kirche hielt, das hatte er in höchst anstößiger Weise gezeigt. Drauf geschissen. Das war so, dafür konnte Jung nichts, daran war auch nichts zu ändern. Unten drohte der Gegenspieler, von oben fiel Gottes Exkrement herab. Das waren keine Kopfgeburten, davon war Jung überzeugt, das hatte er sich nicht eingebildet oder ausgedacht, das war ihm aufgedrängt worden, fragte sich nur, von wem.

Von den Theologen war keine Antwort zu erwarten. Die hielten sich an ihre Dogmen, wie Buchhalter. Sie hatten das Göttliche nicht erlebt wie Jung, jedenfalls nicht so wuchtig, so schrecklich, so unbezweifelbar.

Von Freud sah sich Jung ebenfalls im Stich gelassen. Der führte alles und jedes auf das schmutzige kleine Geheimnis zurück, die Schlafzimmergeschichten von Papa und Mama, den ewigen Ödipus, die unheilige Familie. Wie die Priester, die immer nur an das eine denken.

Nach der Trennung von Freud, als Jung sich fallen gelassen hatte und seinen inneren Bildern nachging, zwischen 1913 und 1917, den wichtigsten Jahren seines Lebens, fand Jung endlich die Gesellschaft, die schon längst auf ihn gewartet hatte. Sie kam aus dem Land der Toten. Der alte Mann und das junge Mädchen, denen Jung auf seinen Seelenwanderungen begegnete, hatten zwar keine Antwort auf die Frage parat, wer oder was für die seltsamen Gotteserfahrungen Jungs verantwortlich war. Aber sie kamen wenigstens aus derselben Gegend wie der Gegenspieler, von dort, wo die Wahnvorstellungen und die Offenbarungen produziert werden, und nicht aus Büchern. Das Paar bestärkte Jung in seiner Absicht, okkulte und esoterische Wege zu beschreiten. Daß diese Wege von der heiligen Mutter Kirche verboten und verketzert worden waren, tausend Jahre lang, brauchte Jung nicht weiter zu stören. In Zürich werden seit geraumer Zeit keine Ketzer mehr verbrannt.

Jung war in einen Kriminalroman geraten. Der Alte und das Mädchen spielten den Ermittler und dessen Gehilfin. Wie immer fehlte der Täter. Ein einziges Mal hatte Jung ihn im Traum erblickt, unter der Wiese hinter dem Hof des Mesners in Laufen. Wenn Jung seine Hose aufknöpfte, hielt er eine verkleinerte Ausgabe des Gegenspielers zwischen Daumen und Zeigefinger. Aber was nützte das schon.

Jung wußte, daß die Lösung des Falles in der Vergangenheit gesucht werden mußte, wie in jedem Kriminalroman. Bald dämmerte ihm, daß das Verbrechen geschehen sein mußte, als er noch ein Kind war, ja vielleicht noch viel früher, im Unvordenklichen. Sicher war nur, daß der Gegenspieler ein Gott war, was die Sache keineswegs leichter machte.

2. Simonmagus

Im Jahr 1945 fand der Kameltreiber Mohammed Ali in der Nähe des oberägyptischen Fleckens Nag Hammadi eine meterhohe Urne aus Ton, als er mit seinem Bruder nach Humuserde grub. In der Urne war eine Menge beschriebenes Papier, verpackt in Ziegenleder. Sicher sehr alt, wahrscheinlich wertvoll. Vorsicht, sonst kommen die Herren aus Kairo, und Mohammed Ali schaut durch die Finger.

Im Oktober 1946 zahlte der Kurator des koptischen Museums in Kairo 250 ägyptische Pfund an den Lehrer Raghib Andawarus aus Nag Hammadi, für einen Packen aus der alten Urne. Ein anderer Packen gelangte an den belgischen Antiquar Albert Eid, der ihn außer Landes schmuggelte und zum Verkauf anbot, unter anderem der Bollingen Foundation in New York, für 12 000 Dollar. Eid starb, ohne verkauft zu haben. Der holländische Kirchenhistoriker Gilles Quispel, der von der Sache wußte, schrieb einen Brief an Jung und teilte ihm mit, daß wertvolle gnostische Schriften gefunden worden und verkäuflich seien. Ein reicher Gönner Jungs, George H. Page, spendierte daraufhin 35 000 Schweizer Franken für die Kostbarkeit. Sie wurde dem alten Jung zum 80. Geburtstag auf den Tisch gelegt und heißt seitdem Codex Jung.

Mit den Gnostikern hatte sich Jung bereits in den Jahren 1918 bis 1926 beschäftigt, auf seiner Suche nach historischen Vergleichsmöglichkeiten für die innere Bilderwelt, die sich ihm und seinen nervenkranken Patienten aufdrängte. Die Gnostiker waren ungefähr gleichzeitig mit den Christen aufgetaucht, im Nahen Osten. Das griechische Wort Gnosis, das ihr Lebensprogramm ausdrückt, heißt Erkenntnis, Wissen. Die Welt, in der sie leben mußten, war ihnen verächtlich, eine mißlungene Veranstaltung des Gegenspielers. Viele Gnostiker lebten als Christen, viele Christen als Gnostiker, besonders in Ägypten. Von Anfang an gab es unter den Christen eine Partei, die den Gnostikern den Teufel an den Hals wünschte. Diese Partei wurde von den Aposteln Petrus und Paulus angeführt, und sie blieb siegreich. Als sie unter Kaiser Konstantin an die Macht gekommen war, ließ sie alle gnostischen Schriften verbrennen, die man erwischen konnte. Der Fund von Nag Hammadi war deshalb so sensationell, weil er viele verlorene gnostische Texte wieder ans Licht brachte, insgesamt 51 Schriften, davon 39 bislang unbekannten Inhalts, alle aus dem zweiten und dritten nachchristlichen Jahrhundert.

In ihnen taucht öfter ein prominenter Name auf, der des Simon aus Palästina, als des Begründers einer gnostischen Denkrichtung. Von seinen christlichen Feinden wurde er «der Magier» genannt, und unter dieser Bezeichnung ging er in die Kirchengeschichte ein. Simonmagus. Er hatte sich bei Jung gemeldet, unter dem Decknamen Elias, am Fuß einer hohen Felsenwand, zusammen mit seiner ständigen Begleiterin und der merkwürdigen Schlange.

Nag Hammadi liegt am mittleren Nil, zwischen Luxor und Jirja, etwa hundert Kilometer stromabwärts vom alten Theben und dem berühmten Tal der Könige. Eisenbahnhaltestelle. Der Dschebel et-Tarif, eine hohe Kalksteinklippe, überragt die Nilebene. Zuckerrohrfelder. Zahlreiche Höhlen in der steil abfallenden Felswand des Dschebel, Grabstätten von höheren Beamten aus der sechsten Pharaonendynastie. In der Nähe von Nag Hammadi hatte der selige Vater Pachomios um 320 die ersten christlichen Klöster gegründet. Aus ihnen stammt die gnostische Bibliothek, die später in die Urne getan und vergraben blieb, bis der Kameltreiber Mohammed Ali sie fand.

In dieser Gegend war Jung gelandet, als er sich fallen gelassen hatte. So kam er mit Simonmagus zusammen, im Niemandsland zwischen der besiedelten Nilebene und der Wüste, die sich bis zum Atlantik erstreckt, am Fuß des Dschebel et-Tarif, wo die Seelen der toten Beamten aus der Zeit der Pharaonen mit denen der gnostischen Klosterbrüder sich treffen, wenn die Nacht sich belebt.

Die Sonderlinge des Glaubens, die sich in der Seele Jungs zu rühren anfingen, hatten wie er den Gegenspieler erblickt, den ruchlosen Herrn einer mißglückten Welt. Seine Macht kam aus seiner Fleischlichkeit, Saftigkeit, Lebendigkeit, der Samenverspritzung in empfängliche Weiberkörper, aus welcher dann die endlose Prozession der Nachkommenschaft herausgepreßt wurde, zum Zweck der Verewigung der von Hause aus verpfuschten Daseinsbedingungen.

Für die Sonderlinge des Glaubens, all die Gnostiker, Manichäer, Bogomilen, Katharer, die tausend Jahre lang ihr ketzerisches Haupt in Europa erhoben, lag der entscheidende Nachteil darin, geboren zu sein, mit Haut und Knochen beschwert auf der Erde herumkriechen zu müssen, hauptsächlich beschäftigt mit der Beschaffung des Nachschubs für den Wanst, freudlos unterworfen einem Geschick, das sich niemand ausgesucht hatte, unter einer gleichgültigen Sonne, die über den Leichnamen der Gemarterten und Abgeschlachteten aufging, als ob nichts geschehen wäre.

Die Antwort der Sonderlinge auf einen derart trostlosen Zustand der Dinge war streng. Wer sich dem Bann des Gegenspielers entziehen wollte, mußte das Rad der Geburten anhalten, mußte auf die Produktion von Kindern verzichten, sie mit allen Mitteln verhindern, mußte die Lust überlisten – durch Enthaltsamkeit, durch Empfängnisverhütung, durch Abtun der Leibesfrucht. Wegen solcher Ruchlosigkeit waren die Sonderlinge des Glaubens von der mächtigen und strengen Mutter Kirche unterdrückt, verfolgt, ausgerottet worden und auf dem Misthaufen der Geschichte gelandet.

Aber der mittelalterliche Tempelherr, der Jung im Traum erschienen war, mit geschlossenem Visier, trieb sich immer noch im Unbewußten herum. Wohin immer er unterwegs war, mit Sicherheit marschierte er nicht nach Hause zu Weib und Kind so wie Jung nach seinen Traumwanderungen. Der Ritter war ledig.

Dort, wo Jung gelandet war, nachdem er sich fallen gelassen hatte, spielten keine Kinder, wuchs kein Kraut, tickten keine Uhren. Nur der Alte stand da und das weibliche Wesen in Gesellschaft der listigen Schlange. Der Alte erinnerte Jung an jenen Simonmagus, der seine Helena in einem Freudenhaus aufgelesen hatte. Von ihm stand in der christlichen Bibel geschrieben, daß er von Simonpetrus verflucht worden war, angeblich deshalb, weil er dem Petrus Geld angeboten hatte, um die Gewalt der Gnadenerteilung käuflich zu erwerben. Seither bestand eine unversöhnliche Feindschaft zwischen den Petrusgläubigen und den Simonianern beziehungsweise Gnostikern, und der Gegensatz zwischen Simonpetrus, dem ersten Papst der christlichen Überlieferung, und Simonmagus, dem ersten Ketzer, zog sich durch viele Jahrhunderte der abendländischen Kirchengeschichte.

Jung seinerseits hatte eine Heidenangst vor allem, was mit der Kirche des Simonpetrus, der römischen also, zusammenhing. Über Menschen, die nach Rom wie nach London oder Paris reisten, konnte Jung sich nur wundern. Erst im Alter wagte es Jung, eine Reise nach Rom in Erwägung zu ziehen. Als er die Fahrkarte kaufen wollte, erlitt er prompt einen Ohnmachtsanfall. Danach verzichtete er endgültig auf eine Romfahrt.

In Rom lauerten die Jesuiten. Schwarze, wie Frauen gekleidete Männer. Ihren Namen hatte der kleine Jung bereits aufgefangen, als sein Vater von den Umtrieben der Jesuiten geredet hatte. In der Schweiz waren die Jesuiten verboten. Sie hatten etwas mit dem Herrn Jesus zu tun und verbreiteten Schrecken. Jung saß an einem heißen Sommertag allein vor dem Haus seiner Eltern und spielte im Sand. Drei oder vier Jahre alt. Die Straße lief am Haus vorbei zu einem Hügel, an dem sie emporführte, in einen Wald hinein. Vom Wald herab sah Jung eine Gestalt mit breitem Hut und langem schwarzem Gewand langsam herunterkommen. Als Jung erkannte, daß es ein Mann war, geriet er in Panik. Verkleidet! Ins Haus eilte Jung, zum Dachboden hinauf, verkroch sich im finstersten Winkel unter einem Balken, lange Zeit. Spähte dann mit äußerster Vorsicht zum Fenster hinaus. Verschwunden.

Jung wußte nichts von den Gnostikern, als er zum erstenmal dem alten Mann und der jungen Frau begegnete, am Vorabend des Ersten Weltkriegs, in der Tiefe des Unbewußten, in der Tiefe der Zeiten, am Fuß der steilen Felswand, wo die Wüste beginnt. Aber Jung war auf die Begegnung schon vorbereitet, durch seine ketzerische Disposition von Kind auf, verursacht durch den Gegenspieler und durch das unerhörte Benehmen Gottes, der seine Notdurft über dem Baseler Münster verrichtet hatte.

In seinen geheimen Gedanken und Visionen gehörte Jung auf die Seite des Simonmagus, nicht zu den Rechtgläubigen des Simonpetrus. Nach außen war Jung der erfolgreiche Arzt, der brave Gatte und Vater, wohnhaft Seestraße 228 in Küsnacht bei Zürich. In seinem heimlichen Sinn jedoch strich er durch unwirtliche Gegenden, auf der Suche nach dem Heiligen Gral, nach dem Stein der Weisen, nach der Lösung des Rätsels, das ihm der Gegenspieler aufgegeben hatte. Wie sich herausstellte, war er bereits erwartet worden.

Von Simonmagus hieß es, er sei ein Samariter gewesen. Die Juden haßten die Samariter, weil sie nicht zum Gebet nach Jerusalem kamen. Die Samariter lebten in Samaria, südlich vom See Gennesaret, wo Simonpetrus ein Fischer gewesen war. Von der Heimat des Simonpetrus in die Heimat des Simonmagus sind es mit dem Auto knapp zwei Stunden. Auch der Jordanfluß ist nicht weit, wo Johannes der Täufer die Buße predigte, zur Zeit Christi.

Simonmagus sei ein Jünger Johannes des Täufers gewesen, liest man in einem christlichen Roman aus dem vierten Jahrhundert. Hernach sei Simonmagus in Ägypten gewesen, um die magischen Künste zu lernen. Später habe er die Herzen der Menschen in Verwirrung gestürzt, indem er überall dort aufgetaucht sei, wo Simonpetrus predigte.

Ein anderer alter Roman spielt in Rom, wo Simonpetrus einen riesigen Hund zum Sprechen bringt, einen geräucherten Thunfisch lebendig macht und einer blinden Witwe das Augenlicht zurückgibt. Simonmagus wiederum kündigt in dem Roman einen Flug über die Hügel Roms an, der auch gelingt und von einer gewaltigen Volksmenge bestaunt wird. Schließlich ruft Simonpetrus den Herrn Jesus an, Simonmagus stürzt ab, bricht sich das Bein und stirbt an den Folgen der Operation.

Ebenfalls aus christlichen Federn stammt die Geschichte von dem Bordell, in dem Simonmagus seine Helene fand, mit der er später durch die Lande zog. Der Name war nicht zufällig gewählt, er sollte die Erinnerung an das Prachtweib wecken, das den Trojanischen Krieg ausgelöst hatte, Verkörperung jener heillosen Kraft, die aus Männern Rasende macht.

Christ jedenfalls war Simonmagus keiner. Unter den Texten des Fundes von Nag Hammadi befinden sich zehn Seiten unter dem Titel «Exegese der Seele», die von christlichen Zusätzen so ziemlich frei sind. Darin wird Simonmagus erwähnt, als Verkörperung der «Kraft», der allerhöchsten, anonymen und wohlmeinenden, die sich der «Seele» gnädig anzunehmen bereit war, welche im Hurenhaus des irdischen Daseins den erbärmlichsten Lüsten frönte. Die Seele ist eine Jungfrau und von Hause aus ein mann-weibliches Wesen, behauptet der Text. Als die Seele in den Leib hinabfiel und in dieses Leben kam, geriet sie in die Hände der Männer, welche sie vergewaltigten. Sie hurte mit ihrem Körper und gab sich jedem hin. Da trat Simon auf und brachte die für die Befreiung der Seele benötigte Geheimlehre, den «Ruf».

Von den Auffassungen Jungs ist diese Doktrin gar nicht so weit entfernt.

Verfluchte und konfuse Spekulationen, Eingebungen des Satans! So urteilte um 180 herum ein gewisser Eirenaios über die Lehren der Anhänger des Simonmagus. Eirenaios stand auf der Seite des Simonpetrus und schrieb fünf Bücher zum Zweck der Entlarvung und Widerlegung der Gnosis, gegen die Sonderlinge des Glaubens. Ausgeredet habe Simonmagus seinen Gläubigen, laut Eirenaios, die guten Werke tugendhaften Wandels und ihnen eine neue Freiheit gepredigt, eine sittenverderbende. Alles Anständigsein sei bloße Konvention, habe Simonmagus behauptet, auch des Moses Gesetz, zuträglich allenfalls für die Masse der Dummen, während die Wissenden frei seien zu tun, was sie wollten.

Eirenaios leitete die Christengemeinde von Lyon. Er wußte auch zu berichten, daß die Gnostiker ein Bildnis des Simonmagus verehrten, welches ihn in der Zeusgestalt zeige und seine Helene als Minerva. Traumdeuterei, Zaubersprüche, Liebestränklein und weitere okkulte Praktiken seien unter den Simonianern in Übung, mit denen sie neugierige Hausfrauen zu ihren Schändlichkeiten verleiteten. Anfang und Urheber all der ketzerischen Bosheit sei jedenfalls jener Simonmagus gewesen, der in der Stadt Tyrus eine Dirne aus dem Bordell freigekauft und fortan mit ihr zusammengelebt habe.

Eine ernste Warnung für Jung, sich mit Simonmagus näher einzulassen. Aber Jung konnte nicht mehr zurück. Er wußte bereits zuviel über den Gegenspieler.

Die gnostische Revolution in der Moral, die Umwertung der Werte, entspringt, wie gesagt, der Infragestellung der Geburt. In durchwachten Nächten besonderer Art, wenn die Sinnlosigkeit in den Ecken sitzt, steigen Gedanken auf, wirr und gestaltlos, die scheu sich vor des Tages Licht verkrochen. Wozu das alles?

Weil ich geboren wurde.

Wer die eigene Geburt als Sabotageakt sieht, hält auch von der Welt insgesamt nicht sehr viel, von der kosmischen Theatermaschinerie mit dem Urknall am Anfang. Wer die eigene Geburt in Frage stellt, dem zerplatzen alle Autoritäten und Obrigkeiten, dem verflüssigt sich alles Feste. Die Religionen, die Moralen, die Gesetze erweisen sich dann als Pfuschwerk, als Gestammel von Schauspielern, denen man keinen Text gegeben hat. Die Respektspersonen werden zu traurigen Clowns, die immer wieder dieselben schlechten Witze reißen müssen. Die Ruhmeshalle der Geschichte verwandelt sich in ein Panoptikum von debilen Königen, tobsüchtigen Generälen, hurenden Päpsten, epileptischen Dichtern, perversen Heiligen. Die Welt wird zum Narrenhaus, in dem die Wärter verrückter sind als die Patienten. Folglich ist die Fortpflanzung das einzige Verbrechen, ansonsten ist alles erlaubt. Aus Hausfrauen werden dann Nonnen oder Hexen oder beides zugleich, gefangene Erlöserinnen im Hurenhaus der Verhältnisse wie Helena in der Hafenkneipe von Tyrus, ehe Simonmagus erschien, um sie zu befreien.

In der «Geheimschrift des Johannes», die sich unter den Papieren von Nag Hammadi fand, in drei Exemplaren, wird die Entstehung des Vorhandenen als Kette von Mißgeschicken erzählt. Deren erstes sei passiert, als sich das anfanglose, namenlose, geschlechtslose, unpersönliche Geistprinzip, auf das alles zurückgeht, selber erblickt hatte, spiegelklar, in dem wasserhellen Licht rundherum. Alsbald habe sich dies Selbstbewußtsein auf die eigenen Beine gestellt, als weibliches Prinzip, das nicht anders konnte als weiterdenken, wodurch sich die Geistwesen schnell vermehrt hätten. Einem von ihnen, einem weiblichen, wäre die rein geistige Beschäftigung langweilig geworden, und schon wäre das zweite Mißgeschick passiert. Anschwellend von Lüsternheit, hätte das Geistweib ein Monster geboren, mit feurigen Augen. Die dritte Panne trat ein, als das Monster nichts Besseres zu tun hatte, als die Planeten zu schaffen und damit den ganzen Unsinn in Gang zu setzen, die sichtbare Ordnung der Welt.

In der Sprache der Gnostiker hieß das Monster manchmal «Erster Herrscher» (Archont) oder auch «Weltbaumeister» (Demiurg) oder einfach «Der Narr». Offenbar handelte es sich um den Gegenspieler. Wie seine Mutter dann im Bordell landete, geht aus der «Geheimschrift des Johannes» nicht hervor.

Auftritt für Simonmagus. Er steht auf der Kaimauer des Hafens der Stadt Tyrus und blickt zum Abendhimmel empor, zum Abendstern. Abendstunde, Heimweh. Immer wenn wir aufwachen aus dem Leib, in uns selbst, und alles übrige hinter uns lassen, eintreten in unser Selbst und eine wunderbare Schönheit erblicken, vertrauen wir, in solchen Augenblicken ganz eigentlich zum höheren Bereich zu gehören. Am Abend, da es kühle war, ward Adams Fallen offenbar. Am Abend kam die Taube wieder und trug ein Ölblatt in dem Munde. O schöne Zeit! O Abendstunde! Müssen wir gestehen, daß wir nach einer Heimat suchen, und nur wie von ferne erblicken wir sie.

Schon werden die Lichter in den Häusern nach und nach angezündet, und Simonmagus wandert ins Hafenviertel, um einen Schluck Wein zu trinken. Setzt sich eine zu ihm, ganz nah. Sanft bin ich und schön, Fremder. Zahlst du mir was?

Ihre Haut von der Farbe der Oliven, ihre freundlichen Hände, schon sehr erfahren im Streicheln, die Sicherheit ihrer Umgangsformen mit den Männern. Wie mager du bist, Fremder. Ich war in der Wüste auf der drüberen Seite des Jordan, mit den Büßern zusammen. Da hast du ja ganz verlernt, was ein Mann mit den Frauen macht.

Dann zeig es mir, Göttin.

Ich fühl mich fremd in der Welt, Göttin. Irgendwie komm ich mir vor, als ob mich jemand fallen gelassen hätte. Ich gehör nicht dazu, der ganze Betrieb hier hat mit mir nichts zu tun.

Schlaf jetzt, Simonmagus.

Ich will studieren, Göttin, in Alexandria gibt es die meisten Bücher.

Nimm mich mit, Simonmagus.

Jung konnte sich aus den Texten der Gnostiker und denen der Christen kein deutliches Bild von Simonmagus zusammensetzen. Daß dessen christliche Feinde vor ihm Angst hatten, war nicht schwer zu erraten. Er verkörperte etwas, was sie in sich heftig unterdrückten. Deshalb haßten sie ihn. Die Gnostiker wiederum hatten keinerlei Interesse am Lebenslauf ihres verehrten Simon. Seine Lehren waren verschollen. Vielleicht hatte er nichts Schriftliches hinterlassen, damit niemand Unfug damit stiften könne.

Für Dante jedenfalls war Simonmagus längst im Inferno

gelandet, beim Gegenspieler. O Simonmagus, o armselige Seelen, die ihr die Gaben, die uns Gott verleiht, anstatt sie mit der Güte zu vermählen, für Gold und Silber räuberisch entweiht. Im achten Kreis der Hölle. Unzählige Löcher in dem fahlen Steine. Aus jeder Öffnung hat herausgestreckt ein Sünder seine Füße und die Beine bis hin zum Schenkel, sonst war er versteckt. Die Sohlen glühten all im Flammenscheine. Tief im Unbewußten. Die Simonisten, die Pfründenschacherer des Mittelalters, die das heilige Sakrament der Priesterweihe zum Gegenstand von Geldgeschäften machten.

So tief gesunken war Simonmagus im Lauf von tausend Jahren. Jung mußte auf der Hut sein, als ihm der Alte erschien, der Erzketzer aller Zeiten, der Verächter jeglicher Obrigkeit, der Lästerer gegen die Ordnung, der Anarch, der Geheimwissenschaftler, der Frauenverführer, der Gehilfe der linken Hand Gottes.

Simonmagus befand sich gegenüber Jung insofern im Nachteil, als er nichts mehr dazulernen konnte, wie alle Toten. Die Zeitlosigkeit, in die er versunken war, brachte keine Veränderungen mit sich, keine neuen Informationen. Jung hatte den Eindruck, daß der Alte seine Reden an ebendem Punkt wiederum aufnahm, an dem er während der letzten Begegnung geendet hatte, auch wenn dazwischen zwei Jahre lagen, für Jung jedenfalls. Jung fühlte sich dann bemüßigt, seinem Gesprächspartner aus dem Totenland zu erzählen, was mittlerweile alles passiert war, der Erste Weltkrieg zum Beispiel. Simonmagus schien sich in erster Linie für neue Erkenntnisse, nicht für Ereignisse zu interessieren. Beim nächstenmal hatte er ohnehin alles wieder vergessen.

Anscheinend hatte der Kriminalroman, in den Jung geraten war, weder Anfang noch Ende. Bei der Suche nach dem Täter, dem Ursprung alles Bösen, spielte die Zeit keine Rolle. Simonmagus war gestorben, ohne den Fall gelöst zu haben. Er konnte lediglich Hinweise liefern, Ermittlungsergebnisse. Auch Jung würde sterben, ohne den Akt schließen zu können. Trotzdem hatte er Großes im Sinn. Er wollte den Herrn Jesus mit dem Gegenspieler verschmelzen. Die Tiefenpsychologie, dachte er, würde von vielen Zentren aus die Völker infiltrieren und zunächst unter den Intellektuellen den Sinn für Mythisches und Symbolisches neu beleben. Dann würden die Menschen allmählich verstehen, daß Christus und Dionysos im Grunde ein und dieselbe Gestalt seien, und die Religion würde zu einem trunkenen Freudenfest werden, wo jedermann seine Tiernatur ausleben konnte, in aller Heiligkeit.

Zunächst, sozusagen als ersten Schritt in die Richtung der Menschheitsbeglückung, gründete Jung im Jahr 1916 einen «Psychologischen Club» mit Sitz in Zürich. Es war dies die Zeit, in der seine Gespräche mit dem Alten und seiner Begleitung seltener wurden. Simonmagus löste sich auf, verschwand, versank in der Tiefe der Zeiten, aus der er gekommen war.

Der einzige Satz, der von Simonmagus mit einiger Glaubwürdigkeit überliefert ist, lautet: Ich bin der Stehende. Was er damit ausdrücken wollte, bleibt unklar. Vielleicht war er ganz einfach nicht bereit, vor irgendwem oder irgendwas niederzuknien.

3. Wozu heiraten?

In den letzten Jahrzehnten des zweiten Jahrtausends nach Christi Geburt wurde der Gedanke an den Weltuntergang aktuell, wegen der Erfindung der Atomwaffen, die das Ende der Menschheit in denkbare Nähe gerückt hatten. Während die einen mit dem kollektiven Strahlungstod rechneten, hielten die anderen das Katastrophengerede für dummes Zeug, weil es lediglich dazu diene, Angst zu verbreiten. Vielen Menschen war dieser Streit vollkommen gleichgültig, weil sie ohnehin knapp am Verhungern lebten. In den Industrieländern jedoch weigerten sich immer mehr junge Männer, den Dienst mit der Waffe anzutreten. Viele von ihnen trugen einen Bart, wie Jesus Christus.

Zuerst waren es nur ein paar bizarre Prediger wie Johannes der Täufer gewesen, die am Rand des Römischen Imperiums das Weltgericht voraussagten. Niemand dachte, daß ihre Kraftsprüche mehr als ein Dutzend Leute interessieren würden. Zu denen, die dem Johannes lauschten, gehörte bekanntlich der Herr Jesus, und der wiederum rekrutierte einen gewissen Simon, von Beruf Fischer, genannt Petrus, was «Fels» bedeutet. Ein anderer Simon, mit dem Beinamen «Magier», gehörte, wie gesagt, ebenfalls zum Anhang des Täufers, reiste dann allerdings nach Ägypten zum Zweck der Fortbildung, während Simonpetrus in Palästina blieb. Simonpetrus war verheiratet.

Der Herr Jesus hatte der fiebernden Schwiegermutter des Simonpetrus die Hand aufgelegt, und alsbald stand sie auf und bediente ihn. Danach war Simonpetrus mit dem Herrn Jesus und den anderen Jüngern davongezogen, um zu predigen und die Wundertaten zu wirken, die hochberühmten. Seine Frau war zu Hause im Städtlein Kapernaum geblieben, am schönen See Gennesaret im nördlichen Palästina.

Bis nach Rom war Simonpetrus gelangt. Liebes Weib, aus Rom sendet dir herzliche Grüße dein Simonpetrus. Lieber Simonpetrus, hier in Kapernaum ist alles wie immer. Mit gleicher Post schicke ich dir ein Katzenfell wegen deiner Kreuzschmerzen. Iß keine fetten Sachen.

Man erzählte sich auch, daß Simonpetrus zwei tiefe Furchen in seinen Wangen hatte, vom vielen Weinen über seine klägliche Schwäche, als er den Herrn Jesus dreimal verleugnet hatte in der Gefahr. Dennoch hatte der Herr Jesus zu Simonpetrus gesagt, weide meine Lämmer, was immer dies auch bedeuten mochte. Jedenfalls galt Simonpetrus als Anführer der Apostelschar, nachdem der Herr Jesus die Erde verlassen hatte, und predigte eifrig das Ende der Zeiten und die bevorstehende Wiederkehr des Herrn Jesus auf den Wolken des Himmels, um zu richten die Lebendigen und die Toten. Daß bei dieser Gelegenheit die Welt zugrunde gehen würde, störte Simonpetrus nicht im geringsten. Er war offenbar kein Naturfreund.

Dann passierte etwas recht Merkwürdiges. In den Jesusvereinen, die Simonpetrus und die anderen Apostel überall gründeten, verweigerten einzelne Ehefrauen ihren Männern den Beischlaf, der ohnehin kein besonderes Vergnügen gewesen war, unter Berufung auf den drohenden Gerichtstag. Stell dir einmal vor, wir treiben es gerade miteinander, und der Engel des Herrn klopft an unsere Tür!

Die Männer beschwerten sich bei den Aposteln, und die wiederum beeilten sich, die Hausfrauen zur Ordnung zu rufen. Die Frau hat kein Verfügungsrecht über ihren Leib, sondern der Mann. Ebensowenig hat der Mann ein Verfügungsrecht über seinen Leib, sondern die Frau. Ziehet euch also nicht voreinander zurück. Der Mann leiste seiner Frau die schuldige Pflicht, ebenso aber auch die Frau ihrem Manne. Durch Kindergebären gelangen die Frauen zum Heil.

Die Ermahnungen waren nicht immer erfolgreich. In Korinth zum Beispiel waren etliche christliche Töchter gleich von vornherein ledig geblieben, sozusagen in der ersten Begeisterung, mit der Billigung des Apostels Paulus, der ebenfalls unverheiratet lebte und der geschlechtlichen Enthaltsamkeit den Vorzug gegenüber den Freuden des Ehebettes gab, im Hinblick auf die Knappheit der Zeit bis zum Jüngsten Tag. Auch manche Witwe überlegte sich eine Wiederverheiratung und blieb lieber allein, um mit allerlei mildtätigen Werken die kurze Frist bis zum Weltende zu verbringen.

Die Jungfrauen und Witwen standen unter den Christen bald in höherem Ansehen als die Ehefrauen, die ihren Mann und die Kinder im Kopf hatten, goldene Kettlein und Perlen trugen und ihr Haar sorgfältig frisierten. Simonpetrus mußte die Hausfrauen daran erinnern, daß ein sanfter Geist wichtiger ist als das schönste Kleid, jedenfalls in den letzten Tagen der Menschheit.

Ziemlich genau 1900 Jahre später verzichteten viele junge Frauen in den Industrieländern darauf, Schmuck zu tragen, liefen in abgetragenen Sachen herum und pflegten ihren Körper nur flüchtig. Sie lebten fleischlos, tranken Kräutertee und blieben allein. Manche von ihnen lasen die Bücher von Carl Gustav Jung.

Jung teilte die Befürchtungen seiner Zeitgenossen vor dem Atomtod. Zwar blieb er in seiner Villa bei Küsnacht und ließ sich das Essen gut schmecken. Aber er zögerte nicht, seine Gedanken über eine große Veränderung der Zeitläufte in naher Zukunft zu veröffentlichen, wie sie sich in den Erscheinungen der «fliegenden Untertassen» (UFOs) ankündigte. Jung hatte im Traum zwei solcher Gebilde erblickt, linsenförmige, metallisch glänzende Scheiben, die über sein Haus hinweg zum Zürichsee sausten, im Oktober 1958. Sie kündigten das Ende eines Zeitalters an, schrieb Jung, dasjenige der Fische, welches 2000 Jahre lang gedauert hatte, und die Heraufkunft eines neuen Äons, jenes des Wassermanns.

Der Wassermann, meinte Jung, würde die Vereinigung und Versöhnung jener Gegensätze bringen, die das christliche Zeitalter zerrissen hatten.

Was den Konflikt zwischen Simonpetrus und Simonmagus anlangte, so hatte Jung sich sein ganzes Leben hindurch bemüht, zwischen diesen beiden Prototypen einen Ausgleich herbeizuführen. Simonpetrus, überzeugt vom baldigen Ende der Welt, riet zu einem ruhigen und gesitteten Lebenswandel im Kreis der Familie und zur Ehrerbietung gegenüber den Obrigkeiten. Simonmagus, der den Gegenspieler für unverwüstlich hielt, empfahl die Radikalopposition gegen Gott und die Welt. Simonpetrus betrachtete die Frauen als Gattinnen und Mütter, Simonmagus sah sie als Dirnen, Nonnen und Hexen.

Zwischen Simonpetrus und Simonmagus schwankte Jung.

Am 11. Mai 1908 ließ sich Otto Gross, Doktor der Medizin und Privatdozent für Psychopathologie an der Universität Graz, in die Zürcher Irrenanstält Burghölzli aufnehmen, in der Jung Oberarzt war. Das Einweisungszeugnis hatte Freud geschrieben. Zweck der Internierung war die Entwöhnung des Patienten von Opium und Kokain unter ärztlicher Aufsicht und eine psychoanalytische Behandlung durch Jung.

Gross war, wie man damals sagte, genial. Sein Lebenslauf, in der Kurzfassung eines Zeitgenossen: Sohn eines Kriminalwissenschaftlers, Dozent, Anarchist, Schiffsarzt, Ehe, Entmündigung, Giftmordverdacht, Irrenhaus, Schriftsteller, Heilanstalt.

Am 23. Mai setzte Jung das Opium von sechs auf drei Gramm täglich herunter, am 28. Mai wurde auch diese Ration gestrichen und durch Kodein ersetzt. Am 6. Juni hatte Gross Abstinenzerscheinungen, er fror und hatte Durchfall.

Am 10. Juni gab Gross allen Widerstand auf, verzichtete auf Kodein und auch Kokain, betrachtete sich als geheilt und entwarf Zukunftspläne. Seit seiner Aufnahme in die Klinik machte Jung täglich mehrere Stunden lang mit Gross Psychoanalyse. Es scheint im wesentlichen Zwangsneurose zu sein, schrieb Jung an Freud. Wo ich nicht mehr weiterkam, hat er mich analysiert.

Am 17. Juni sprang Gross nachmittags über die Gartenmauer der Klinik und entzog sich damit aller weiteren Behandlung. Gross hat mich in des Wortes vollstem Sinn aufgezehrt, schrieb Jung zwei Tage später an Freud. Ich habe ihm Tage und Nächte geopfert. Die letzten drei Wochen haben wir nur mit ganz frühinfantilem Material gearbeitet. Für Gross bleiben die Ereignisse der frühen Kindheit ewig neu und wirksam, so daß er trotz aller Analyse die Ereignisse des Heute mit der Reaktion des sechsjährigen Knaben begrüßt, dem die Frau immer nur die Mutter ist, jeder Freund der Vater. Die Diagnose, an die ich nicht glauben wollte und die ich jetzt mit erschreckender Deutlichkeit vor mir sehe: Dementia praecox. Für mich ist dieses Erlebnis eines der schwersten meines Lebens, denn in Gross erlebte ich nur allzu viele Seiten meines eigenen Wesens. Das ist tragisch. Trotz allem ist er mein Freund, denn er ist im Grunde genommen ein guter und vornehmer Mensch mit ungewöhnlichem Geist. Er lebt jetzt im Wahne, ich hätte ihn gesund gemacht.

Freud konnte sich unter Dementia praecox nichts Präzises vorstellen. Jung bot ihm daher einen neuen Fachausdruck an, den sein Chef Bleuler geprägt hatte: Schizophrenie. Gross, der Gegenstand der wissenschaftlichen Kontroverse, saß mittlerweile schon wieder im Café Stephanie in München-Schwabing, als Autorität der «erotischen Bewegung», unter Künstlern, Literaten, Sozialisten, Anarchisten, Naturfreunden und Theosophen. Hauptthema der Kaffeehausgespräche waren die sogenannten «Beziehungen».

Während der Zeit von Mitte Mai bis Mitte Juni 1908 war Jung von Gross in dessen Auffassungen über Ehe, Familie, Sexualität und Gesellschaft eingeweiht worden. Gross sah in der herkömmlichen, unter der Autorität des Vaters stehenden Familie die bösartigste Einrichtung zur Freiheitsberaubung überhaupt, aufgebaut auf der Vergewaltigung der Frau durch den Mann, eine vielfache und andauernde Notzüchtigung. In diesem Netz aus Sexualität und Gewalt mußte ein Mann vor dem anderen in der Furcht leben, die Frau an ihn zu verlieren, und die Frau in der Sorge, verlassen zu werden. Die herrschende Ehemoral sah Gross unterm Diktat der Angst vor der Einsamkeit, dem Kältetod der bürgerlichen Existenz. Freuds Psychoanalyse, die Gross als fortschrittlicher Nervenarzt von Herzen begrüßt und mit seinen Patienten auch praktiziert hatte, galt ihm als Philosophie der Revolution, der Zertrümmerung der Monogamie.

Am 30. Juni 1908, zwei Wochen nachdem Gross über die Mauer der Irrenanstalt gesprungen war, schrieb Jung einen Liebesbrief an Sabina Spielrein, die junge Russin, der er aus einer schweren seelischen Verstimmung herausgeholfen hatte. Was er sich erhoffe, schrieb Jung, seien nicht neue Fesseln, sondern Freiheiten.

Ein Jahr später, als Jung sich von Sabina zurückzog, fiel ihm Gross wieder ein. Seine Ideen haben mir etwas zuviel im Kopfe gespukt, schrieb er an Freud. Gleichwohl ließ sich Jung ein paar Jahre danach mit Antonia Wolff ein, zum Kummer seiner Gemahlin. Auch Jungs verstorbener Vater, der Pastor, wäre mit dem Dreiecksverhältnis nicht einverstanden gewesen, geschweige denn Simonpetrus oder gar der Herr Jesus. Sie alle befanden sich zur rechten Hand

Gottes. Simonmagus, der Gehilfe der linken Hand Gottes, gehörte auf die andere Seite, wo auch Otto Gross sich befand. Unten stand immer noch der Gegenspieler, Herr Priapos auf goldenem Thron. Aber siehe, da war jetzt eine große schwarze Schlange, die hatte sich um den Fleischbaum geschlungen und biß kräftig zu.

Der Herr Jesus war unverheiratet geblieben. Er glaubte, daß seine Generation den Weltuntergang erleben werde, und hatte daher auf eine Familiengründung verzichtet. In seinem Leben gab es mehrere Frauen, darunter die schöne Marie aus Magdala, welche sieben Teufel im Leib gehabt hatte, ehe der Blick des Nazareners sie traf und weich machte. Im sogenannten « Philippusevangelium » aus dem Fund von Nag Hammadi wird behauptet, Jesus habe die Magdalenerin mehr als die Apostel geliebt und sie oft auf den Mund geküßt. In der Bibel steht geschrieben, sie sei bei der Hinrichtung des Herrn Jesus dabeigewesen, während Simonpetrus sich aus Angst vor den Behörden verkrochen hatte. Sie habe als erste festgestellt, daß das Grab des Herrn Jesus am Morgen des Ostersonntags leer war, was schon recht merkwürdig klingt, aber die christlichen Völker glaubten daran.

Die Vorstellung, der Herr Jesus hätte sich mit einer Frau einlassen können, kam den christlichen Völkern nicht in den Sinn. Sie stellten sich die schöne Marie als fromm gewordenes Freudenmädchen vor, das für seine Ausschweifungen Buße tat. Marie, das Prachtweib einst in dem Bordell. Die schlanken Hüften und der kleine Bauch mit seinem goldgelockten Myrtenstrauch und einer roten Muschel mittendrin. El Greco malte sie als Einsiedlerin. Auf ihr, der in allen Lastern Erfahrenen, allein in der Höhle, nur mit ihren langen blonden Haaren bekleidet, ruhten die Augen der christlichen Männer. Sie nährt sich von Wurzeln und Beeren, psalmodiert und meditiert, betrachtet einen Totenkopf, schläft mit einem Stein als Kopfkissen, deckt sich mit Zweigen zu, geißelt ihren Leib mit Ruten, bis das Blut spritzt, wird vom Teufel versucht in Gestalt eines schönen Jünglings, der sich in Luft auflöst, wenn sie das Kreuz gegen ihn schlägt. So vergehen die Jahre, so ergeht es den sündigen Frauen im Christentum. Der Herr Jesus weilt oben im Himmel, er küßt keine Mädchen mehr. Herzliebster Jesus, was hast du verbrochen, daß man ein solch hart Urteil hat gesprochen.

In der Krypta unter der Kirche des heiligen Maximinus in Aix-en-Provence wurden 1279 die Gebeine der Maria Magdalena gehoben, was zu einem Streit mit dem Kloster Vézelay im Burgundischen führte, wo die Reliquien der Magdalenerin längst vorher in hoher Verehrung gestanden hatten, während die orientalische Christenheit ihr Grab in der Stadt Ephesus besuchte, bereits im fünften Jahrhundert, wenn nicht noch früher.

Ja, in der ganzen Auffälligkeit ihres Dirnengewandes hatte sie sich während des Gastmahles dem Herrn Jesus genähert, hatte Tränen geweint und mit ihnen die schmutzigen Predigerfüße gewaschen, hatte die Erlöserfüße mit ihren Haaren gestreichelt und Salböl auf sie geträufelt, hatte sanft und ausführlich das kostbare Pflegemittel einmassiert in die Haut des wunderbaren Mannes, so daß alle staunten, die dabei waren. Später jedoch, nämlich am Ostermorgen, als ihr der Fremde begegnete und sie erst an der Stimme bemerkte, um wen es sich handelte, sprach er also zu ihr: Halt mich nicht fest! Wodurch die Magdalenerin für ewige Zeiten zur alleinstehenden Frau erklärt worden war für die christlichen Völker, und ihr göttlicher Geliebter zum ledigen Mann, der, wie gesagt, zur rechten Hand Gottes saß, ohne weibliche Begleitung, was beim besten Willen nicht als Befürwortung des Ehestandes ausgelegt werden kann.

Auf den Herrn Jesus konnte sich Simonpetrus nicht berufen, als er den Familiensinn predigte.

Simonmagus hingegen, der Ketzervater und Genosse von Gestalten wie Otto Gross, eingeschworener Gegner aller festen Bindungen, reklamierte die Magdalenerin für die linke Hand Gottes, wegen der ersichtlichen Offenheit, ja Zweideutigkeit ihrer Beziehung zum Nazarener. Von links gesehen verkörperte diese Frau als Gottesbraut den Prototyp der weiblichen Selbständigkeit, nicht das Ideal der Hausfrau und Mutter.

Dementsprechend souverän tritt die Freundin des Herrn Jesus im gnostischen Evangelium der Maria Magdalena auf und spricht den Aposteln nach der Hinrichtung Jesu Mut zu, auf Grund ihrer überlegenen Einsichten, was dem Simonpetrus gar nicht recht ist, weil ihn die Sonderstellung der Magdalenerin ärgert. Die Antwort, die ihm gegeben wird, ist voller Erotik: Sicherlich kannte der Herr sie sehr genau. Deshalb hat er sie mehr geliebt als die Jünger.

Der tiefere Grund der Abneigung des Simonpetrus gegen die schöne Marie wird in einem anderen alten Text auf den Punkt gebracht. Darin beschwert sich Simonpetrus darüber, daß die Magdalenerin mit ihren klugen Reden die Autorität der Apostel in Frage stelle, und bittet den Herrn Jesus, die Frau zum Schweigen zu bringen. Ja, sagt darauf die Marie, vor Simonpetrus fürchte ich mich, denn er haßt das weibliche Geschlecht.

Auch Otto Gross hatte Probleme mit den Frauen, aber er haßte sie nicht. Im Jahr 1903 hatte er Frieda Schloffer geheiratet, die Tochter eines Anwalts in Graz, welcher Verbindung das Kind Peter entstammte. Einen weiteren Peter zeugte Gross mit Else von Richthofen, verheirateter Jaffé, einer Jugendfreundin seiner Frau, die ihrerseits mit einem Freund Ottos zusammenzog. Auch mit Frieda Richthofen, verheirateter Weekley, Elses Schwester, hatte Gross eine intensive Liebesbeziehung. Die Mutter seines dritten Kindes Camilla war die Dichterin Regina Ullmann. Hernach lebte er einige Zeit mit der Malerin Sophie Benz zusammen, bis sie sich im März 1911 umbrachte.

In seinen Schriften bezog sich Gross auf eine urzeitliche Gesellschaftsordnung, die den Begriff der Vaterschaft noch nicht kannte, keine Sorgepflicht des Erzeugers, keine Verbindlichkeiten der Liebeslust. In jenen mutterrechtlichen Zeiten, wie Gross sie nannte, habe es weder Ehe noch Prostitution gegeben, seien die Beziehungen der Geschlechter frei von Pflicht, Moral und Verantwortlichkeit gewesen, auch von Machthaberei und Unterwerfung. Im Wiedergewinn solcher Verhältnisse sah Gross die Erlösung der Menschheit aus geschlechtlicher Not und empfahl deshalb die Sozialisierung der Mutterschaftsfürsorge.

In Ascona am Lago Maggiore fand Gross kurze Zeit eine Art von Paradies, im Sommer 1910. Das idyllische Fischerdorf im milden Klima des Tessin war seit der Jahrhundertwende zum Wallfahrtsort für Naturheilkundler, Anhänger der Freikörperkultur, Vegetarier, Poeten, Maler, Individualisten aller Art, emanzipierte Frauen und Sozialrevolutionäre geworden. Die «Tessiner Zeitung» vermutete unter ihnen allerlei Diebsgesindel, durchsetzt von sexuell Perversen.

Gross kam in die Zeitung, als seine Freundin Sophie, die an einer Psychose litt, Gift genommen hatte und nicht mehr gerettet werden konnte. Gross trug in der Regel ein großes Heftpflaster auf der Nase, schrieb die «Tessiner Zeitung», und seine Züge bleiben auch dem vergeßlichsten Betrachter unverwischlich im Gedächtnis haften.

Ich habe immer über die andern nachgedacht, schrieb Gross an seine Frau, was ihnen fehlt, wie ihnen zu helfen ist, und niemals über mich selbst. Du hast so schwer an mir gelitten, Frieda. Ich habe nie daran gedacht, in mir, in meinem Unbewußten darnach zu suchen, woran Du leidest.

Jung hatte Gross stigmatisiert, ihn zum gesellschaftlichen Außenseiter erklärt, durch die Schizophrenie-Diagnose. Gross ist ein Mensch, den das Leben ausstoßen muß, schrieb Jung an Freud. Er ahnt in seiner Ekstase nicht, wie die von ihm nie gesehene Realität sich an ihm rächen wird.

Die Realität, die Welt der Tatsachen, die Villa in der Seestraße 228, die Ehe mit Emma, die Kinder, die ärztliche Praxis, die wissenschaftliche Arbeit, dies alles nannte Jung die Nummer Eins in seinem Leben. Seine Träume und ihre Gestalten, die Tiefe, in die er sich fallen ließ, das war die Nummer Zwei seines Ich. In meinem Leben, behauptete Jung, hat die Nummer Zwei die Hauptrolle gespielt.

Gleichwohl pflegte Jung seine äußere Erscheinung, was Gross nicht tat. Gross wusch sich selten, legte sich gern mit den Kleidern ins Bett, ließ seine Haare ungekämmt, hatte vom Wert des Geldes keine Ahnung, machte die Nacht zum Tag, verkehrte mit zweifelhaften Elementen. Im Januar 1920 lief ein abgerissener Mensch durch die verschneiten Straßen Berlins, der laut vor sich hin redete. Passanten blieben stehen und lachten. Im Februar fanden Freunde den halbverhungerten Gross im Durchgang zu einem Lagerhaus, nachdem er sie verärgert verlassen hatte, weil sie ihm kein Geld zur Beschaffung von Kokain gegeben hatten. Mit einer Lungenentzündung kam Gross ins Spital, wo er zwei Tage später starb. Jung hatte recht behalten, «das Leben» hatte Gross ausgestoßen, während es zu Jung freundlich blieb.

«Das Leben» rächt sich an denen, die öffentlich gegen die Konventionen verstoßen, gegen die Heiligkeit der Ehe zum Beispiel, wie Otto Gross. Jung wußte das und achtete darauf, daß sein Schwanken zwischen Ordnungssinn und Revolte, zwischen Simonpetrus und Simonmagus, innen drinnen blieb, in der Domäne der Nummer Zwei, der Tiefendimension, und legte Wert auf saubere Anzüge, eine intakte Ehe, auf regelmäßige Mahlzeiten und ein ausgeglichenes Bankkonto. Er stabilisierte sich, indem er die beiden Gewalten, die sein Leben bestimmten, trennte und teilte, in die Nummer Eins und die Nummer Zwei, die Innenwelt und die Außenwelt, das Privatleben und das öffentliche Auftreten, kurzum, indem er sein Bewußtsein spaltete, sich schizophrenisierte, wie die Psychiater sagen. Wohlverstanden nicht radikal, eher behutsam wie jedermann sozusagen führte Jung seine Gewaltentrennung durch, ließ zwischen den beiden Hoheitsgebieten einen kleinen Grenzverkehr bestehen, tauschte Botschafter aus, bediente sich der Arbeit von Dolmetschern. Hätte er dies nicht getan, dann wäre er geworden wie Gross, der zwischen Innen und Außen keinen sauberen Schnitt machen konnte, der seine Wünsche nicht bändigte, sie öffentlich spazierenführte, mit einem Heftpflaster auf der Nase herumzog, wegen seiner durch das Kokainschnupfen brüchig gewordenen Nasenscheidewand.

Gross war bedrohlich für Jung, darauf lief es hinaus, bedrohlich wie die Bilder der Tiefe, wie Simonmagus und Helena, die schwarze Schlange und der Gegenspieler. Warum aber strahlte dann Jung vor Freude, als er dem Fräulein Spielrein erstmals die befreienden Gedanken über Ehe und Geschlechtlichkeit erzählte, die er von einem gewissen Doktor Gross gehört hatte?

Jung hatte begriffen, daß die Ehe eine Lüge ist, und einen Augenblick lang vergaß er die Kette, an der er hing. Er lud Sabina Spielrein zu einer Bootsfahrt auf dem Zürichsee ein und ruderte seine Patientin hinaus, weg von den Menschen. Da erklärte sie ihm ihre Liebe, ohne Rücksicht auf die bürgerlichen Konventionen, offen und kühn. Da ließ er die Ruder sinken.

4. Freie Geister

Die «erotische Bewegung» vor dem Ersten Weltkrieg mit den Schwerpunkten in München-Schwabing und Ascona kam von unten, aus der Subkultur der Künstler und Dichter. In ihr gab es die davongelaufenen höheren Töchter, die Modelle der Maler, die Kunstgewerblerinnen, die emanzipierten Frauen, von denen Jung lediglich träumen konnte, wenn er sich fallen ließ. O die Schwabinger Mädchen mit ihren kurzgeschnittenen Haaren, wie vorurteilsfrei verstanden sie es, Leben und Liebe unbefangen zu nehmen und zu geben. O die Schwabinger Faschingsnächte in ihrer maßlosen Ausgelassenheit. O die freie seelische Luft, die Schwabing durchwehte.

Da hatte sich Gross, der ein Zimmer bei einer älteren Frau bewohnte, eines Nachts ganz fürchterlich betrunken, hatte das Mobiliar zertrümmert und sich auf den Trümmerhaufen gestellt, Wasser gelassen und geschrien, die alte Sau soll zu mir kommen! Die alte Kafferin soll kommen!

Er war ein so fabelhafter Liebhaber, sagte Frieda Richthofen über Otto Gross. Er redete und redete. O wie wunderbar er war. Nie ließ er dich schlafen. Er redete, während er dich liebte. Er nahm Drogen. Nie schlief er. Er war schrecklich. Ich hielt es nicht mit ihm aus. Er war brillanter als Freud, spirituell, dämonisch.

Die alte Kafferin, nach der Gross gerufen hatte, war selbstverständlich die Urmutter, der auch in den gnostischen Geschichten eine Hauptrolle zugedacht war, wie bereits erwähnt. In den Texten von Nag Hammadi wird sie häufig «Sophia» genannt, was «Weisheit» bedeutet. Wenn sie zum Reden kommt, sagt sie Merkwürdiges:

Ich bin die Geehrte und die Verachtete, die Dirne und die Ehrbare, die Frau und die Jungfrau, die Mutter und die

Tochter, die Scham und die Hüllenlosigkeit, die Verführung und die Enthaltsamkeit.

Der Text ist eine Rarität. Der unbekannte Mann, der ihn verfaßt hat, verzichtete auf die üblichen Trennungen in anständige und unanständige Frauen, mit denen die Männer das weibliche Wesen in Ordnung bringen. Auf die eine Seite kommen die Gattinnen und die Nonnen, auf die andere Seite die Dirnen und Hexen. Die braven Frauen dürfen für Waschmittel werben, die schlimmen für Genußmittel. Vielleicht war der anonyme Dichter des gnostischen Preisliedes auf die zweideutige Mami ein Schüler des Simonmagus, dessen Streifzüge durch die Hurenhäuser von Tyrus so manche christliche Feder gesträubt hatten. Eine Ausnahme ist der seltsame Poet auf jeden Fall, in dem Männergesangsverein all der Philosophen, Theologen, Schriftsteller und Gelehrten seit Plato, denen die Frauen als dumme und gefährliche Triebwesen galten. Nie wäre es ihnen eingefallen, in die Darstellung des Ewigweiblichen das Dirnentum mit einfließen zu lassen, zugleich mit der Mutterschaft und der Jungfräulichkeit. Die alte Sau des Doktor Gross war längst im Unbewußten verschwunden.

Dennoch liegt Schwabing, als Inbegriff freier Umgangsformen zwischen den beiden Geschlechtern, nicht nur in München. Es entsteht, stets nur für kurze Zeit, an den verschiedensten Orten, wenn die Gelegenheit günstig ist, zum Beispiel in Südfrankreich gegen Ende des 12. Jahrhunderts, als die Troubadours ihre Lieder machten für die adligen Fräuleins. Auch unter den ersten Christen scheinen Schwabinger aufgetreten zu sein, Vorläufer des Doktor Gross, denn die Gemeindevorsteher warnten vor ihnen, mit scharfen Worten: Falsche Lehrer werden auftreten! Im Auge haben sie Ehebruch, sie versprechen Freiheit, ködern haltlose Seelen, verachten jegliche Obrigkeit, lästern die Ordnung.

Hunde, die ihre Gespei verschlingen. Schweine! Kaum hast du sie abgewaschen, wälzen sie sich schon wieder im Mist.

Gemunkelt wurde, in den ersten Jahrhunderten nach Christus, von manch seltsamen Veranstaltungen da und dort, hinter verschlossenen Türen, in ägyptischen und syrischen Städten, wo die gnostischen Lehren ihre meisten Anhänger hatten. Ein Privatschuldirektor namens Klemens, der in Alexandria lebte und schriftstellerte, berichtete um das Jahr 200 herum von christlichen «Liebesmählern zur Vereinigung», veranstaltet von der Sekte der sogenannten Karpokratianer, bei denen ausgiebig gegessen und getrunken, aber auch das gewisse Tralala gemacht wurde, genannt Ausschweifung. Der wackere Eirenaios von Lyon, Kirchenvater und Ketzerhammer, Zeitgenosse des Klemens, kannte die Karpokratianer ebenfalls und warf ihnen vor, prinzipiell all das auszuleben, was den guten Sitten entgegen sei. Eine gewisse Marcellina, schrieb Eirenaios, habe um 150 herum in Rom als karpokratianische Missionspredigerin gewirkt. Als geheimes Erkennungszeichen hätten die Karpokratianer eine Tätowierung an der Rückseite des rechten Ohrläppchens, und sie verehrten das Bild Christi zusammen mit den Büsten des Plato, des Pythagoras und des Aristoteles bei ihren Zusammenkünften.

Mehr ins Detail ging der zyprische Bischof Epiphanios, genannt « Patriarch der Rechtgläubigkeit», gestorben im Jahr 403, in seinem Buch «Panarion», was soviel wie Hausapotheke bedeutet. Die Arzneimittel waren gegen die giftige Brut der Ketzer bestimmt, deren Spielarten der Autor beschrieb, teils aus älteren Kampfschriften schöpfend wie denen des Klemens und des Eirenaios, teils aus eigener Recherche vor Ort. Epiphanios war um das Jahr 335 in Ägypten gewesen, auf Besuch bei den frommen Bußbrüdern des Landes, und war dabei in schlechte Gesellschaft geraten.

Die Männer und Frauen des christlichen Vereins, die ihn an ihren Zusammenkünften teilnehmen ließen, nahmen das Liebesgebot Jesu ganz wörtlich. Nach der Vermischung in buhlerischer Leidenschaft, schrieb der brave Epiphanios empört, lästern sie auch noch den Himmel, indem Mann und Frau den männlichen Ausfluß in ihre Hände nehmen, die Augen nach oben wenden und beten, wir bringen dir Gott diese Gabe dar, den Leib des Christus. Um sodann die Schande zu verzehren, mit den Worten, dies ist der Leib Christi und das Opferlamm, um dessentwillen unsere Körper leiden. Ja, auch mit dem, was von der Frau kommt, wenn sie ihre Regel hat, würde gleicherweise verfahren, mit der Anrufung, dies ist das Blut Christi. Die Erzeugung von Leibesfrüchten sei streng verpönt. Würde dennoch eine Schwangerschaft entdeckt, so trieben sie das entstehende Leben ab, bereiteten aus dem Abort einen Brei, den sie gemeinsam verzehrten, betend, wir haben uns nicht vom Herrscher der Begierde täuschen lassen, wir haben den Fehltritt des Bruders eingesammelt. Um 80 Seelen habe es sich gehandelt, die auf solche Weise gefrevelt hätten, und auf seine, des Epiphanios Anzeige hin hätten die zuständigen Oberen sie alsbald aus der Kirchengemeinschaft verstoßen.

Weniger wild ging es bei den Schlangenverehrern, den sogenannten Ophiten, zu, laut Epiphanios, die bei ihren Mysterienfeiern eine zahme Schlange aus ihrem Käfig ließen, die sich dann durch die Abendmahlsbrote auf dem Tisch in der Mitte schlängelte, während die Gläubigen mit der Stirn den Boden berührten. Dann wurden die Brote ausgeteilt und die Schlange zur Verehrung herumgereicht. Das Tier war so friedlich, daß es sich ohne weiteres küssen ließ.

Eine Theorie des frühchristlichen Schwabing findet sich im Traktat «Über die Gerechtigkeit», der dem Sohn des gnostischen Schulhauptes Karpokrates zugeschrieben wurde. Die Schrift stammt aus dem zweiten Jahrhundert und vertritt Auffassungen, die von den Anarchisten in Schwabing nicht deutlicher hätten formuliert werden können. Der unbekannte Autor verkündet ein uneingeschränktes Gleichheitsprinzip, indem er auf den Himmel verweist, der im Kreis die Erde vollständig gleich umgibt. Auch die Sonne, so heißt es weiter im Text, hat Gott von oben her über der Erde aufgehen lassen, gleicherweise für alle, denn Gott unterscheide nicht zwischen Herrschern und Beherrschten, Freien und Sklaven, Frauen und Männern. Auch die Weinstöcke habe Gott für alle geschaffen, ebenso das Getreide und die übrigen Nahrungsmittel. Erst als man die ursprüngliche Gleichheit durch Gesetze verletzte, sei der Diebstahl an Tieren und Früchten entstanden.

Gerechtigkeit, folgert der Verfasser, sei daher nur als Gütergemeinschaft möglich, unter anderem auch in bezug auf die Zweisamkeit der Männer und Frauen. Über das biblische Verbot, des Nächsten Weib zu begehren, macht sich der kecke Text ausdrücklich lustig, mit dem Hinweis, daß es die Frauen in Privateigentum verwandle.

Ein gemeinsames Kennzeichen der Schwabinger aller Zeiten ist ihre Arroganz, wie bei den meisten Weltverbesserern üblich. Die Nichtschwabinger, eine erdrückende Mehrheit, gelten ihnen als Masse, und die ist dumm. Sie besteht, wie die Gnostiker es ausdrückten, aus «Fleischlichen». Sich selber verstanden die Gnostiker als Geistmenschen, ausschließlich befaßt mit der Erkenntnis des eigenen Wesens, des höheren, dem göttlichen Bereich zugehörigen, des wahren Selbst. Kinder des Lichts, Wachende, Vollkommene, Freie nannten sich die Gnostiker im Gegensatz zu den Kindern der Finsternis, den Schlafenden, Unvollkommenen, Unfreien, die haufenweise herumliefen.

Für die letzteren waren die geltenden Gesetze und Moralvorschriften bestimmt, auch die Glaubensbekenntnisse und sonstigen Regeln des Umgangs mit den höheren Mächten, während die gnostische Elite keinerlei Herrschaft über sich duldete, weder geistliche noch weltliche, als «königloses Geschlecht» niemandem Rechnung schuldig, auch in den Dingen der Liebe nicht.

In Schwabing und Ascona waren solch autonome Parolen keine Seltenheit. Die «Grossianer», wie der Anhang des dämonischen Doktors genannt wurde, hatten den Begriff der Sünde aus ihrem Wortschatz gestrichen. Man erzählte sich, daß sie in einem angemieteten Stall Asconas ihre Hemmungen ablegten, die oralen, die analen und die genitalen der frühen Kindheit, was zu unbeschreiblichen Zuständen geführt habe, beispiellosen Schweinereien als Gruppenexperiment auf Zeit. Im Kultus der Astarte, schrieb Gross, muß sich all das konzentriert haben, was noch an Frauen-Freiheit und Frauen-Würde erhalten geblieben war. Die Orgie als Kultushandlung verteidigte die freie Mutterrechtsgesellschaft, und in der priesterlichen Befugnis der Frau war der Geist der Frauenhoheit von einst lebendig. Gross dachte an Landkommunen, weiblich dominierte, in denen Damenwahl auf dem Programm stand und die Eifersucht abgeschafft war. Idee und Praxis der Orgie sollten die durch bürgerliche Erziehung verdorbenen Körper und Seelen der Grossianer lockern, sie befreien von den Krämpfen der Zweierbeziehung, unter der Patronanz Astartes, der orientalischen Muttergöttin von einst, der alten Kafferin mit den vielen Brüsten, die von den asketischen Priestern des Christentums ins Unbewußte verdammt worden war.

So hatte sich, wieder einmal, das ketzerische Haupt des Simonmagus erhoben, des ersten Immoralisten und Freidenkers überhaupt, im Jahr 1910 in Ascona, was dem «Winterthurer Tagblatt» nicht verborgen blieb. Unter der Überschrift «Eine Anarchistenkolonie» schrieb die Zeitung, daß das idyllische Fischerdörfchen seit einiger Zeit die bevorzugte Zufluchtsstätte für allerlei zweifelhafte ausländische Leute geworden sei, und forderte die Polizeibehörden auf, sich diese Herrschaften etwas näher anzusehen. Im August 1911 wurde Dr. Otto Gross, ca. 180 cm groß, schlank, Haare rötlich, meist ungekämmt, Schnurrbartanflug rötlich, Nase spitz, vorn blau, Mund ziemlich groß, Zähne vollständig, Gesicht unrein, kränklich, Gang vorgebeugt, nimmt große, unregelmäßige Schritte und blickt fast immer auf den Boden, behufs Versorgung wegen Geisteskrankheit im Schweizerischen Polizei-Anzeiger zur Verhaftung ausgeschrieben. Aber Gross hatte damals die Schweiz schon wieder verlassen.

Tut, was ihr wollt, ihr seid frei, habe Simonmagus seinem Anhang gepredigt, schrieb der Ketzerspezialist Eirenaios über den Vater aller Häretiker, wie er ihn nannte. Nach der Polizei konnte Eirenaios noch nicht rufen, weil er selbst einer verfolgten Subkultur angehörte, der christlichen des Simonpetrus, die erst im Jahr 313 aufatmen durfte, unter dem Kaiser Konstantin, der ihr die Religionsfreiheit gab. Auch der Kirchenschriftsteller Hippolyt von Rom, der um das Jahr 230 herum schrieb, mußte sich mit Polemiken gegen den Anhang des Simonmagus begnügen. Diese Leute preisen sich selig, schrieb Hippolyt, wegen der von ihnen gepflegten geschlechtlichen Vermischung, indem sie sagen, das sei die vollkommene Liebe.

Die Polizei begann sich dann 150 Jahre später ernsthaft für die Gnostiker zu interessieren. Um 386 wurde zum erstenmal in der Geschichte des christlichen Abendlandes ein Ketzer hingerichtet, in Trier, wo ein gewisser Maximus als Imperator residierte. Der Delinquent hieß Priscillian, ein geweihter Bischof aus Spanien, dem gnostische Überzeugungen nachgesagt wurden. Der Kriminalprozeß gegen ihn führte zum Schuldspruch wegen Schwarzmagie (maleficium), der durch Enthauptung vollstreckt wurde. Weitere Todesurteile gegen Anhänger Priscillians folgten. Dem Papst, der sich aus der Angelegenheit herausgehalten hatte, war der blutige Ausgang eher peinlich. Er forderte die Prozeßakten an und erhielt von Maximus die briefliche Versicherung, das Verfahren sei einwandfrei abgewickelt worden. In den Unterlagen stand zu lesen, daß Priscillian zugegeben habe, an gewerblicher Unzucht beteiligt gewesen zu sein. Offenbar hatten die Vernehmungsorgane, in weltanschaulichen und theologischen Fragen unsicher, nach handfesteren Delikten gesucht.

Seither waren Polizisten und Richter mit Vorliebe hinter geschlechtlichen Verfehlungen her, wenn sie Anschuldigungen gegen Freigeister suchten. Die Ordnungshüter sind es gewesen, die zwischen Ketzerei und Perversion eine geheime Verbindung herstellten, eine allgemeingültige, obwohl die meisten Freidenker hochmoralische Menschen waren, streng gegen sich und ihre Gesinnungsgenossen.

Dieser polizeiliche Blick hat die Schwabinger aller Zeiten getroffen, auch wenn sie es in der Regel längst nicht so toll trieben wie in der Phantasie derer, die sie beobachteten. Für das «Winterthurer Tagblatt» waren die Zuzügler in Ascona Sendboten des deutschen Großstadtanarchismus, syndikalistische Wanderprediger, emanzipierte Weibsbilder, Repräsentanten der sexuellen Perversität und der homosexuellen Prostitution, die ein freches und herausforderndes Benehmen an den Tag legten. Daß sich unter ihnen auch Einbrecher und Räuber befanden, war keineswegs auszuschließen.

Seit 1981 können die Überbleibsel der Freisinnigen von einst besichtigt werden, in der «Casa Anatta» auf dem Monte Verità in Ascona während der Sommersaison, von Dienstag bis Sonntag. Der Raum 17 im zweiten Stock ist dem Andenken des Dr. Otto Gross gewidmet.

Der alte Gross, seit 1905 Professor für Kriminalistik an der Universität Graz und Verfasser des Standardwerks «Handbuch für Untersuchungsrichter, Polizeibeamte und Gendarmen», machte sich schwere Sorgen um seinen Sohn. Seinetwegen korrespondierte er jahrelang mit Psychiatern und hochgestellten Polizeibeamten in Deutschland, Italien und der Schweiz. Im November 1913 gelang es dem renommierten Vater, die Berliner Behörden zu überreden, Otto verhaften und nach Österreich bringen zu lassen, wo er in einer privaten Irrenanstalt in der Nähe Wiens interniert wurde. Das amtsärztliche Gutachten vom 23. Dezember diagnostizierte Wahnsinn. Im Januar 1914 war Gross entmündigt und unter die Kuratel seines Vaters gestellt. Ich habe ihm stets, schrieb der alte Herr in seiner umfangreichen Korrespondenz, ganz enorme Summen gesendet, trotzdem lebte er armselig und hungerte sogar, da ihm seine «Freunde» nicht nur alles Geld, sondern auch Kleider, Lebensmittel weggenommen haben. Otto hat sein Leben lang nie gewußt, was man mit Geld tut; er kennt den Wert des Geldes nicht und gibt, wenn welches verlangt wird. Mit Geld ist er wie ein kleines Kind.

Ottos Freunde, unter ihnen namhafte Literaten, waren empört. Sie veröffentlichten Protestartikel, der Fall kam in die Zeitungen und wurde zum Skandal. Gross selbst schrieb einen Brief aus dem Irrenhaus, der in der Berliner Zeitschrift «Zukunft» abgedruckt wurde. Gross: Ich will Ihnen sagen, wie es mir ergangen ist und wie die Dinge liegen. Man hat, nachdem man mich aus Berlin als lästigen Ausländer wegen Morphinismus ausgewiesen hat, mich hier vor die Wahl gestellt, mich entmündigen zu lassen oder meine

Ideen unschädlich zu machen. Auf jeden Fall will ich zu hindern suchen, daß alles Streben meiner Existenz, alles, für das ich gelebt, als pathologisch entwertet wird. Nimmt man die Anpassung an das Bestehende als das Normale an, dann wird man Unzufriedenheit mit dem Bestehenden als Zeichen geistiger Gestörtheit auffassen können. Nimmt man die höchste Entfaltung aller Möglichkeiten, die dem Menschen angeboren sind als Norm, dann wird man das Zufriedensein mit dem Bestehenden als Unterwertigkeit erkennen.

Im Juli 1914 durfte Gross nach Bad Ischl fahren, um mit Wilhelm Stekel, einem Kollegen aus der psychoanalytischen Bewegung, seine unbewußten Probleme zu bearbeiten. Der Ausbruch des Ersten Weltkriegs unterbrach die Analyse, Gross meldete sich freiwillig als Militärarzt. Einer seiner Vorgesetzten aus der Zeit seines Kriegsdienstes schrieb in einem Zeugnis über Gross, daß er ein tüchtiger Nervenpatholog sei und seine Obliegenheiten in zufriedenstellender Weise erfüllt habe. Über eine angebliche Geistesstörung zu reden, erübrige sich. Auszusetzen an Gross sei lediglich, daß er auf sein Äußeres keine besondere Sorgfalt verwende. Ein anderer Dienstkollege fügte hinzu, Gross erfreue sich allgemeiner Beliebtheit. Allenfalls als ein wenig «rappelköpfig» könne man ihn bezeichnen.

Die Wahnsinnskuratel über Gross wurde erst Ende 1917 in eine beschränkte Kuratel wegen gewohnheitsmäßigen Mißbrauchs von Nervengiften umgewandelt. Sie blieb bis zum Tod von Gross aufrecht.

Daß der Detektiv eingesperrt wird und nicht der Mörder, ist in Kriminalromanen ein beliebtes Motiv. Korrupte oder dumme Polizisten bringen den Ermittler hinter Schloß und Riegel, während der Täter sich ins Fäustchen lacht. Als Gross den Gegenspieler identifiziert hatte, hinter seinen vielen Masken, als er bereit war, mit dem Finger auf ihn zu zeigen, wurde er für wahnsinnig erklärt und entmündigt – was weitaus pfiffiger war als das bloße Einsperren. Über das Leben und die Veröffentlichungen des Otto Gross senkte sich ein Vorhang des Schweigens, auch Freud und Jung tilgten sein Andenken aus der psychoanalytischen Literatur.

Jung wollte nicht daran erinnert werden, daß Gross ihn über den Gegenspieler und dessen verheerende Macht aufgeklärt hatte. Einen Augenblick lang hatte Jung erkannt, wessen Opfer er war. Er konnte nicht zugeben, daß er sich hätte ändern müssen, ablegen seine Geschmeidigkeit in der Anpassung an «das Leben», so wie es eben war, mit der Villa in der Seestraße 228, mit Emma und den Kindern, um dem Gegenspieler wirklich gefährlich werden zu können. Im Gegensatz zu Jung hatte Gross sich nicht am Schreibtisch sitzend fallen gelassen. Gross hatte am eigenen Leib erlebt, wie der Weg nach unten beschaffen ist, gepflastert mit guten Vorsätzen, das Kokain aufzugeben, bis seine Reise zu Ende war, im Februar 1920. Ein halbes Jahr vorher war Gross noch nach Ungarn gefahren, um für die dortige Räte-Regierung zu arbeiten, hatte aber an der Grenze erfahren müssen, daß die Kommunisten gestürzt worden waren. Auch nach Rußland hatte sich Gross gemeldet, zum Dienst gegen die Epidemien und für die Oktoberrevolution, war aber wegen seiner schlechten Gesundheit abgewiesen worden. Jung hätte sich nicht einmal im Traum einfallen lassen, und er träumte viel, für die Roten Partei zu ergreifen.

Freud hatte 1908 auf dem ersten Psychoanalytikerkongreß in Salzburg zu Gross gesagt: Wir sind Ärzte und wollen Ärzte bleiben. Das enthusiastische Referat des jungen Privatdozenten aus Graz, der Freud zusammen mit Nietzsche als Bahnbrecher einer neuen Moral gepriesen hatte, war dem Meister zu keck gewesen.

Aber Gross wollte sich nicht auf die Arztrolle beschränken lassen, wie der besonnene Freud ihm nahegelegt hatte. Die Psychologie des Unbewußten war für Gross die Philosophie der Revolution, und diese Revolution ging gegen den Vater und das Vaterrecht, gegen den Herd aller Unterdrückung, die patriarchalische Familie mit ihrer Verknüpfung von Autorität und Sexualität. Der Gegenspieler, den Gross identifiziert hatte, war keine bloß seelische Erscheinung, er hatte sich als gesellschaftliches Wesen eingepflanzt und aufgestellt, da war Politik im Spiel, Familienpolitik mit jeder Menge Paragraphen, dynastische Heiratspolitik der europäischen Herrscherhäuser, die ganze Weltgeschichte hatte der Gegenspieler inszeniert, ein gewalttätiger Despot auf dem Thron jedes Gewissens, ein Mörder von Hause aus, ein Frauenhasser und Sadist, Verursacher der Menschheitspsychose, Krankmacher aller Zeiten und Völker.

Der freie Geist, schrieb Gross ein halbes Jahr vor seiner Entmündigung, der nicht in der freien Liebe ist, wird immer konservativ oder zersetzend sein, Gott oder Teufel, aber niemals freier Geist. Wir glauben, daß jene Revolution die erste und wirkliche sein wird, die Frau und Freiheit und Geist in eins zusammenfaßt.

Die nackte Wahrheit, die Gross gefunden hatte, war wehrlos wie alles Nackte und konnte sich deshalb nicht durchsetzen. Der Gegenspieler blieb auf seinem goldenen Thron, verborgen in der Tiefe des Unbewußten, und herrschte weiterhin über die Menschen. Die Schwabinger mußten in den Krieg ziehen, der Rest wurde von Hitler erledigt, der gegen alles Entartete war. Der Schriftsteller Erich Mühsam, ein Freund von Otto Gross, wurde 1934 im Konzentrationslager Oranienburg ermordet. In Schwabing war er gemeinsam mit Bruno Walter und Frank Wedekind im Künstlerkabarett «Die Elf Scharfrichter» aufgetreten. Die Gestalten, hatte Mühsam geschrieben, die Schwabing zum Kulturbegriff machten, waren vereint in einer unsichtbaren Loge des Widerstands gegen die Autorität der herkömmlichen Sitten.

Kürzer läßt sich das Programm der freigeistigen Revolte von Simonmagus bis Otto Gross nicht ausdrücken.

Fünfzig Jahre nach dem Tod von Otto Gross reichte Schwabing ein paar Jahre lang von San Francisco bis Paris. O der Mai '68 mit seinen Barrikaden und Wandsprüchen! O das Fest von Woodstock mit seinen Marihuanaschwaden! O die Schlagstöcke der Polizei!

Als die Zeiten wieder ruhiger wurden, als die Personalcomputer kamen, gab es mehr Schwabinger als je zuvor auf der Welt. Sie streckten sich nach der Decke und führten ihre Beziehungsdiskussionen weiter, sozusagen aus lieber Gewohnheit. Sie erzählten ihren Kindern von den vielen Bewegungen, für die sie demonstrieren gegangen waren, der Umweltbewegung, der Frauenbewegung, der Friedensbewegung, der Antiatomkraftbewegung. So vermehrten sich die Schwabinger, während der Gegenspieler in seinem unterirdischen Silo stand und auf seine Gelegenheit wartete. Es würde die letzte sein, wie jedermann wußte.

5. Der Weg des Wassers

Freud hatte Jung zum Weintrinken verleitet, während eines Mittagessens am 20. September 1909 in Bremen, am Vortag ihrer Einschiffung auf der «George Washington» nach den USA, wo Freud und Jung zu Vorträgen eingeladen waren. Jung war strenger Antialkoholiker, Freud nicht. Während des Essens unterhielten sich die beiden über mumifizierte Leichen, und Jung verwechselte, beschwingt vom ungewohnten Wein, die sogenannten Moorleichen Norddeutschlands mit den Mumien in den Bleikellern Bremens. Gegen Ende des Essens, an dem auch Freuds Schüler Sandor Ferenczi teilnahm, fiel Freud in Ohnmacht, was sonst nicht seine Gewohnheit war. Die Ohnmacht wurde selbstverständlich genau analysiert. War sie eine Antwort auf das merkwürdige Interesse Jungs an mumifizierten Leichen gewesen, das Freud irgendwie persönlich auffaßte? War sie eine Strafe für den kleinen Sieg Freuds über Jungs Abstinenz?

Auf jeden Fall fühlte Freud sich von Jung bedroht. Er wünschte sich Jung als seinen Nachfolger bei der Führung der psychoanalytischen Bewegung und fürchtete sich gleichzeitig davor, das Steuer aus der Hand zu geben. Freud war damals 53 Jahre alt, Jung 34. Jung war nicht bereit, der menschlichen Sexualität die zentrale Rolle im Kulturleben einzuräumen, die Freud ihr zuschrieb. Jungs Mutter war unansehnlich und eher dick, während Freud als der geliebte Erstgeborene einer schönen jungen Frau aufwachsen durfte. Für Jung war der Grundgedanke Freuds, jeder kleine Junge müsse in seine Mutter verliebt sein, ein Unsinn.

Was das Weintrinken betraf, so hatte sich Jung an die Grundsätze seines Chefs am Burghölzli in Zürich gehalten.

Eugen Bleuler, der ein Feind des Alkohols war, interessierte sich nur für seine Patienten, die er mehrmals täglich besuchte. Auch Bleuler, der Freud im übrigen durchaus schätzte, fühlte sich mit dessen Theorie der Sexualität eher unbehaglich und prägte deshalb den Ausdruck «Tiefenpsychologie» für die Erforschung des Unbewußten. Das Wort verband den deutschen Tiefsinn mit den Abgründen des Seelenlebens und klang weniger anstößig als die direkte Rede vom Sexuellen. Dionysos, der Patron der Ausschweifung und des Weintrinkens, hatte in Zürich nichts verloren. In Zürich wächst der Wein nur spärlich.

Wenn ich die Obrigkeiten nicht demütigen kann, werde ich die Unterwelt in Bewegung bringen. Diesen kecken Satz aus der Äneis Vergils hatte Freud, vorsichtshalber auf Latein, seiner «Traumdeutung» als Motto vorangestellt. Der Tiefsinn Freuds war oppositionell angelegt. Was unten sich rührte, als Triebnatur und Wunschenergie, war für Freud nicht geheimnisträchtig, gar heilig wie für Jung, sondern das Untere war schlicht unterdrückt worden, von der Elterngewalt und den übrigen Autoritäten, und rebellierte im Traum gegen die Tyrannei des Gewissens mit seinen Einschränkungen und Verboten.

Gross hatte aus solcher Tendenz Nägel mit Köpfen gemacht und die sexuelle Revolution ausgerufen, in jugendlichem Überschwang, er hatte auch Jung für seine Freiheitsgedanken begeistert, allerdings nur vorübergehend, vergleichbar dem kleinen Schwips, den sich Jung in Bremen angetrunken hatte. Gross benötigte die Räusche, die wilden und die sanften, er brauchte das Opium und das Kokain zur Beruhigung und als Stimulans, er war süchtig nach Frauen, lieferte sich ihnen aus und analysierte sie wie ein Besessener, pfiff auf die Konventionen, befreite die alte Sau aus der Tiefe, in die sie verdammt worden war, ohne

Rücksicht auf Verluste, so wie Simonmagus seine Helena aus dem Hurenhaus geholt hatte.

Der nüchterne Jung ging einen anderen Weg.

Während die «George Washington» über den Atlantik dampfte, marschierte Jung im Traum vom Wohnzimmer eines Hauses, das er nicht kannte und dennoch bewohnte, auf der Stiege nach unten ins Erdgeschoß. Im ersten Stock hatten Rokokomöbel gestanden, im Parterre herrschte das Mittelalter, mit Fußböden aus rotem Backstein. Jung traf auf eine schwere Tür, stieß sie auf und erblickte eine steinerne Treppe, die in den Keller führte. Er betrat sie und gelangte in einen gewölbten Raum, untersuchte die Wände und fand heraus, daß sie aus der Zeit der alten Römer stammen mußten. Entdeckte einen Ring, der in eine der steinernen Bodenplatten eingelassen war, hob den Stein und sah abermals Stufen, die in die Tiefe lockten. Ganz unten stand Jung dann in dickem Staub, unter der niedrigen Decke einer Felshöhle, sah Knochen und zerbrochene Krüge aus ältester Vergangenheit, schließlich auch zwei Menschenschädel, die halb zerfallen waren.

Freud, dem Jung seinen Traum erzählte, konzentrierte sich auf die beiden Totenköpfe, fragte, was Jung zu ihnen einfalle, ein heimlicher Wunsch vielleicht. Jung, der sich um den geheimnisvollen Reiz seines Traums geprellt fühlte, log Freud an und erzählte ihm, die beiden Schädel seien die seiner Frau und seiner Schwägerin. Freud war zufrieden, Jung ärgerte sich über die Verständnislosigkeit Freuds.

Der Hinweis, den Jung im Traum erhalten hatte, war für ihn überaus wichtig. Der Abstieg in die Tiefe, den er unternommen hatte, erwies sich als psychologisch und historisch zumal. Je tiefer er ins Unbewußte hinabdrang, desto älter waren die Schichten der Menschheitsentwicklung, in die er gelangte, bis er zuletzt im Vorgeschichtlichen landete, bei den wilden Neandertalern. Deren Primitivität war vielleicht auch in modernen Seelen zu finden, wenn man den Mut hatte, tief genug hinabzusteigen.

Nach seiner Rückkehr aus den USA besorgte sich Jung die vierbändige «Symbolik und Mythologie der alten Völker, besonders der Griechen» von Georg Friedrich Creuzer und begann darin ausgiebig zu schmökern. Bald erschienen ihm all die Kentauren, Nymphen und sonstigen Wesen im Panoptikum Creuzers wie die Patienten im Burghölzli, irre und wüst, und Jung sah sich veranlaßt, sie wie Nervenkranke zu analysieren. Das Ergebnis seiner Bemühungen veröffentlichte er in einem Buch, das er «Wandlungen und Symbole der Libido» nannte. Es ist reichlich mit gelehrten Hinweisen auf die Bibel, die Upanischaden, das Gilgamesch-Epos, die Odyssee und andere ehrwürdige Texte gespickt, der Faden geht öfter verloren, und gelegentlich taucht eine gewisse Miss Miller auf, eine junge amerikanische Studentin, auf deren Aufzeichnungen Jung in der psychiatrischen Fachliteratur gestoßen war. Während einer Kreuzfahrt auf dem Mittelmeer war ihr im Tagtraum ein Gedicht übermittelt worden, mit dem Titel« Ruhm sei dem Gott».

Jung war auf einen Zusammenhang aufmerksam geworden, der sein Leben und seine Arbeit von Grund auf verändern sollte – den Zusammenhang zwischen Wahnsinn und Religion.

Am 26. Juli 1914 schrieb Freud in einem Brief: So sind wir sie denn endlich los, den brutalen heiligen Jung und seine Nachbeter.

Zu dieser Zeit hatte sich Jung bereits fallen gelassen.

Unten strömte das Wasser, ohne Anfang und Ende, mit dem toten Jüngling darin und dem riesigen schwarzen Käfer, dem heiligen Pillendreher Ägyptens. Der jugendliche Leichnam mochte ein Hinweis auf den erhabenen Osiris sein, der von seinem Bruder Seth erschlagen und ins Wasser geworfen worden war. Je besser jemand in der Religionsgeschichte Bescheid wußte, desto interessanter gestalteten sich seine Reisen ins Unbewußte. Auch die rote Sonne, die aus der Wassertiefe auftauchte, paßte ausgezeichnet in die altägyptische Vorstellungswelt, die das Himmelsgestirn während der Nacht durch die Unterwelt gleiten ließ, aus der es jeden Morgen wiederum heraufstieg, siegreich.

Nur der Blutsturz, den Jung während seines ersten Fallversuchs ansehen mußte, entzog sich der religionsgeschichtlichen Deutung. Er stand vielleicht in Zusammenhang mit einer Vision, die Jung im Herbst 1913 während einer Reise gehabt hatte, aus der Vogelperspektive gewissermaßen. Eine ungeheure Flut bedeckte Europa, von England und Rußland bis zu den Alpen. In den gelben Wogen schwammen die Trümmer der Kultur und die Leichen der Menschen. Zuletzt verwandelte sich das Meer in Blut. Die Schweiz blieb verschont.

Ansonsten machte sich der bevorstehende Krieg, von dem alle Welt redete, in den bewegten Bildern, die Jung überfielen, nicht weiter bemerkbar. Die Bilder erinnerten eher an die Mythologien des alten Creuzer und an die Musikdramen Richard Wagners. Da erschien Siegfried hoch oben auf dem Grat eines Berges, am 18. Dezember 1913, während Jung schlief, und sauste auf einem Wagen, der aus Totenknochen gefertigt war, in rasender Fahrt den Berghang hinab. Jung erschoß ihn mit einem Gewehr, und alsbald rauschte ein gewaltiger Regen und tilgte die Spuren der Tat. Ein anderes Mal schwebte von rechts ein geflügeltes Wesen ins Bild, ein alter Mann mit Stierhörnern, der einen Bund mit vier Schlüsseln trug. Die Flügel der Erscheinung ähnelten in den Farben denen des Eisvogels, und Jung war erstaunt, als er kurz darauf bei einem Spaziergang am Seeufer seines Gartens einen toten Eisvogel fand. Später verwandelte sich der geflügelte Alte in eine Statue, die ein kostbares Kästchen in der Hand hielt. Jung nannte sie Ka, was die altägyptische Bezeichnung für Seele ist.

Jung wußte, daß er am Rand des Verrücktwerdens spazierte. Seine Traumgestalten wurden halbwegs Fleisch, er führte lange Gespräche mit ihnen, vernahm ihre Stimmen. Ich bin es, sagte zum Beispiel der Ka, welcher die Götter in Gold und Edelsteinen begräbt.

So vergingen zwei Jahre, in denen Jung hauptsächlich mit sich selbst beschäftigt war. Er empfing weiterhin Patienten und Patientinnen, zu 50 Franken pro Stunde, versuchte seinen Kindern ein guter Vater und seiner Emma ein treusorgender Gatte zu sein, traf sich mit Tante Toni und schrieb seine Privatoffenbarungen in mehrere Büchlein, die er in schwarzes Leder hatte binden lassen. Er hatte es aufgegeben, an der Universität in Zürich Vorlesungen zu halten, und ließ die Fachliteratur ungelesen liegen. Im Jahr 1916 verstärkte sich Jungs Unruhe, in seinem Haus begann es zu spuken. Agathe, Jungs älteste Tochter, sah eine weiße Gestalt durchs Zimmer wandern, an der Haustür wurde Sturm geläutet, aber niemand war da. Jung spürte die Geister, er hörte ihre Stimmen. Wir kommen zurück von Jerusalem, riefen sie laut, wo wir nicht fanden, was wir suchten. Jung brachte sie zum Schweigen, indem er aufschrieb, was ihm durch den Kopf ging. Danach hatte er Ruhe. Er fing an, jeden Morgen eine kreisförmige Figur in ein Heft zu malen, gestaltet nach seinem jeweiligen Seelenbefinden, und nannte die Kraft, die ihn zu seiner Mitte führte, sein Selbst. Als der Erste Weltkrieg zu Ende ging, hatte sich Jung einigermaßen stabilisiert.

Jungs heimliche Welt, sein Unbewußtes, wie er es nannte, in das er sich hatte fallen lassen, war keusch. Im Gegensatz zur Traumdeutung Freuds, in der die Geschlechtsteile in vielerlei Verkleidungen auftraten, als Regenschirme oder Geldbörsen, vermochte Jung in der Tiefe nichts Unanständiges zu entdecken. Freud hatte das Treppensteigen, aufwärts und abwärts, als Symbol des Liebesaktes gedeutet, während für Jung der Weg nach unten zu esoterischem Wissen führte, zur Erkenntnis sublimer Zusammenhänge. Die Gestalten, denen Jung in der Unterwelt begegnete, hatten mit der Fleischeslust nichts im Sinn, sie bedienten sich einer gehobenen Sprache, redeten feierlich und pathetisch, mitunter geradezu schwülstig daher, stets auf Würde bedacht und von der Wichtigkeit ihres Auftretens durchdrungen, weit entfernt davon, sich durch das jämmerliche Gezappel und Geschnaufe des Liebesgeschäfts von ihren tiefen Gedanken ablenken zu lassen. Sie sagten, der Dämon der Geschlechtlichkeit tritt zu unserer Seele als eine Schlange. Die Schlange ist weiblicher Natur und sucht immer die Gesellschaft der Toten. Die Schlange ist eine Hure und buhlt mit dem Teufel und den bösen Geistern. Die Schlange geht hinunter und lähmt mit List den phallischen Dämon oder stachelt ihn an. Die Schlange entflieht unserem Griff und zeigt uns den Weg, den wir aus Menschenwitz nicht fanden.

Solche und ähnliche Wendungen flossen Jung aus der Feder, sozusagen unterm Diktat der Unterirdischen. Manchmal war es ihm, als ob er die Botschaften mit den eigenen Ohren vernehme, ein anderes Mal spürte er seine Zunge, wie sie unbedachte Worte flüsterte. Die schriftliche Fixierung des Gehörten erleichterte Jung, auch wenn ihm das Geschriebene oft als Unsinn erschien.

Die Stimmen, die er hörte, kamen aus dem Land der Toten. Das Unbewußte erschien Jung wie die Welt der abgeschiedenen Vorfahren, wie das Totenland in den Mythen der Völker. Im Totenland werden keine Tanzmädchen geschminkt, die Körper bleiben getrennt und kalt, die Lust erscheint nur als blasse Erinnerung ans wirkliche Leben. Jungs letztes Kind, ein Mädchen, war am 18. März 1914 geboren worden. Danach war Schluß mit der Fortpflanzung.

Aus der Tiefe der Zeiten, auf bedrucktem Papier, hatte sich bei Jung ein gewisser Basilides gemeldet, der um 150 herum in Alexandria philosophiert hatte, im Geiste des Simonmagus. Er führte die Entstehung der Welt auf die unglückselige Vermischung von Geist und Materie zurück, wie alle Gnostiker, kannte die Bibel und interpretierte sie mit großer Gelehrsamkeit, die ihm in den gebildeten Kreisen Ägyptens ein gewisses Ansehen verschaffte. Als Jung im Jahr 1916 die Geister in seinem Haus beschwichtigte, indem er an drei aufeinanderfolgenden Abenden seinen inspirierten Text zu Papier brachte, nannte er seine Arbeit «Die Sieben Belehrungen der Toten, geschrieben von Basilides in Alexandria, der Stadt, wo der Osten den Westen berührt». Die Toten erhoben einen großen Tumult, am Ende der zweiten Predigt, denn sie waren Christen und wollten kein gnostisches Geschwafel hören.

Von Basilides übernahm Jung eine merkwürdige Bezeichnung des Gegenspielers Gottes und nannte ihn Abraxas, das Monstrum der Unterwelt, den Herrn der Kröten und Frösche, die im Wasser wohnen und ans Land steigen. Jung empfand Frösche und Kröten als menschenähnlich. Das Feuchte, in dem sie sich wohl fühlten, bedeutete selbstverständlich das Unbewußte. Im Unbewußten zerflossen die Wünsche des Tages und vermischten sich mit den Gestalten der Nacht. In diesem eher unübersichtlichen Bereich war die Orientierung nicht einfach. Jung und Basilides rieten den Toten für alle Fälle zur Enthaltsamkeit. Mann und Weib, lehrten sie, werden aneinander zum Teufel, wenn sie ihre Geschlechtlichkeit nicht trennen. Die gnostische Literatur, zu der Basilides und Jung beitrugen, tendierte ohnehin zur Askese und nicht zum Rausch, zur Enthaltsamkeit von der Fleischeslust, zur Vergeistigung also. Die wenigen Nachrichten von gnostischen Ausschweifungen erscheinen neben den gnostischen Enthaltsamkeitstexten wie obszöne Randbemerkungen eines frechen Lesers, dem ein geiles Weib lieber ist als das schönste Gedicht von Rilke.

Die toten Christen, denen Jung predigte, waren von Hause aus zur Enthaltsamkeit erzogen worden, von Simonpetrus und dessen Nachfolgern, zur Keuschheit vor der Ehe, in der Ehe, außer der Ehe und nach der Ehe, von welcher Regel nur der eheliche Fortpflanzungsakt ausgenommen war, der schnell und eher achtlos geschehen sollte, nicht in der heidnischen Lüsternheit des zotteligen Dionysos, des weinsaufenden Wüstlings aus der Zeit vor Christi Geburt. Auch der geheimnisvolle Tempelherr, dem Jung im Traum begegnet war, zur Stunde des Mittags, heraufsteigend auf abgetretenem Pflaster, hatte die Keuschheit gelobt, als christlicher Ordensmann aus dem 12. Jahrhundert. Die Welt des Heiligen Grals, aus der er kam, verabscheute die Wollust entschieden und kam damit einer tiefen Sehnsucht Jungs entgegen, der es satt hatte, darüber nachzudenken, was der Stier mit der Kuh macht.

Der Kriminalroman, in den Jung geraten war, enthielt keine anstößigen Stellen, er war zensiert, für Kinder und Jugendliche zugelassen. Er war in einem feierlichen und ein wenig altertümlichen Stil verfaßt, wie auch Richard Wagner ihn pflegte, und bevorzugte als Schauplätze des Geschehens längst vergangene Zeiten. In einem Kapitel seines Romans wanderte Jung zum Beispiel auf einer staubigen Landstraße im Süden Frankreichs dahin, als er von einem berittenen Edelmann in voller Rüstung eingeholt wurde, der ihn nach dem Woher und dem Wohin frug. Wer waren wir, gab Jung zurück, was sind wir geworden, wo waren wir, wohinein sind wir geworfen, wohin eilen wir, wovon sind wir befreit. Ich merke wohl, sprach der Ritter, daß Ihr zu den Eingeweihten gehört. Beliebt es Euch, so sitzet auf, damit wir ein Stück des Weges gemeinsam zurücklegen mögen. Bald wurde der Weg steiler. Nach einer Kehre erblickte Jung im Licht der sinkenden Sonne eine stattliche Burg in beherrschender Lage, mit mächtigen Türmen und wehrhaften Zinnen, eine Ordensfestung der Templer. Wohl an die zweihundert Ritter mochten in ihr leben, nicht gezählt die dienenden Brüder und das Gesinde. Jung wurde in ein gotisches Refektorium geleitet, hoch und geräumig wie eine Kirche. Mächtig die Stimmen der Ritter, die das Benedicite sangen, ehe sie sich an die Tische setzten. Jung durfte an der Tafel des Komturs Platz nehmen, und ehe er sich's versah, war er in ein Gespräch über den «Liber de duobus principiis» verwickelt. Johannes von Lugio, meinte der Komtur, sei der Auffassung, daß die einzig logische Entgegnung auf das Problem des Bösen in der Welt radikal dualistisch ausfallen müsse, während der gemäßigte Dualismus, wie er in der «Interrogatio Johannis» durchschlage, nicht wirklich haltbar sei, sowenig wie die päpstliche Lehre. Seid Ihr denn ein Inquisitor, sah Jung sich veranlaßt zu fragen, da Ihr in den Lehren der Katharer so trefflich bewandert seid? Das schier unbändige Lachen, das Jungs Frage auslöste, pflanzte sich alsbald im ganzen Speisesaal fort. Der Fremdling hat den Komtur gefragt, ob er ein Inquisitor sei, riefen die Ritter einander heiter zu und schlugen mit ihren Händen kräftig auf die Tische. Nein, lieber Freund, hörte Jung den Komtur sagen, nachdem sich das Gelächter etwas beruhigt hatte, unsere Ritterschaft läßt keine Ketzer verbrennen. Wir versuchen von ihnen zu lernen. Am darauffolgenden Morgen wurde Jung in eine weitläufige Bibliothek geführt, deren Skriptorium zwei Dutzend Kopisten beschäftigte. Kabbalistische Traktate, Übersetzungen arabischer Philosophen, Einführungen in die Alchemie standen nebeneinander auf den Regalen, und man konnte sehen, daß sie häufig benützt wurden. Als Jung bat, auch das Gotteshaus sehen zu dürfen, wies man ihn in eine verstaubte Kapelle, wo ein greiser Kaplan eben die Messe las, eher zerstreut, wie es schien. Drei Tage müßt Ihr noch warten, sprach Herr Pelfort, Jungs Begleiter, dann ist die Johannisnacht, in welcher wir unsere Mysterien feiern.

Im nächsten Kapitel stieg Jung in der Johannisnacht mit den Templern über schier endlose Stiegen und Treppen nach unten, bis er schließlich in einer geräumigen Felsengrotte stand. Ein Fluß klaren, sanft dahinströmenden Wassers teilte den Raum in zwei gleiche Hälften der Länge nach. Im Zentrum, über den Fluß gebaut, erhob sich ein mächtiger Block aus weißem Marmor, darauf ein roter Kristall, geschnitten in Kreuzesform. Einer nach dem anderen traten nun die Ritter, die ihre Schwerter abgelegt hatten, an den Altar und bekannten mit fester Stimme ihre Verfehlungen, während zwei Akolythen mit langen Gerten ihren Rücken berührten. Früher waret ihr Gläubige, rief am Ende der Beichte eine mächtige Stimme, jetzt seid ihr Wissende! Früher dientet ihr fleischlichen Lüsten, jetzt seid ihr Geistmenschen! Amen, sangen die Ritter, und alsbald hörte man das Kommando, das den folgenden Akt des Mysteriums einleitete. «Caput Johannis» wurde dreimal gerufen, und schon erschien aus dem Hintergrund eine Prozession weißgekleideter Knaben, deren letzter eine silberne Schüssel trug. Auf ihr sah Jung den Kopf eines Mannes liegen, mit geschlossenen Augen. Der Ministrant stellte die Schüssel auf den Altar, während die Ritter niederknieten. Im Licht der Fackeln schienen sich die Augen der Reliquie langsam zu öffnen, während sich die Knaben entfernten. Mehr zu sehen ist Euch verwehrt, flüsterte Herr Pelfort leise in Jungs Ohr, und gehorsam trank Jung aus dem Becher, den jener ihm reichte. Versank kurz darauf in eine tiefe Ohnmacht, aus der er erst spät am folgenden Tag erwachte, im Schlafsaal der Gäste. Am Nachmittag lud ihn Herr Pelfort zu einem Ritt in die Umgebung ein. Sie kamen durch Dörfer, in denen die Leibeigenen der Templer hausten. Jung fiel auf, daß sich die Leute sofort in ihre Hütten zurückzogen, sobald sie des Ritters ansichtig wurden. Um diese Zeit, sprach Herr Pelfort, sind sie noch immer in Furcht vor uns, weil wir ihnen einen Knecht genommen haben. Das Haupt auf der Schüssel, entgegnete Jung, schien auf einen verschwiegenen Brauch hinzudeuten.

Der Knecht, erklärte Herr Pelfort weiter, muß noch jung an Jahren sein. Er wird in einen mit Sesamöl gefüllten Zuber gesetzt, nur sein Kopf bleibt im Freien. Er bekommt 40 Tage hindurch nur Feigen zu essen, die in Sesamöl getränkt sind. Nicht einmal Wasser darf ihm gegeben werden. Im Lauf dieser Zeit wird sein Körper so weich wie erwärmtes Wachs. Unmittelbar vor dem Beginn der Mysterienbehandlung wird auf Kommando der Kopf des Opfers vom Rumpf gelöst, am ersten Halswirbel, was ganz leicht geht, und auf Asche aus verbrannten Oliven gesetzt. Durch Räucherwerk angeregt, spricht er sodann von seiner Schüssel das eine und andere Orakelwort, das uns in unseren Ordensangelegenheiten berät. Kaum hatte der Ritter geendet, versank der Wald in den Boden. Jung saß an seinem Schreibtisch in der Seestraße 228, vor sich den Band der «Nouveaux Documents pour l'étude de la religion des Harraniens» von Dozy und De Goeje, in dem das Ritual mit dem abgetrennten Kopf ausführlich beschrieben ist. Draußen lag zwischen sanften Hügeln der Zürichsee, und Jung wußte immer noch nicht, in welchen Roman er geraten war.

Die toten Christen, deren Stimmen Jung gehört hatte, suchten ebenfalls nach einer Antwort auf die Frage nach dem Sinn ihres Lebens. In der ersten, zweiten und dritten Generation nach dem Tod des Herrn Jesus hatten sie darauf gewartet, daß er auf den Wolken des Himmels wiederkehren würde, um zu richten die Lebendigen und die Toten. Sie waren deshalb nüchtern und wachsam geblieben, sittsam und eifrig in guten Werken, bereit zur Rechenschaft vor dem Thron des Allwissenden. Sie hatten die öffentlichen Badeanstalten nur selten betreten, den Fleischgenuß eingeschränkt, weder Theater noch Wagenrennen im Zirkus besucht, Tanzunterhaltung und Würfelspiel gemieden, Psalmen gesungen und Kranke betreut. Als der Herr Jesus nach hundert Jahren noch immer nichts von sich hören ließ, begann die Hoffnung auf den Jüngsten Tag allmählich zu verblassen.

Die Christen richteten ihre Sehnsucht auf das Leben nach dem Tod, das ewigwährende, selige, friedvolle Glück derer, die sich mit Weibern nicht befleckt haben, der 144000 Erwählten, deren Gesang an das Tosen vieler Wasser erinnert. So gewöhnten sich die Christen daran, die irdischen Angelegenheiten mit abgerücktem Blick zu betrachten, reserviert und distanziert, ohne Einverständnis, wie Gäste in fremdem Land. Manche ließen sich sogar martern und töten, verweigerten vor Gericht die Angaben zur Person, marschierten betend in die Arena, wo die Löwen auf sie gehetzt wurden.

Jung hatte den Eindruck, daß die Erwartungen der toten Christen enttäuscht worden waren. Sie standen in der Nacht an den Wänden und riefen, wo ist Gott? Ist Gott tot? Die toten Christen redeten wie der Philosoph Friedrich Nietzsche, und Jung tröstete sie. Gott ist nicht tot, antwortete Jung, er ist so lebendig wie je.

Gerufen und ungerufen wird Gott zugegen sein. Diesen Spruch hatte Jung auf lateinisch über die Tür seines Hauses in Küsnacht in Stein meißeln lassen. Freud las die Inschrift, als er Jung im September 1911 besuchte. Freud war Atheist. Er vermochte im Unbewußten beim besten Willen keinen Gott zu entdecken, es sei denn als Inbegriff des übermächtigen Vaters, der seine Söhne terrorisiert.

Freud wußte, in welchen Roman er geraten war, in einen endlosen Familienroman mit Vater, Mutter und Kindern inklusive Inzestverbot, aus welch letzterem der Roman eine gewisse Spannung bezog. Gleich im ersten Kapitel war ein Mord passiert. Die vom Vater tyrannisierte Brüderschar hatte den Alten kurzerhand umgebracht, weil er alle verfügbaren Frauen für sich beansprucht hatte. Später machten sie ihn aus schlechtem Gewissen zum Gott, und so entstand die Religion.

Im Roman Freuds benahmen sich die Wilden aus dem Urwald wie Neurotiker, und die Neurotiker phantasierten ähnlich wild wie die Buschneger. Auch die Christen, die in einem späteren Kapitel auftraten, ließen sich nicht unbedingt von der Vernunft leiten. Manche ihrer Ideen hatten etwas Wahnhaftes an sich, ihre Glaubensgedanken waren von mächtigen Wünschen nach Geborgenheit und Liebe diktiert, waren Illusionen, die weder bewiesen noch widerlegt werden konnten, entsprungen aus kindlichen Ängsten. Die Christen haßten die Juden wie die Pest und verfolgten sie gnadenlos durch die Jahrhunderte. Der Roman, in den Freud geraten war, bot keine sehr erfreuliche Lektüre. Als Freud starb, am 23. September 1939, hatte eben das dunkelste Kapitel begonnen.

Freud bewegte sich in seinem Roman wie ein Detektiv, er ermittelte gegen Mörder. Jung hingegen suchte nach etwas anderem, als er sich fallen ließ. In christlichen Zeiten sagte man dazu Erlösung. Jung war der Prinz aus dem Osten, den der Vater nach Ägypten gesandt hatte, um eine kostbare Perle zu suchen, die in Verlust geraten war. Sie lag am Grund eines tiefen, von einem Drachen bewachten Brunnens. In den Städten Ägyptens mit ihren raffinierten Verführungen und Ablenkungen hatte der Prinz seinen Auftrag vergessen. Da schrieb ihm der Vater einen Brief, um ihn an seinen Auftrag zu erinnern, und so machte der Prinz sich endlich auf den Weg, fand den Brunnen, tauchte hinab bis auf den Grund, fand die Perle und rettete sie ans Licht.

Der Brunnen bedeutete das Unbewußte, unter dem Drachen war möglicherweise der Geschlechtstrieb zu verstehen, welcher der Weisheitssuche im Wege steht. Die Perle am Grund des Wassers war die Persönlichkeit, der verborgene Kern der Identität, gefangen im Materiellen. Da hieß es, auf die Verlockungen der ägyptischen Tanzmädchen zu verzichten, dem Wein abzuschwören und nüchternen Geistes in die Tiefe zu tauchen. Den Weg des Wassers, der immer nach unten führt, muß man wohl gehen, lehrte Jung seine Patienten. Die Patienten träumten von tiefen Tälern, darinnen lagen dunkle Seen, sie träumten von Schluchten, in denen rauschten gewaltige Sturzbäche, sie träumten von Wasserrohrbrüchen, übervollen Badewannen, Ertrinkenden, Fischen. Von Regenschirmen und Geldbörsen träumten sie kaum, wie Freuds Patienten es taten.

6. Nein zum Leben

Sabina Spielrein stand mit nacktem Oberkörper vor der Waschschüssel ihres Zimmers im Hotel «Kiel» in Berlin und machte ihre Morgentoilette, am 27. August 1909. Sie dachte an Jung, der sich von ihr losgesagt hatte. Hatte sie den Vorhang vorm Fenster auch ganz zugezogen? Nein, ein Spalt war offengeblieben. Und wenn schon. Ist es nicht angenehm, wenn man bewundert wird? Was kann reizender sein als ein gesundes junges Mädchen, das noch keinen Mann gehabt hat, dachte Sabina Spielrein. Meine Haut ist zart, meine Formen sind die einer erwachsenen Frau und gut entwickelt. Ich bin immer noch hübsch. Was wird sein, wenn ich nach Zürich zurückkehre? Eine Freundschaft, rein und edel, wird sie sein können? Warum darf ich nicht glücklich sein? Warum muß ich jeden Abend traurig schlafen gehen?

Aber er ist schon verheiratet, der geliebte Mann.

Sabina Spielrein stand angekleidet in ihrem Hotelzimmer, nach der Beendigung ihrer Morgentoilette, als sie bemerkte, daß ein junger Mann sie beobachtete, aus dem gegenüberliegenden Fenster, durch den Spalt, den sie offengelassen hatte. Fräulein Spielrein errötete tief, und diese Manifestation ihres Unbewußten, die sie ganz sachlich registrierte, gefiel ihr durchaus.

Dann trat sie hinter den Vorhang.

Fräulein Spielrein befand sich auf der Reise in das Seebad Kolberg (heute: Kolobrzeg), wo die Familie Urlaub machte. Im Juni hatte Sabina mit Freud korrespondiert, wegen ihrer verratenen Liebe zu Jung. Freud hatte ihr empfohlen, mit den zärtlichen Gefühlen für Jung Schluß zu machen.

Dazu war Sabina Spielrein nicht bereit. Jung hatte sie ins Leben zurückgeholt, vor fünf Jahren in der Klinik Burghölzli, aus der Umnachtung ihres Bewußtseins, als sie mit beiden Händen vorm Gesicht in ihrem Bett gelegen hatte, teilnahmslos, isoliert, unansprechbar. Jung hatte den Panzer überwunden, o ja, mit guten, freundlichen, geduldigen, einfühlsamen Worten, hatte Sabina zum Reden gebracht, hatte ein Licht entzündet, und siehe, es leuchtete in der Finsternis, wurde kräftiger, zerstreute die Schatten, so daß es möglich wurde, die Hände nicht mehr vor das Gesicht halten zu müssen.

Dr. Jung ist mein Freund, hatte Freud geschrieben.

Wenn ich meine Gefühle für Dr. Jung unterdrücke, hatte Sabina geantwortet, dann werde ich keinen anderen Mann jemals liebhaben können. Ich werde mich von Jung trennen müssen, aber in Liebe, sonst würde ich ihn töten. Seine tief empfindsame Seele ging mir über alles. Wer ihn so liebt und respektiert wie Sie, wird all das verstehen.

Aber für Freud war die Liebe Sabina Spielreins zu Jung eine neurotische Abhängigkeit, aus der sie herausfinden mußte.

Auch Sabinas Mutter war skeptisch. In Kolberg erklärte sie ihrer Tochter, daß die Männer immer nur das eine wollten. Wenn du nett zu ihnen bist, möchten sie mehr. Jung sei da sicherlich keine Ausnahme. Ihr habt euch umarmt und geküßt, das hat ihm Appetit gemacht, mit einer bloßen Freundschaft wird er sich nicht zufriedengeben.

Sabina wußte sich von Jung geliebt. Er hatte ihr sein Tagebuch zu lesen gegeben, was er bisher nur seiner Frau erlaubt hatte. Warum mußte das grob Sexuelle im Vordergrund stehen? Es würde die lautere Freundschaft zwischen ihr und Jung nur zerstören, dachte Sabina Spielrein, als sie in Kolberg aufs Meer hinausblickte. Ihre Mutter hatte einen ungeliebten Mann geheiratet, nachdem sie in ihrer ersten Liebe enttäuscht worden war. Auch Sabina war von Jung schwer gekränkt worden, durch jenen fatalen Brief, in dem Jung erklärt hatte, er würde als Arzt nie die Grenzen des Anstands verletzen, wenn er für seine Mühe ein Honorar bekäme, was bisher nicht der Fall gewesen sei. So hatte er an Sabinas Mutter geschrieben, als Entgegnung auf die anonyme Beschuldigung, er stelle für Sabina eine Gefahr dar. Eine unglaubliche Schnödigkeit von Jung, dieser Brief, ein Verrat, eine Flucht. In seiner Panik hatte Jung zerstört, was gewesen war zwischen ihm und Sabina, den Gleichklang der Seelen, das sprachlose Einverständnis, die Tränen der Ergriffenheit. Und dies alles deshalb, weil in der Beziehung zwischen Jung und Sabina ein Monster bereits auf der Lauer gelegen hatte, der schweigende Gegenspieler mit dem glotzenden Auge, was Emma Jung ahnungsvoll gemerkt hatte, als sie den anonymen Brief an Frau Spielrein nach Rostow am Don schrieb, im Frühjahr 1909.

Das hatte mit Gross angefangen, im Mai des Vorjahres, der die alte Sau losgebunden hatte, und Jung war strahlend zu Sabina Spielrein gekommen mit den Worten, jetzt brauche er nicht mehr länger seine Gefühle für sie zu unterdrücken, und sie sei nicht mehr seine Patientin, sondern seine Freundin et cetera, aber ebendieses Et cetera hatte alles zerstört. Ja von einem kleinen Siegfried war allbereits die Rede gewesen, den Sabina Spielrein, Enkelin eines russischen Rabbi, ihrem Jung schenken wollte, mit der Musik Wagners im Hintergrund. Dazu war es nicht mehr gekommen, und Sabina mußte sich eingestehen, daß ihre Liebe ihr hauptsächlich Kummer gebracht hatte, jene dämonische Kraft, deren Wesen zerstörerisch ist, wie sie an Freud schrieb, denn der Sexualtrieb sei von Natur ein Destruktionstrieb für das Individuum.

Im Mai 1911 erhielt Sabina Spielrein ihr Doktordiplom von der medizinischen Fakultät der Universität Zürich, mit einer Dissertation «Über den psychologischen Inhalt eines Falles von Schizophrenie». Im Oktober übersiedelte sie nach Wien, um bei Freud weiterzulernen. Am 25. November trug sie in der «Wiener Psychoanalytischen Vereinigung», die jeden Mittwoch zusammenkam, ihre Ansichten über die Destruktivität des Sexualtriebs vor. Die Frau Doktor fand wenig Beifall; auch Freud verhielt sich ablehnend gegen ihre Theorie. Persönlich fand er die junge Dame recht sympathisch, wie er an Jung schrieb. Er könne jetzt besser verstehen, warum Jung sich verliebt habe. Der Aufsatz «Die Destruktion als Ursache des Werdens» von Sabina Spielrein erschien 1912 im Jahrbuch für psychoanalytische und psychopathologische Forschungen. Die Arbeit geriet bald in Vergessenheit. Im August 1912 gratulierte Freud der lieben Frau Doktor, die sich mit einem russischen Arzt namens Pawel Scheftel verheiratet hatte. Der Ehe entstammten zwei Kinder, Renata und Eva. Siegfried kam keiner.

Nach dem Ersten Weltkrieg fing Freud an, einen neuen Begriff in sein Gedankensystem einzuführen, den er «Todestrieb» nannte. Das Ziel alles Lebens ist der Tod, schrieb Freud im Jahr 1920, und er erinnerte sich an «die kleine Spielrein » aus dem Jahr 1911, deren Ansichten ihm damals so gar nicht behagt hatten. In einer inhalts- und gedankenreichen, für mich leider nicht ganz durchsichtigen Arbeit, schrieb Freud, hat Sabina Spielrein ein ganzes Stück meiner Spekulation vorweggenommen.

Auch Jung gedachte seiner Patientin und Schülerin, allerdings erst 1952. Freud habe von Dr. Spielrein die Idee des Todestriebs übernommen, schrieb Jung. Für ihn bestand kein Zweifel, daß er der erste gewesen war, der die dunkle Seite der Geschlechtlichkeit erkannt hatte. Schließlich war ihm ganz allein die schreckliche Offenbarung zuteil geworden, in welcher sich der Gegenspieler gezeigt hatte, schweigend im unterirdischen Thronsaal, als Menschenfresser von Anfang an, bereit zu jeglicher Ruchlosigkeit. Als Jung seine Fußnote schrieb, war bereits der zweite Weltkrieg des Jahrhunderts zu Ende gegangen, mit noch verheerenderen Folgen als der erste. Das sogenannte Wirtschaftswunder befand sich 1952 gerade in seinen Anfängen und rechtfertigte im nachhinein den Titel des Aufsatzes von Sabina Spielrein aus dem Jahr 1912: «Die Destruktion als Ursache des Werdens». Die Bevölkerung der Erde vermehrte sich rasant, allerdings nicht in Europa. In den Industrieländern stagnierte die Geburtenrate, während das Geschlechtsleben immer freizügiger wurde. Eine zweiteilige Bademode entkleidete die Frauen in der Öffentlichkeit, seltsamerweise unter dem Namen eines Atolls in der Südsee, auf dem die USA im Jahr 1946 eine Reihe von Atombombenversuchen durchgeführt hatten.

Der Spalt, den Sabina Spielrein offengelassen hatte, beim Zuziehen des Vorhangs vor dem Fenster ihres Hotelzimmers, ehe sie mit der morgendlichen Waschung ihres Körpers begann, war ein unwillkürlicher Ausdruck ihrer Hoffnung auf Liebe und Leben, auf das Ende der Einsamkeit nach der bösen Enttäuschung durch Jung.

Einsam war Sabina bereits als Kind gewesen, in Rostow am Don, behütet, aber unverstanden, phantasiebegabt, intelligent, sensibel und schüchtern, trotz dreier (jüngerer) Brüder, mit denen sie aufwuchs. Mit vierzehn Jahren hatte ihr Verhalten die Eltern bereits zu beunruhigen begonnen, und so wurde sie nach dem Abitur in die damals berühmteste Nervenklinik Europas gebracht, das Burghölzli, wo Jung seit 1900 arbeitete. Ihr Zustand war so ernst, daß sie vom August 1904 bis zum Mai 1905 in der Anstalt verbringen mußte. Jung diagnostizierte psychotische Hysterie. Nach der Entlassung aus dem Burghölzli inskribierte Sabina Medizin an der Universität Zürich und setzte ihre Behandlung bei Jung privat fort. Ein schwieriger Fall, schrieb Jung im Jahr 1906 an Freud und schilderte ihm brieflich die Krankengeschichte.

Im Alter von drei oder vier Jahren hatte Sabina begonnen, ihren Kot zurückzuhalten, manchmal zwei Wochen lang. Bei Tisch hatte sie ständig die Vorstellung, die Essenden seien heimlich dabei, sich zu entleeren. Sabina hatte sich angewöhnt, beim Sitzen eine Ferse in ihr Hinterteil zu drücken, als Pfropfen gewissermaßen, was sie als angenehm empfand. Später erweiterte sich diese Gewohnheit zur kindlichen Selbstbefriedigung. Sabina brauchte nur die Hände ihres Vaters zu sehen, um unter ihrem Kleidchen das süße Ziehen zu spüren, das rätselhafte, das verschwiegene. Gib nur acht, hatte jemand zu ihr gesagt, daß keine kleinen Kätzchen aus dir herauskommen, und eines Tages hatte sie auf der Anrichte im Wohnzimmer plötzlich zwei Kätzchen erblickt, obgleich keine Katzen im Haus waren. Seither träumte sie schlecht, wurde des Nachts von drohenden Tiermonstern verfolgt. In ihren Spielen wollte sie Babies machen, so wie Gott es getan hatte, mischte Essensreste zu Brei, tröpfelte allerlei Flüssiges hinein, das sie in kleinen Flaschen gesammelt hatte, wartete auf ein wunderbares Ergebnis ihrer Bemühungen, immer vergeblich. Immer trauriger wurde Sabina, mußte dann plötzlich weinen, lachen und schreien. Ich war eine Göttin, schrieb Sabina Spielrein später, aber meine Eltern wußten es nicht. Ich regierte über ein verborgenes Reich, meine Kräfte trugen mich weit, überallhin. Wenn die Angst über mich kam, wurde ich gegen meinen Willen davongetragen, wie im Flug, und die Monster unternahmen alles, um mir ein Leid anzutun und mich in den dunklen Abgrund des Todes zu ziehen.

Schließlich hatten die Monster über Sabina eine derartige Macht erlangt, daß sie ins Irrenhaus mußte. Dort war sie sich selber abhanden gekommen. Nicht mehr sie war die Ursache ihrer Gedanken. Feindliche Kräfte führten in ihrem Bewußtseinsstrom ein wüstes Theater auf, dessen Dramaturgie unbekannt blieb. Was sonst noch um sie herum vorging, demütigte sie nur noch mehr.

Bis, wie gesagt, Jung erschien, wie einstens Simonmagus im tristen Bordell, und der bedrängten Frau den «Ruf» brachte, den befreienden. Allerdings war Jung zu dieser Zeit bereits verheiratet, seit dem 14. Februar 1903, um genau zu sein.

Der Gedanke, die Sexualität als zerstörende Kraft aufzufassen, erwachte in Sabina Spielrein, als das grob Sexuelle sich in Jung zu regen begann, nach dem Auftritt des Dr. Gross im Mai 1908. Er sehne sich nach einer freien, unabhängigen Liebesbeziehung, schrieb Jung Ende Juni 1908 an Sabina, was auf ein heimliches Verhältnis hinauslief. Jung wünschte sich eine Liebe ohne Seitenblick auf Geld und Prestige, wie in seiner Ehe leider der Fall, eine Liebe, die den Geliebten nicht einsperrt wie einen Gefangenen, eine Liebe wie einen Gewittersturm. Im Traum sah sich Jung als prächtigen Hengst, der mit einem schweren Klotz am Bein davongaloppierte. Und so hatte er eines Tages Sabina in seine Arme geschlossen und an sich gedrückt, und Sabina war selig gewesen, obwohl ein spöttisches Stimmchen in ihr geflüstert hatte, sie sei doch eine merkwürdige Maschine.

O die Vormittage, an denen Sabina mit dem Dampfer von Zürich nach Küsnacht fuhr, in die schöne Villa an der Seestraße, zur Sprechstunde mit Jung. O die Tränen in seinen Augen, als Sabina über Wagners psychologische Musik sprach, über das geliebte «Rheingold». O die Stunden in der Scheuchzerstraße, wo Jung sie besucht hatte. Als Jung über die polygame Komponente in seinem Wesen gesprochen hatte. Als sich Sabina geweigert hatte, weiterzugehen als bis zu einem Kuß. Als Sabina plötzlich ein Messer in der Hand hielt und Jung sich gegen sie zur Wehr setzen mußte.

Da hatte Sabina zu ahnen begonnen, daß der Gegenspieler ein Menschenfresser war, besser gesagt ein Frauenfresser, der sich zwischen sie und Jung geschoben hatte und nur ihren Körper wollte, ganz und gar.

Da war ihre Mutter nach Zürich gekommen, mit dem schrecklichen Brief Jungs, da war Sabina nach Orselina ins Tessin gefahren, um ihre Gedanken zu ordnen, da hatte sie viel geweint und Briefe an Dr. Freud nach Wien geschrieben, da hatte sie erkannt, daß sie sich von Jung trennen müsse, in Liebe, aber doch trennen. Bis der Tod euch scheidet, bis die Sexualität euch scheidet.

Trotzdem fuhr Sabina weiterhin in die Villa nach Küsnacht, auch noch im Jahr 1910, während sie an ihrer Dissertation schrieb, und diskutierte mit Jung die destruktiven Aspekte der Sexualität. Ja, wir müssen auf der Hut sein, uns nicht abermals zu verlieben, sagte Jung zu Sabina, aber auch, daß er nie wieder eine Frau finden würde wie sie. Sabina überlegte immer noch, ob sie sich von Jung einen kleinen Siegfried wünschen sollte, aber mit einem unehelichen Kind würde sie große Schwierigkeiten haben, und außerdem war sie bereits 25 und hatte Angst davor, mit einem Kind allein durchs Leben gehen zu müssen. Bleib fest, sagte sich Sabina, eine intime Beziehung zu Jung würde die Freundschaft mit ihm zerstören.

Am 30. September 1910, einem Dienstag, fuhr Sabina Spielrein wie gewöhnlich nach Küsnacht, aber das Dienstmädchen wies sie ab mit der Nachricht, Doktor Jung sei leider verhindert. Emma Jung war eben dabei, ihr drittes Kind auf die Welt zu bringen, ein Mädchen. Ein paar Tage später, nachdem Sabina Spielrein von dem Familienzuwachs Jungs erfahren hatte, stand sie vor dem Schlafengehen in ihrem Zimmer und blickte in den Spiegel. Unheimlich düster glühende tiefschwarze Augen in einem felsengrauen Gesicht? Ein in der Tiefe kalt harrendes, mächtiges finsteres Wollen, das würde vor nichts zurückschrecken. Was willst du denn, flüsterte Sabina entsetzt, während es sehr kalt wurde im Zimmer und die geraden Kanten der Wände sich zu krümmen begannen und alles ganz fremd wurde, so daß sie schnell das Licht löschte und ins Bett schlüpfte.

Bald danach begann Sabina Spielrein mit der Abfassung ihres Artikels über die zerstörende Kraft der Sexualität. Jung hatte sie dazu sehr ermutigt. Fertig wurde Sabina mit ihrem Aufsatz erst in Wien, im Januar 1912, und schickte ihn an Jung, der den Empfang kurz und förmlich bestätigte. Ein halbes Jahr später war sie verheiratet. Der Bruch zwischen Freud und Jung war bereits unvermeidlich geworden. Sabina versuchte weiterhin zwischen den beiden Männern zu vermitteln, aber da war nichts mehr zu machen. Wir sind und bleiben Juden, schrieb Freud an Sabina Spielrein. Die Anderen werden uns immer nur ausnützen und uns nie verstehen oder würdigen.

Mittlerweile pflegte Jung die polygame Komponente seines Wesens mit Antonia Wolff, die zunächst bei ihm in Behandlung war, bis dann mehr daraus wurde, ungefähr gleichzeitig mit dem Ausbruch des Ersten Weltkriegs. Lustig war die Affäre nicht. Da kam es vor, daß Jung in der Nacht aufwachte, weil er seine jüngste Tochter weinen hörte, und sich bedrückt fühlte bei dem Gedanken, das Kind sei deshalb unruhig, weil es die Rastlosigkeit seines Vaters spürte, so daß Jung leise aufstand, sich ankleidete, das Haus verließ und zu Antonia Wolff ging. Emma Jung sah sich gezwungen, gute Miene zum bösen Spiel zu machen und dem

Fräulein Wolff am Sonntagnachmittag Tee einzugießen. Fräulein Wolff ihrerseits war emanzipiert und finanziell unabhängig, geistig lebhaft und lernbegierig, was sie nicht hinderte, Jung ganz für sich haben zu wollen. Aber Jung brauchte sowohl Penelope als auch Circe, einerseits eine treusorgende Hausfrau und Gattin, andererseits eine intelligente Geliebte, wie in den besseren Kreisen immer schon üblich, seit es die sogenannten Hochkulturen gab, im alten Athen beispielsweise. Leider war Jung kein Aristokrat und Zürich eine Stadt, in der die Kirchenglocken läuteten. Da half auch die Psychoanalyse nicht viel weiter, obgleich Jung seinen beiden Frauen beigebracht hatte, einander wechselweise zu analysieren, mit der Hilfe eines Mitarbeiters namens Carl A. Meier.

Außerdem bekam Jung nach dem Bruch mit Freud so viel mit sich selber zu tun, daß er Mühe hatte, nicht verrückt zu werden. Das verschrumpelte Zwerglein, an dem Jung sich vorbeidrängen mußte, als er zum erstenmal in die Tiefe gestürzt war, signalisierte eher das Gegenteil unbekümmerter Manneskraft. Der Weg des Wassers, den Jung beschritt, erwies sich als Fahrt ins Totenland, nicht als Lustreise. Immer mehr stellte es sich dabei heraus, daß Jung bei seinen Unternehmungen keine Damenbegleitung brauchen konnte, daß er allein reisen mußte wie Parsifal auf seiner Suche nach dem Heiligen Gral, daß er den Einflüsterungen der verführerischen Kundry nicht nachgeben durfte, im Unbewußten zumindest, was gar nicht so einfach war, weil im Unbewußten bekanntlich alles erlaubt ist.

Sabina Spielrein jedenfalls war für Jung gestorben, nach ihrem Weggang aus Zürich. Fortan durfte sie in Jungs Kriminalroman auftreten, nicht als sie selbst, sondern als anonymes junges Mädchen, halb griechische Helena, halb jüdische Salome, in der Begleitung eines älteren Herrn, der sich

Elias nannte und an Simonmagus erinnerte, vielleicht auch an Sigmund Freud, zu dem Sabina geflüchtet war.

Die Funktion Sabina Spielreins im kollektiven Unbewußten, wie Jung seinen Kriminalroman nannte, schwankt zwischen Geliebter und Klosterfrau. Gelegentlich erscheint sie als koptische Nonne in Nag Hammadi am mittleren Nil, aus der Zeit des heiligen Pachomius, und erntet Bohnen im Gemüsegarten ihres Klosters. Sie ist ganz in Schwarz gekleidet und arbeitet schweigend mit den übrigen Nonnen unter der starken Sonne des späten Vormittags. Wenn sie kurz den Kopf hebt und Jung ihr in die Augen blickt, sieht er mit Schrecken, daß sie blind ist.

Eine Frau, sagt die Nonne, die sich der Leidenschaft überläßt, erfährt das Zerstörende nur zu bald. Das Ziel alles Lebens ist der Tod.

Inzwischen war Sabina Spielrein mit ihrer Familie in die Heimat zurückgekehrt, im Jahr 1923, zuerst nach Moskau, wo sie eine Kinderklinik aufbaute, dann nach Rostow am Don, arbeitete als Psychoanalytikerin und veröffentlichte eine wissenschaftliche Arbeit über Kinderzeichnungen. Sie hat Jung nicht mehr wiedergesehen.

7. Abtötung

Ab 1980 wurde das alte christliche Programm der Lustlosigkeit wieder einmal aktuell, zum Verdruß aller Schwabinger, durch eine neue Geschlechtskrankheit namens Aids. Sie war vermutlich aus Zentralafrika über Haiti nach New York und San Francisco gejettet, im Blut homosexueller und heroinsüchtiger Männer, ansteckend und tödlich. Die Zahl der Opfer verdoppelte sich alle zwölf Monate, und man konnte sich ausrechnen, wie lange es dauern würde, bis die erste Million erreicht war. Die Gesundheitsbehörden verteilten Merkblätter an die Bevölkerungen, und in der Zeitung stand geschrieben: Der einzige sichere Sex ist kein Sex. Wie unter der vierhundertjährigen Herrschaft der Syphilis wurde der Liebesakt mit Unbekannten höchst gefährlich, konnte die Lebenslust den Tod bringen, schien sich der seltsame Einfall des alternden Freud tausendfach zu bestätigen. Das Ziel alles Lebens ist der Tod. Aus der Tiefe der Zeiten tauchten sie wieder auf, die Mönche und Nonnen von einst, aus Wüsten und Wäldern, im kollektiven Unbewußten, und stimmten das Lied der Enthaltsamkeit an, die fremdartige Melodie von der Abtötung des Fleisches.

Zuerst waren es nur ein paar bizarre Einsiedler wie Antonios und Paulos gewesen, die am Rand des Römischen Imperiums mit den Dämonen kämpften, bei Wasser und Brot, im ägyptischen Ödland, um das Jahr 300 der christlichen Zeitrechnung herum. Sie lebten in Grabkammern, alten Wachtürmen und Höhlen, wie vor ihnen alle die Kriminellen, die entlaufenen Sklaven, die verschuldeten Bauern, denen die Wüste eine letzte Zuflucht vor den Behörden gewesen war, seit ältesten Zeiten. Die christlichen Pioniere der Weltflucht hatten andere Gründe als die gewöhnlichen Anachoreten, um in die Wildnis zu verschwinden. Ihre Abbilder auf den alten Ikonen und Wandmalereien, die es auf dem Balkan und in der Levante noch gibt, blicken streng und verschlossen, desinteressiert an allem, was das Leben angenehm macht, abweisend, fremd und starr wie die Augen mancher Schizophrener, denen niemand mehr helfen kann. Das Jenseits, aus dem die Erzväter der Mönche in die gewöhnliche Welt hereinschauen, ist kein Paradies, sondern der Zustand der Empfindungslosigkeit. Ihre Nacktheit, wie auf den Darstellungen üblich, signalisiert den Bruch mit den Konventionen zivilisierten Lebens. Was sie bewogen hat, für immer von ihrem Dorf, ihrer Familie, ihren Freunden Abschied zu nehmen, bleibt ihr Geheimnis. Vielleicht hatten sie wie Jung den Gegenspieler erblickt.

Das Beispiel der ersten Athleten Christi, wie man sie nannte, lockte Tausende von Aussteigern in die Einsiedlerkolonien am Roten Meer, im Wadi an-Natrun (nordöstlich von Kairo) und bei Nag Hammadi am mittleren Nil. Für die gottsuchenden Fellachen war das kein besonders heroischer Entschluß, denn die Diät des Mönches unterschied sich nicht sonderlich von den kümmerlichen Mahlzeiten, die sie von Kind auf gewohnt waren. Jedenfalls ersparten sie sich die tägliche Fron auf den Feldern und genossen dafür das Prestige einer Heiligkeit, das sie zu Auserwählten machte. Einzelne Extremisten wagten sich tief ins Niemandsland vor, wie ein gewisser Paphnutios erzählte, der nach einem Marsch von vier Tagen und Nächten mitten in der Wüste eine Höhle betrat und einen reglosen Einsiedler erblickte, sitzend in einer Ecke. Der Mann zerfiel alsbald zu Staub, als ihn der Besucher berührte. Andere Rekordbrecher im asketischen Leistungssport verbrachten ihr Leben auf hohen Säulen, die oben eine kleine Plattform trugen. Sie alle, die Virtuosen und das Fußvolk der Heiligkeit, legten Wert auf ihr Dasein als Einzelgänger, jedenfalls am Beginn ihres

Auftretens, und das griechische Wort für Alleinstehen wurde zu ihrer Berufsbezeichnung.

Erzählt wurde auch von einzelnen Frauen, die in der Einsamkeit der Wüste verschwanden, so zum Beispiel die ägyptische Marie aus Alexandria, die jeden Freier nahm, der sie wollte, ohne Entgelt, und es wollten viele. Als zu einer Pilgerfahrt nach Jerusalem eingeladen wurde, mit 300 Mann, war sie gleich dabei, in der Hoffnung, endlich satt zu werden in ihrem mächtigen Hunger auf Männer. Als sie dann in der heiligen Stadt eine Kirche betreten wollte, hielt sie eine unsichtbare Kraft zurück, was einen Umschlag ins andere Extrem bewirkte. Sie wanderte zum Jordan hinunter und lebte allein in der Wildnis, mit einem Proviant von zweieinhalb Brotlaiben, von denen sie siebzehn Jahre lang zehrte. So soll sie jedenfalls ihr Leben dem ehrwürdigen Vater Zosimos geschildert haben, der sie in der Einöde getroffen hatte und zunächst ein teuflisches Phantom zu sehen vermeinte, mit Haaren wie weiße Wolle und tiefdunkler sonnenverbrannter Haut, ausgemergelt und nackt, bis er der Frau seinen Mantel lieh und ein Gespräch möglich war.

Um das Jahr 350, als die gnostische Bibliothek bei Nag Hammadi vergraben wurde, siedelten bereits zehntausend Mann in der Ebene zwischen dem Nil und der Wüste, und auch einige tausend Frauen auf der anderen Seite des Nils, in Wohnsiedlungen, wie sie der selige Abt Pachomios geplant hatte. Jede Klosteranlage umfaßte vierzig Lehmhäuser zu zwölf Zellen, in denen jeweils drei Mönche oder Nonnen schliefen. Die Häuser hatten ihre Bestimmung von den Handwerken, die in ihnen ausgeübt wurden. Einmal am Tag wurde gegessen, Brot und gekochte Kräuter. Bereits lange vor Sonnenaufgang schallten die Stimmen der Frommen aus den weihrauchduftenden Kirchlein hinaus in die

Nacht und störten die Geister der Wüste, die bis dahin ihre Ruhe gehabt hatten.

Die Stunde der Dämonen kam nach dem Mittagessen, zur Zeit der größten Hitze, wenn schläfrige Gedanken das matte Fleisch beschleichen und die Geilheit erwacht. Dann erhielten die Einsiedler Besuch von kindlichen Mädchen, die nur wenig anhatten, sich ihnen auf die Knie setzten, ihnen zwischen die Schenkel griffen. Mach es mir! Ihnen zwischen den Händen zerflossen, sich in Luft auflösten, während die Heiligen ins Leere starrten, allein mit ihrem aufgeregten Fleisch.

Deshalb hatte der heilige Pachomios, dem die Christenheit die Idee des geregelten Klosterlebens verdankt, weise Anordnungen erlassen, um seine Mönche gegen alle fleischlichen Versuchungen abzuhärten. Schlafen sollen sie nicht im Liegen, sondern im Sitzen, hieß es in den Vorschriften, angekleidet mit einem leinenen Unterrock und der Kutte aus Ziegenhaaren, nie ohne den ledernen Gürtel. Verboten war es den Mönchen, einander die Hand zu geben, den Rücken abzuwaschen oder die Haare zu schneiden. Hurenknaben, die ins Kloster eintreten wollten, wurden ausnahmslos heimgeschickt.

Subtil waren die Proben für Postulanten. Wenn einer kam und an die Umfassungsmauer des Klosters klopfte, dann erwies sich der Eintritt in die geschichtslose Welt als beschwerlich. Stunden, mitunter Tage ließ man den Bewerber ohne Begründung warten, ehe man ihn einließ, und danach wies man ihm eine Ecke neben dem Eingang und befahl ihm, sich vor jedem vorübergehenden Mönch zu Boden zu werfen, während dieser scheinbar gedankenlos über ihn hinwegspuckte. So gedemütigt und vernachlässigt, schlichen sich viele wieder davon, was der Zweck der Übung war. Nur jene, die eisern bereit waren, ihre natürlichen Regungen zu unterdrücken, wurden als tauglich befunden. Sehr bald mußten sie lernen, daß es für sie im Kloster nichts zu lachen gab. Ein lachender Mönch, hieß es, gibt dem beständig lauernden Dämon ein Zeichen der Schwäche, wie ein Riß, den die belagernden Feinde in der Mauer der Festung erblicken. Gespräche, Plaudereien, gar Tratsch, jede unsachliche Übung der Zunge war strengstens verboten, auch während der Arbeit und beim Essen. Der Gebrauch der Sprache war für die gemeinsame Liturgie reserviert, für das Singen und Rezitieren der Psalmen und Hymnen, in den vielen Stunden des gottesdienstlichen Werks, zu dem die Engel als unsichtbare Gäste gebeten waren. Brüder, seid nüchtern und wachsam, beteten die Mönche, denn der Gegenspieler schleicht umher wie ein brüllender Löwe, suchend, wen er verschlinge. Leistet ihm Widerstand im Glauben.

In Jungs Krimi, dem kollektiven Unbewußten, traten die Klosterbrüder als homosexuell veranlagte Männer auf, weil Jung als Knabe eine einschlägige Erfahrung gemacht hatte. Mit den Klosterschwestern verhielt es sich ein wenig komplizierter. Sie hatten ihren Platz zur linken Hand Gottes, nicht zur rechten, wo die Hausfrauen standen, mit Simonpetrus als Schutzpatron. Die Nonnen erschienen als Lebensgefährtinnen des Herrn Jesus, wie die Magdalenerin, welche mit ihren sündigen Händen den göttlichen Mann gestreichelt hatte und hernach allein geblieben war. Auch die ägyptische Marie, vom gleichen Kaliber wie die Magdalenerin, hatte andere Dinge im Kopf als das Heiraten, maßlos in der Lust, maßlos in der Entbehrung, Schutzfrau der Dirnen und der Nonnen. So ergab sich eine Art Verwandtschaft zwischen Klosterschwestern und Freudenmädchen, im kollektiven Unbewußten zumindest. Die blinde Gesellin des alten Mannes, wie Jung sie am Fuß der Felsenwand erblickt hatte, nachdem er in die Tiefe gesaust war, wirkte keusch und verführerisch zugleich, ungebunden wie Diana, strahlend wie Venus.

Rätselhaft blieb, warum die weiblichen und männlichen Randexistenzen im Kloster so rabiat gegen ihr Fleisch wüteten, bei kärglichster Kost, mit wenig Schlaf, unter den Augen eines sadistischen Gottes.

Der Herr Jesus, dessen Namen die Mönche und Nonnen anriefen, hatte deren Fleischesverachtung jedenfalls nicht im Programm gehabt. Abgesehen von einem kurzen Aufenthalt in der Wüste, wo er den Gegenspieler gesichtet hatte, war er nie als Bußbruder aufgetreten. Er hatte gegessen und getrunken, was man ihm vorsetzte, beständig umgeben von Männern und Frauen, in deren Gesellschaft er durch das Land wanderte und denen er sich freundschaftlich verbunden fühlte, soviel man weiß. Ja lag nicht einer von den Jüngern bei Tisch «an der Brust» des Herrn Jesus, jener Jünger nämlich, den Jesus «liebte», wie es im Evangelium des Johannes heißt? Ganz zu schweigen von der bereits erwähnten Marie aus Magdala und der Marie aus Bethanien, der Schwester des Lazarus, welche das kostbare Salböl über das Haupt des Herrn Jesus geträufelt hatte, im Wert von guten zwei Pfund Silber, wenige Tage vor dem Tod des geliebten Mannes.

Trotzdem hatte Jung Angst vor dem Herrn Jesus, wegen der schwarzen Gehröcke, wegen der schwarzen blankgewichsten Schuhe, wie sie die Pfarrer zu den Begräbnissen trugen, wegen des schwarzgekleideten Mannes in Frauenkleidern, der das Büblein tödlich erschreckt hatte, als er vom Wald heruntergegangen kam, wegen des Gegenspielers, mit welchem der Herr Jesus unterirdisch verbunden war, in höchst bedrohlicher Weise. Der Herr Jesus gehörte im Kriminalroman Jungs zur Partei der Schwarzen, zum

Schwarm der Mönche und Nonnen, die in schwarzen Kutten aus Jerusalem heranflatterten in die Villa Jungs, Seestraße 228, mit den Stimmen des Wahnsinns und der Heiligkeit, ruchlos in ihren Perversionen, maßlos in ihren Verzückungen. Sie verhöhnten Jung, der fünf Kinder gezeugt hatte mit seiner Gattin Emma, die er mit Tante Toni betrog, bis er auch dieser überdrüssig wurde.

Die Schwarzen versuchten Jung auf ihre Seite zu ziehen, auf die Seite des Todes. Sie ließen ihn im Traum eine Allee von Zypressen entlangwandern, an der auf steinernen Sockeln mumifizierte Leichname aufgebahrt lagen, mit vor der Brust gefalteten Händen, in altertümlicher Kleidung. Jedesmal wenn Jung stehenblieb, um die Toten genau zu betrachten, begannen sie nach einer Weile die Hände zu regen oder auch nur einen Finger, ganz sacht sich bemerkbar machend unter dem ärztlichen Blick:

Viva la muerte! Es lebe der Tod.

Eine weitaus folgenschwerere Aktion der Schwarzen aus dem kollektiven Unbewußten lief ungefähr zur selben Zeit, als Jung seinen Traum von der Totenallee hatte, in Deutschland an. Dort lebte seit dem Jahr 1900 ein gewisser Heinrich Himmler, römisch-katholisch, Musterschüler und Brillenträger. Sein Vater war Gymnasialdirektor in Bayern. Himmler hing sehr an seiner Mutter, hatte einen älteren Bruder, war schlecht im Turnen und ging jeden Sonntag zum Gottesdienst. Mit den Mädchen hatte er kein Glück, bei seinen Mitschülern war er nicht besonders beliebt. Er redete gern und viel, wollte Offizier und später vielleicht Gutsbesitzer werden. In seinem heimlichen Sinn, der Nummer Zwei seines Ich, bauten die Schwarzen mächtige Ordensburgen, in denen athletische Männer exerzierten, unter dem Kommando Himmlers, mit Stahlhelmen auf den Köpfen, gekleidet in lange schwarze Mäntel, schwarze Reitstiefel an den Beinen. In einem Nebentrakt wohnten junge blonde Frauen mit festen Brüsten, die sahen den Männern beim Exerzieren zu. Stramm grüßte Himmler zu ihnen hinüber. Mehr war nicht gestattet, nicht einmal im Traum.

Auch die Ermittlungstätigkeit gegen den Menschenfresser ging weiter, den Gegenspieler und heimlichen Herrn dieser Welt seit der Einführung des Patriarchats, wie Otto Gross meinte. Im Jahr 1905 machte Gross erstmals die Bekanntschaft mit der weiblichen Fleischlosigkeit, in Gestalt der schönen Lotte Chatemmer, die in den Bergen zwischen Ronco und Ascona in einem halbverfallenen Stall lebte, als Einsiedlerin. Gern schlief sie im Freien, auf einem Reisigbündel, steckte sich Blumen ins flachsblonde Haar und kleidete ihren Körper nur notdürftig. Das nötige Geld kam von ihrem Vater, einem höheren preußischen Beamten in Berlin. Sie war von zu Hause ausgerissen und hatte in einer Hamburger Matrosenkneipe der übelsten Art als Kellnerin gearbeitet, bis sie die Bekanntschaft von Henry Oedenkoven und Ida Hofmann machte, den Begründern der Kolonie auf dem Monte Verità ob Ascona. Zu Fuß und ohne festes Schuhwerk hatte sie mit ihnen von München aus die Wanderung nach dem Süden angetreten, über das Stilfser Joch nach Cadenabbia am Comer See, von wo aus sich Lotte mit Ida zum Lago Maggiore aufgemacht hatte, im Herbst des Jahres 1900, um nach einer geeigneten Gegend für ihre geplante Niederlassung zu suchen.

Seit damals lebte Lotte unter den Zivilisationsflüchtlingen von Ascona, zuerst mit der Gruppe um Oedenkoven und Ida Hofmann, später allein in dem fensterlosen Steinhäuschen, vegetarisch und unordentlich, ohne Korsett, ungekämmt, bedürfnislos, im Einklang mit der Natur. Gern stieg sie noch in der Nacht auf einen der nahen Berge, um von oben die Sonne aufgehen zu sehen. Manchmal sammelte sie viel trockenes Reisig zu einem hohen Stoß, entzündete ein mächtiges Feuer und siebte zuletzt die Asche, immer wieder, zu den klagenden Worten: Es ist noch nicht fein genug.

Ich habe im Anfang des Jahres 1906 dem Fräulein Lotte Chatemmer in Ascona auf ihr Verlangen Gift gegeben, mit welchem sie Selbstmord begangen hat, schrieb Gross später. Ich habe das getan, um ihr den Tod, zu dem sie absolut entschlossen war, so leicht wie möglich zu machen. Als sich das Gift bereits in ihrem Besitz befand, bin ich vor meiner Abreise zu ihr gegangen und habe sie noch einmal gebeten, sie solle lieber zu mir nach Graz kommen und mich versuchen lassen, ob ich nicht doch noch ihr helfen könne. Ich habe nie bereuen können, was ich getan.

Gross war nicht bereit, der verzweifelten Frau das Etikett des Wahnsinns umzuhängen. Ihre Nonnenhaftigkeit mußte einen triftigeren Grund haben als die gelinde Sinnesverwirrung einer höheren Tochter, da mußte schon mehr passiert sein als die übliche neurotische Erziehung in der bürgerlichen Puppenküche, da mußte etwas vorgefallen sein, dem mit Reden allein nicht beizukommen war, denn im Reden war Gross ganz ausgezeichnet. Vielleicht hatte Lotte in der Matrosenkneipe etwas erlebt, das ihre Weiblichkeit gekränkt hatte, so wie ja auch ihre Schwester von einst in dem Bordell des Hafens von Tyrus nicht unbedingt auf Rosen gebettet war, ehe Simonmagus erschien und sie auslöste. Leider war Gross gegen die Abtötung Lotte Chatemmers machtlos gewesen, während Jung bei Sabina Spielrein mehr Glück gehabt hatte, ziemlich genau zur selben Zeit.

Gewiß, Gross hatte als guter Detektiv den Gegenspieler als Patriarchen identifiziert, als männliches Prinzip in einer fatalen Grundstörung der Geschlechterbeziehung seit 5000 Jahren. Wie der Gegenspieler es jedoch anstellte, intelligente, neugierige und vitale junge Mädchen in Einsiedlerinnen zu verwandeln, blieb für Gross im Detail ein ungelöstes Rätsel. Deshalb fügte es sich gut, daß im Todesjahr des Otto Gross der Medizinstudent Wilhelm Reich in die Wiener Psychoanalytische Gesellschaft aufgenommen wurde, der die Ermittlungen gegen die Mächte der Finsternis fortsetzen sollte.

Reich entdeckte bei der Behandlung neurotischer Patienten bestimmte Versteifungen der Muskulatur, vornehmlich im Nacken und in der Bauchregion. Er fing an, diese Verkrampfungen mit seinen Händen zu lockern, was Freud ganz sicherlich nie getan hätte, und arbeitete wie ein Masseur am nackten Körper, wenn er es für notwendig hielt. Der Muskelpanzer, den er zu brechen versuchte, erschien ihm als der spürbare Ausdruck einer seelischen Verhärtung, die er «Charakterpanzer» nannte und auf eine Störung des vegetativen Gleichgewichts im frühesten Kindheitsalter zurückführte.

Reich hatte den Eindruck, daß nicht nur die Neurotiker verspannte Muskeln hatten, sondern auch die Schwarzen und die Braunen. Reich selbst war ein Roter. Leider waren auch die Roten nicht besonders locker und strichen Reich im Jahr 1930 aus der Mitgliederliste der Sozialdemokratischen Partei Österreichs. Eine ähnliche Erfahrung machte Reich im Jahr 1934, als er aus der Internationalen Psychoanalytischen Vereinigung ausgeschlossen wurde. So wuchs in Reich der Verdacht, daß die ganze Welt seit der Einführung des Patriarchats vor 5000 Jahren ein Irrenhaus sei, ein mit Verrückten bevölkerter Exerzierplatz, auf dem die Väter ihre Söhne zu Tötungsmaschinen schliffen. Die Herstellung der charaktergepanzerten Menschen fing für Reich bereits bei den Babies an, die durch eine übertriebene Reinlichkeitsdressur terrorisiert wurden. Die nächste Erziehungsmaßnahme bestand in einem rigorosen Onanieverbot, gefolgt von strengen Keuschheitsregeln für die Heranwachsenden. Schließlich landeten die Produkte dieser asketischen Dressur in einer lebenslänglichen Ehe, die ebenfalls kein Honiglecken war. Als Ausweg aus diesem Irrenhaus rief Reich die sexuelle Revolution aus, in Buchform. Sie bestand in der Aufhebung der meisten Verbote, denen die «orgastische Potenz» unterworfen war. Im freien Fließen der Lebensenergie sah Reich die Gesundung der Menschheit aus den kulturellen Zwängen und Panzerungen, und auf die paar schlechten Gedichte, die bei asketischer Lebensweise gelegentlich entstehen, verzichtete er mit Vergnügen.

Die schlechten Gedichte der Nazis hatten bei den arbeitenden Massen trotzdem mehr Erfolg als die sexualrevolutionären Schriften Wilhelm Reichs. Eine Menge Schwarzer verwandelte sich in Braune, unter ihnen Heinrich Himmler, und auch viele Rote wechselten die Farbe in den Jahren vor der «Machtergreifung» Hitlers. Reich, der wie Freud und Sabina Spielrein von jüdischen Eltern stammte, ging ins Exil und schrieb eine «Massenpsychologie des Faschismus». Als sie erschien, war Heinrich Himmler längst «Reichsführer SS» und kommandierte 50000 Mann in schwarzen Uniformen, mit silbernen Totenköpfen an den Tellerkappen. Jung übernahm den Vorsitz der deutschen Gesellschaft für Psychotherapie, wie bereits erwähnt.

Sabina Spielrein wurde zuletzt im Jahr 1941 gesehen, mit ihren beiden Töchtern, als sie in einem Zug jüdischer Einwohner der Stadt Rostow am Don von deutschen Soldaten durch die Straßen in eine Synagoge getrieben wurde, zur Erschießung.

8. Der Fisch aus der Tiefe

Dabei hatte alles so schön angefangen. Um das Jahr 200 herum reiste der Mann Aberkios aus der Provinz Asia nach Rom und fand überall auf seinem Weg freundliche Glaubensgenossen, die ihn gastlich aufnahmen und mit einem Fisch bewirteten, den die makellose Jungfrau aus der klaren Quelle gezogen hatte. So jedenfalls wollte Aberkios seine Lebenserinnerung formuliert haben, als er die Inschrift für sein Grab in Auftrag gab. Ein göttlicher Hirte, ließ Aberkios schreiben, der mit großen Augen die Schafe weidet, versehen mit verläßlichem Wissen, habe ihn nach Rom gesandt, um ein Volk zu schauen, das ein glänzendes Siegel bewahre, unter einer Königin in goldenem Gewand. Begleitet auf seiner Fahrt hätten ihn der liebe Herr Paulos und die Frau Pistis, und jene heiligen Mahlzeiten, an denen er habe teilnehmen dürfen, hätten aus Brot und gewässertem Wein bestanden.

Ja friedlich und freundlich hatten die Mysten des Herrn Jesus unter den schlimmen Heiden im Römischen Weltreich gelebt, ganz im verborgenen und ohne sich an den grausamen Gladiatorenkämpfen und Tierhetzereien im Zirkus zu erfreuen, geschweige denn an den obszönen Darbietungen im Theater. Liebevoll hatten sie ihr Hab und Gut mit den Armen in ihren Gemeinden geteilt, ihre Jungfrauen und Witwen hatten die Alten und Kranken gepflegt, ihre Prediger waren von Stadt zu Stadt gewandert, in ihrem Reisegepäck den Honig der heilsamsten Lehren. Ja eine hohe Ehre war es gewesen für die Jungfrauen und Witwen in der Gemeinde, die durchreisenden Prediger in ihre Häuser aufzunehmen und ihnen die müden Füße zu waschen, ihnen ein Lager zu richten und einen Kuchen zu backen, einen Becher Wein zu reichen und die verschmutzte Wäsche zu waschen, ihnen den Bart zu stutzen und einen warmen Reisemantel zu nähen. Ja manche Jungfrauen hatten es sich nicht nehmen lassen, den frommen Predigern ihre Begleitung anzubieten, ihnen auf ihren vielen Wegen zu folgen und dienlich zu sein, in aller Ehrbarkeit und Zurückhaltung selbstverständlich. So war ein wundersames Experiment des Zusammenlebens asketischer Männer mit schamhaften Frauen entstanden und hatte viele bewogen, das Joch der heidnischen Ehe gar nicht erst auf sich zu nehmen, wohl aber in liebevollstem Gleichklang der Herzen zu leben, ohne Kindergeplärr und verzehrende Sorge um irdische Dinge.

Die Frauen, die solch geistliche Beziehungen pflegten, blieben schön und begehrenswert bis in ihr Alter, denn ihr Fleisch welkte nicht unter den Beschwernissen der Schwangerschaften, der Geburten, der Kindererziehung und des Haushaltens dahin wie bei den heidnischen Gattinnen. Die Männer, denen die Jungfrauen zugetan waren, konnten in der allenfalls drängenden Begierlichkeit deswegen nicht erlahmen, weil sie nie oder nur zögernd gestillt wurde, weil die Unterscheidung zwischen Liebe und Lust aufrechterhalten wurde, zum Nachteil der Lust, die als verbotene Lockung gleichwohl die Beziehung würzte und am Leben erhielt.

So also taten die christlichen Jungfrauen, als sie sich ans Werk machten, den erwähnten Fisch aus der unverdorbenen Quelle zu holen.

Der Fisch selber ließ sich unter den genannten Bedingungen ganz gern fangen, wenn man der Inschrift des Aberkios Glauben schenkt.

Die Rede vom göttlichen Fisch war zur Zeit des Aberkios ein geheimes Wortspiel der Christen, eine sogenannte Akrostichis, die mit jedem Buchstaben des griechischen

Wortes für Fisch ein Hauptwort beginnen ließ, das auf den Herrn Jesus deutete. So verwies der erste Buchstabe des Fisches («Ichthys») auf den ersten Buchstaben des Namens Jesu, der zweite signalisierte den Christus, das Th und das Ypsilon bezeichneten den Heiland als Gottes Sohn («Theou Yios»), das abschließende S erlaubte, an das Wort «Soter» zu denken, was soviel wie Erlöser bedeutet.

Für die christlichen Jungfrauen barg die Fischgestalt des Herrn Jesus eine gewisse Schlüpfrigkeit und Pikanterie, weil der Volksmund seit alters her das Mannesglied mit dem Namen des Fisches belegt hatte. Beliebt waren Bilder der Venus mit einem Fisch an der Angel, als Hinweis auf weibliche Wünsche eindeutiger Art. Auch der spielerische und wanderlustige Charakter der Fische im Wasser lenkte die Gedanken nicht unbedingt in sittsame Bahnen.

Deshalb sollte die Jungfrau makellos sein, die den heiligen Fisch aus dem Quellwasser zog, wie auf der Inschrift des Aberkios vermerkt. Daß sie den Herrn Jesus hernach tötete und aufs Feuer setzte, zur Bereitung des Liebesmahls für die Gläubigen, mutet freilich ein wenig seltsam an, auch wenn man bedenkt, daß die Redefigur nicht wörtlich zu nehmen war.

Jene Wahlverwandtschaften zwischen ledigen Frauen und Männern, wie sie zur Zeit des Aberkios unter den Christen versucht wurden, hatten ihre Schönheit und ihren Reiz aus dem Bedürfnis nach einer anderen Art von Fruchtbarkeit zwischen den beiden Geschlechtern, als sie von den Menschen bislang praktiziert worden war, und von den Tieren. Immer schon war gehochzeitet worden, aber die Liebe war unglücklich geblieben. Zeugungspaare waren die Regel, Liebespaare die Ausnahme, auch unter den Göttern. Die Männer betrogen ihre Gattinnen wie Vater Zeus seine Hera, verstohlen und hastig, unter höherem Zwang, zum

Kummer der Frauen, die sich ihrerseits einen zärtlichen Freund wünschten, meist vergeblich.

Bis der Fisch aus der Tiefe auftauchte, stumm und schön, mit goldenem Rücken und silbernem Bauch, ein sanfter und anmutiger Spielgefährte. Da hatten die sieben Fischer nach Jesu Tod vom Boot aus eine Gestalt am Ufer erblickt, und siehe, da war auch ein Kohlenfeuer, darauf briet ein köstlicher Fisch zum Frühmahl. Und keiner wagte zu fragen: Wer bist du? Da waren die Netze voll gewesen mit großen Fischen, ein unglaublicher Fang.

Nur wenige verstanden dieses Geheimnis. Immerhin hatten einzelne Jungfrauen und Jünger verfeinerte Formen des Umgangs zwischen den Geschlechtern zu entwickeln begonnen, vorsichtigere und rücksichtsvollere, als bis dahin üblich, was Aberkios in seiner Inschrift mit der Wendung vom glänzenden Sigillum andeutete, das jenes Volk im Besitz hätte. Es meinte den Vorsatz, ein fehlerloses Leben zu führen, ohne Tadel wie Engel, was zunächst einmal hieß, weder zu heiraten noch sich heiraten zu lassen.

Was die Engel anlangt, so hat man sich unter ihnen leuchtende Gestalten vorzustellen, wohl mit menschlichen Zügen, aber ohne die Merkmale der Geschlechtlichkeit. Sie erschienen nicht eben häufig und nur dann, wenn es um wichtige Mitteilungen ging, wie im Fall des seligen Vaters Pachomios, dem ein Engel die Regeln für die ersten Klöster bei Nag Hammadi geoffenbart hatte, im sogenannten Palmwäldchen der Isis, wie erzählt wurde.

Auf welche Weise die Engel es bewerkstelligten, sich ohne Stimmbänder verständlich zu machen, muß eine offene Frage bleiben. Eindringlich redeten sie, mit einer Autorität, die keinen Widerspruch aufkommen ließ, niemals banal oder geschwätzig, jeder Satz eine Überraschung.

Die Engel kamen aus der Welt der Götter, einem Seinszustand, der für die Menschen normalerweise erst nach dem Tod erreichbar wurde. In der altägyptischen Sprache wurde er mit der Silbe «ach» bezeichnet, deren Grundbedeutung mit Licht, Glanz, Strahlung wiedergegeben wird, oder auch mit Jenseits.

An der Götterwelt zweifelten zur Zeit des Aberkios nur die Zyniker.

Da und dort im Römischen Reich waren sogar Versuche im Gang, sich in das götterweltliche Bewußtsein hinüberzuschwingen, aus der Beschränktheit des diesseitigen Denkens. Einer der ersten, die solch höheres Wissen lehrten, war bekanntlich Simonmagus gewesen, derselbe, dem das gefallene Mädchen in der Stadt Tyrus zugelaufen war, als Verkörperung des Ewigweiblichen, genannt *Salvatrix salvanda,* erlösungsbedürftige Erlöserin, unentbehrliche Paargenossin des Mannes auf dem Weg in die Lichtwelt, die uranfängliche, die selige Heimat jenseits der sichtbaren Sphären einer verunglückten Schöpfung.

Paarweise also, aber ohne Nachkommenschaft, pilgerten so manche weisheitssuchenden Frauen und Männer durchs Leben. Ihnen diente der göttliche Fisch aus der Tiefe zur Nahrung, in Gestalt von Brot und Mischwein bei den Weihemählern, zu denen keine Uneingeweihten Zutritt hatten, wie Aberkios andeutungsweise schrieb. Jene Paargenossen nannte man «Syneisakten», in welcher Bezeichnung das Miteinandergehen ausgedrückt ist, und bei den frühen Christen in der östlichen Hälfte des Imperiums standen sie in hohem Ansehen. Einige von ihnen geboten über die Gabe der Weissagung, der inspirierten Rede im Zustand der Entrückung, andere waren philosophisch gebildet und interessiert. Ihre Haushaltungen galten als kultiviert, und nur ihre Neider bezichtigten sie der fortgesetzten Hurerei.

Für die beteiligten Frauen, deren Herkunft man sich eher

als oberschichtig vorzustellen hat, bot die neue Lebensform im Zeichen des Fisches eine reizvolle Gelegenheit, von den vorgeschriebenen Alternativen weiblichen Lebens abzuweichen. Weder als Hausfrau und Mutter, noch als Hure oder Hetäre, nicht als Sitzengebliebene oder nonnenhaft Alleinstehende, sondern als gleichsam geschwisterlich Liebende taten sie sich mit gleichgesinnten Männern zusammen, nicht ohne erotisches Raffinement, wobei ihre Freunde reichlich Gelegenheit zum Erlernen zarter Umgangsformen im Frauendienst bekamen, was ihnen sicher nicht schadete.

Und die Frauen träumten: Ich komme an das Ufer eines breitströmenden Flusses. Ich sehe zunächst nicht viel, nur Wasser, Erde und Fels. Dann bekomme ich eine Angelrute. Ich setze mich damit auf einen Felsblock und fische. Noch immer sehe ich nichts als Wasser, Erde und Fels. Plötzlich beißt ein schwerer Fisch an. Er ist silbern am Bauch und golden am Rücken. Indem ich ihn ans Land ziehe, belebt sich die Landschaft. Der Fels tritt hervor, Gras und Blumen wachsen, und das Gebüsch breitet sich aus zum Wald. Ein Wind erhebt sich und versetzt alles in Bewegung. Ich sitze in großer Spannung. Auf einmal höre ich seitlich hinter mir die Stimme des alten Mannes, der sagt leise, doch sehr bestimmt: Dem Geduldigen wird der Fisch zuteil, die Nahrung der Tiefe. Sehnsuchtsvoll nämlich hatte sich die süße Isis auf die Suche nach ihrem Osiris begeben, fand aber nur seinen Leichnam unter der Papyrusstaude am Ufer des Nils, setzte sich auf sein emporgerichtetes Glied und ließ es tief in sich eindringen.

Die süße Isis und ihr Osiris waren längst verklärt, strahlend und heiter im götterweltlichen Seinszustand, in der ewigen Heimat. Ja, dorthin wollten sie zurück, die Liebespaare im Zeichen des Fisches, wie auch Simonmagus und Helena, die auf der Kaimauer des ägyptischen Hafens der

Stadt Tyrus miteinander emporblickten zum Abendhimmel, zum Abendstern, zur sanft schimmernden Venus, sehnsuchtsvoll. Immer wenn wir aufwachen aus dem Leib, in uns selbst, und alles übrige hinter uns lassen, eintreten in unser Selbst und eine wunderbare Schönheit erblicken, vertrauen wir in solchen Augenblicken, ganz eigentlich zum höheren Bereich zu gehören.

Und ein Schiff wird sich lösen von der Kaimauer beim Anbruch des nächsten Tages, mit Simonmagus und Helena neben dem Mast, in der Kühle des Morgens, nach Ägypten, nach Abydos zum Grab des Osiris, wo die Priester mit Netzen nach dem Mannesteil des göttlichen Getöteten fischen, im Nil, dem Spender der Fruchtbarkeit. Osiris und Isis waren nämlich Geschwister.

Ihre Mysterien wurden zur Zeit des Aberkios überall im Römischen Imperium gefeiert, in eigenen Tempeln, wo die Einweihungen geschahen. Die Mysten stiegen in eine Krypta hinab, die mit Darstellungen der Unterwelt geschmückt war, und verharrten dort wachend und fastend im Dunkel wie Sterbende, bis sie als Wiedergeborene aufsteigen durften zum Licht des Tages, jubelnd begrüßt von den Gläubigen.

Verehrter Herr Doktor Jung, meine Freundin Helena und ich haben dieser Tage eine psychotherapeutische Inszenierung mitgemacht, in Abydos, wo wir uns zur Zeit studienhalber aufhalten. Wir fühlen uns wie neugeboren und sind in gewissem Sinn zu Verehrern der göttlichen Isis geworden. Unsere Beziehung erscheint uns dadurch in einem neuen Licht, wir fassen sie jetzt als geschwisterlich auf, nach dem Vorbild von Isis und Osiris, was uns sehr reizvoll erscheint. Herzliche Grüße Ihres alten Simonmagus.

Wer aber war die Königin in goldenem Gewand, von der auf der vorhin erwähnten Grabschrift die Rede ist?

Die Kreise, in denen jener Aberkios verkehrte, waren frauenfreundlicher eingestellt als zu jener Zeit üblich. In ihren Schriften treten Priesterinnen, Prophetinnen, Lehrerinnen, Predigerinnen auf, mit entsprechendem Ansehen. Immerhin war es eine Frau, die den heiligen Fisch für die Gemeinde zubereitete, wie Aberkios schrieb, und die goldene Päpstin in Rom, welcher er auf seiner Grabschrift gedachte, kann als Matriarchin aufgefaßt werden.

Zentral für die gnostischen Traktate, die in den christlichen Mysterienvereinen gern gelesen wurden, war, wie bereits erwähnt, die Vorstellung einer Gottfrau, einer ursprünglich körperlosen Denkkraft, hervorgegangen aus dem Selbstgespräch, das im zeitlosen Schweigen des ewigen Geistprinzips, dem Grund allen Seins, von selber entstanden war, man weiß nicht warum.

Daß die Gottfrau später ziemlich heruntergekommen war, im Lauf eines kosmischen Mißgeschicks, wurde ebenfalls gelehrt. Unter Mondphasen, Regelblutungen, Geburtswehen mußte sie leiden, gar nicht zu reden von den fortwährenden Vergewaltigungen durch die Männer, ob in der Ehe oder im Puff, das machte schon keinen großen Unterschied mehr.

Die feministische Färbung der gnostischen Welterzählung wurde auf Simonmagus zurückgeführt, der das Ewigweibliche gesucht und gefunden und befreit hatte, in jenem Bordell der Hafenstadt Tyrus. Sanft bin ich und schön, Fremder. Da hatte ein Mann den Frauen zugehört und ihre Träume gedeutet, selber ein Träumer und Weltfremdling und Rebell, und das trübselige Geschlechterverhältnis einmal mit anderen Augen gesehen, nämlich mit weiblichen, und eine Weltgeschichte des Unheils gelesen, ein Pfuschwerk des Gegenspielers, zum Nachteil der Frauen. Da hatte sich für ihn die vielbrüstige Muttergeliebte der Mittelmeervölker, die alte Sau und geile Schenkelspreizerin in den Morgenstern verwandelt, zu dem aufblickend er neben dem Mast des Schiffes gestanden hatte, im Frühlicht des Aufbruchs nach Ägypten, emporblickend zur göttlichen Isis, der Geliebten und Schwester, der himmlischen Königin mit dem Mond unter den Füßen. Die schöne Helena aber, mit der Simonmagus das Experiment einer neuen Zweisamkeit begonnen hatte, war keineswegs so blind, wie Jung sich das vorstellte.

Helenens Schutzgeist, die altkluge Schlange, hatte den Frauen in grauer Vorzeit Wissen und Einsicht vermittelt, höhere Gnosis vom Baum der Erkenntnis, wie in der Judenbibel geschrieben steht. Daß die Frauen deshalb vom Archonten gestraft wurden, dem Herrn dieser Welt, ist ebenfalls bekannt. Die Männer fühlten sich daher vom Schlangenwesen eher bedroht, besonders wenn es als Drache auftrat, und stritten wacker gegen das Ungeheuer. Überall dort jedoch, wo die Frömmigkeit erdverbunden geblieben war, mondregelhaft und empfängnisfreundlich, verehrte man Schlangenfrauen mit großer Andacht, Göttinnen mit den Körpermerkmalen der glatten und schlüpfrigen Tiere.

Merkwürdigerweise war auch der Herr Jesus mit der Schlange verglichen worden, sehr im Gegensatz zur sonst schlangenfeindlichen Bibel. Solche Verwandlung verschaffte ihm Zutritt ins weibliche Unbewußte, wenngleich in bedenklicher Weise für die Männer, denen derlei wüste Assoziationen nicht recht geheuer erscheinen.

Auch Jung brauchte lange, bis er seine Scheu vor den Tieren der Tiefe verlor, dem Fisch und der Schlange. Er saß am Ufer des Zürichsees und wunderte sich über seine Gedanken. Er spürte den Widerstand am anderen Ende der Leine, den Zug nach unten. Draußen arbeitete Simonpetrus mit den übrigen Aposteln, Netze einholend, die leer waren. Habt ihr nichts zu essen? Nein, nichts gefangen. Jetzt schwang sich Simonpetrus über die Bordwand des Schiffleins und ging übers Wasser. Je näher er kam, desto ähnlicher wurde er dem Vater von Jung. Schwarzer Gehrock, gewichste Schuhe. Wind kam auf und kräuselte die Wellen. Hol ihn heraus, den verfluchten Christus, ich habe großen Hunger. Und ein Kohlenfeuer am Ufer, darauf eine Jungfrau mit nackten Brüsten und einem schuppigen Schwanz. Ach ja, Tante Toni. Warum sprach sie plötzlich englisch? You are undersexed, Carl, didn't you know that ?

In Jungs Kriminalroman zog Simonmagus mit seiner Helena durch das ketzerische Südfrankreich, tausend Jahre nach dem Auftauchen des Fisches aus der Tiefe, und plauderte mit Tempelrittern und Troubadouren. Noch war die heilige Inquisition nicht erfunden. Adelige Fräuleins lustwandelten mit Liedermachern höchst anmutig im Wald, und auch Jung war unterwegs, auf der Suche nach seinem wahren Selbst, wenn auch noch ein wenig verwirrt von dem Abenteuer in der Ordensfestung der Mönchsritter, wo er den abgeschnittenen Kopf erblickt hatte, das Caput Mortuum der Johannisnacht. Vor den Mauern von Carcassonne war es dann, im Kommen und Gehen des Markttages, daß Jung den Alten mit seiner Begleiterin erblickte, umringt von einer neugierigen Menge und im Gespräch mit einem streng blickenden Mönch. He, guter Mann, sagte der Mönch zu dem Fremdling, wer ist diese Frau da, und was hat sie mit Euch zu tun? Ist sie Euer Weib? Nein, antwortete der Alte, das wäre gegen meinen Vorsatz. Eure Tochter vielleicht? Nein. Was dann sonst, fragte der Mönch, wenn nicht Schwester oder Nichte, wenn keine Verwandte in irgendeinem Grad der Versippung? Nicht verwandt, entgegnete der Ketzer. Darauf der Mönch: Und wie bewahrt Ihr Eure Keuschheit mit ihr?

9. Auf dem Trockenen

Die Spur, auf die Jung von Otto Gross gebracht worden war, führte zu einem Afrikaner, Aurelius Augustinus mit Namen, der im Jahr 430 gestorben war, als Bischof von Hippo Regius, einer Provinzstadt am Mittelmeer, 200 Kilometer südlich von Sardinien. Der Afrikaner hatte die Erbsünde entdeckt, die durch den Liebesakt weitergegeben wird, überall auf der Welt, sogar bei den Chinesen und Indianern. Die christliche Kirche machte diese Erkenntnis zum Dogma, zum Fundament einer Geschlechtsmoral, die an Grausamkeit, Ausschließlichkeit und Konsequenz in der Kulturgeschichte der Menschheit ohne Vorbild dasteht. Die Jesuiten, vor denen sich der kleine Jung so sehr gefürchtet hatte, die in Frauenkleidern daherkommenden schwarzen Männer, waren Agenten des Afrikaners, wie auch der heilige Bernhard von Clairvaux, dessen Wortwechsel mit dem anonymen Ketzer und seiner Begleiterin die blutige Inquisition ankündigte, die Schreie der Opfer auf den brennenden Scheiterhaufen, das verkohlte Fleisch der Hexen, die Foltertribunale, die Geständnisse über den Geschlechtsverkehr mit dem Teufel.

Überall war die Hand des Afrikaners zu spüren, auch in der Seestraße 228, wo Jung über den Büchern saß, auch über denen des Kirchenvaters Aurelius Augustinus, gebürtig aus Tagaste, heute Souk Ahras in Algerien.

Der Fisch, hatte der Afrikaner geschrieben, wird aus der Tiefe gezogen, um das Trockene zu ernähren.

Im Sommer des Jahres 386 befand sich der Afrikaner im Alter von 32 Jahren in einer schweren seelischen Krise mit Asthmaanfällen. Er lebte seit zwei Jahren in Mailand, als Lehrer der Redekunst im öffentlichen Dienst, was eine einflußreiche Stellung war, wegen ihrer propagandistischen

Aufgaben für den kaiserlichen Hof, der zu dieser Zeit in der Stadt residierte. Viel lieber aber hätte sich der Afrikaner mit einigen weisheitsliebenden und vermögenden Freunden aufs Land zurückgezogen, um ein philosophisches Leben zu führen, ohne Frauen, weil sich Sinnlichkeit und Wahrheitssuche für ihn nicht miteinander vertrugen. Der Afrikaner rutschte zwischen der unteren und der oberen Sophie hin und her, zwischen den erhabenen Einsichten geistiger Art und den Erkenntnissen, die nur das Fleisch hat, und verachtete sich dabei. Außerdem war da auch noch seine Mutter, die nach Mailand nachgekommen war und darauf drängte, daß der Sohn endlich eine standesgemäße Ehe einging und sich katholisch taufen ließ.

Leider gab es damals noch keine Psychoanalyse.

Der Afrikaner wäre ein hervorragender Patient gewesen. Seine Geständnisfreudigkeit bescherte der Weltliteratur das klassische Buch der intimen Selbstdarstellung eines Autors, der nichts lieber tat als über sich selbst zu reden, der alles sagen wollte, was es zu sagen gab, wie ein Verdammter, der seinen Kopf retten will.

So viele meiner Jahre waren mit mir dahingegangen, erzählte der Afrikaner, seitdem ich als Neunzehnjähriger den «Hortensius» des Cicero gelesen und mich für das Studium der Weisheit begeistert hatte. Immer wieder hatte ich es verschoben, irdisches Glück gegen Wahrheitssuche einzutauschen. Hatte in meinem Elend um Keuschheit gebetet, aber hinzugefügt, nicht sofort, denn ich fürchtete schnelle Erhörung und Heilung von der Krankheit der sinnlichen Begierde, an deren Sättigung mir mehr lag als an ihrer Tilgung. In jenen Jahren lebte ich mit einer Frau zusammen, zwar nicht in gesetzlicher Ehe, aber doch in der Treue des Bettes, diesem Pakt der Lust, in dem ein Kind auch gegen den Willen kommt und seine Erzeuger zwingt, es zu lieben. Schließlich wurde ein Mädchen aus guter Familie geworben. Sie war allerdings um zwei Jahre zu jung für die Heirat, und weil sie gefiel, mußte gewartet werden. Als mir deswegen die Frau, die mein Lager geteilt hatte, von der Seite gerissen wurde, weil sie ein Ehehindernis bildete, zerschnitt es mir das Herz, das an ihr hing, und diese Wunde blutete. Die Frau kehrte heim nach Afrika und gelobte, keinen anderen Mann mehr zu haben, nachdem sie bei mir meinen Sohn, die Frucht ihres Leibes, zurückgelassen hatte. Ich aber ertrug es nicht, nun zwei Jahre zu warten, bis ich an jene kam, die ich geworben hatte, und besorgte mir eine andere Frau für die Zwischenzeit. Meine Wunde jedoch, die mir durch die Trennung von der früheren Frau geschlagen worden war, heilte nicht zu.

Dann kam der Tag, an dem der Afrikaner sich fallen ließ, nicht in die unergründliche Tiefe wie Jung, sondern in die Arme des christlichen Gottes, im August 386, um hinfort nie wieder ein Weib zu lieben.

Eines Tages, erzählte der Afrikaner, kam ein gewisser Ponticianus, ein Landsmann in angesehener Stellung, in unser Haus. Er war Christ. In dem Gespräch, das sich alsbald entwickelte, begann er von dem ägyptischen Mönch Antonios zu sprechen, von dem ich bislang nichts gewußt hatte, und von der großen Zahl der dortigen Klöster, von denen ich noch nie gehört hatte. Als jener Ponticianus bemerkte, mit welcher Aufmerksamkeit ich ihm lauschte, kam er auf ein persönliches Erlebnis zu sprechen. In Trier war es gewesen, wo der Imperator damals hofhielt, an einem freien Nachmittag, während eines Spazierganges mit drei Kollegen vor den Mauern der Stadt.

Wie es der Zufall wollte, hatte man sich in zwei Paare geteilt. Die beiden anderen kamen an einer Hütte vorbei, in der Gottesfreunde lebten, blieben ein wenig sitzen und begannen in einem Buch zu blättern, in dem das Leben des Antonios beschrieben war. Als nun der eine von der Lektüre immer stärker ergriffen wurde, sprach er zu seinem Kollegen: Ich bitte dich, sag mir, aus welchem Grunde dienen wir beim Imperator, plagen wir uns ab bei Hofe, um Karriere zu machen? Ist nicht die Stellung, die wir schließlich erreichen werden, mühselig und nur nach langer Zeit zu erobern? Wohingegen wir jetzt und gleich, wenn wir nur wollen, in den Dienst des Allerhöchsten treten können! Las dann weiter, seufzte ein ums andere Mal tief, und hatte seine Wahl schon getroffen. Sprach zum Kollegen, daß er sich entschieden habe, an Ort und Stelle ein neues Leben zu wagen. Jener gab ihm zurück, er bleibe bei ihm, und so verließen sie beide die Welt. Ihre Bräute weihten bald darauf gleichfalls Gott ihre Jungfernschaft.

Zu unserem Haus gehörte ein Garten, erzählte der Afrikaner, und dorthin trieb mich mein innerer Aufruhr, nachdem jener Ponticianus sich verabschiedet hatte. Unter einem Feigenbaum warf ich mich der Länge nach hin. Die Ungebildeten holen sich den Himmel, und wir mit unserer herzlosen Wissenschaft wälzen uns im Fleisch und im Blut! Jetzt ist bald Schluß, sprach ich zu mir, jetzt ist bald Schluß! Wann endlich, wann? Morgen und morgen? Warum nicht gleich? Und siehe. Von dort, wohin zu gehen ich so zitterte, streckte aus ihre frommen Hände nach mir die keusche Würde der Enthaltsamkeit, diese reich gesegnete Mutter fröhlicher Kinder, würdevoller Witwen und in Ehren ergrauter Jungfrauen, lächelte mir zu, als wollte sie sagen: Was diese Kinder und Frauen vermögen, davor schrickst du zurück? Da ließ ich meinen Tränen freien Lauf. In Strömen brachen sie aus meinen Augen hervor. Als ich so weinte, siehe, da hörte ich aus dem Nachbarhaus eine Stimme, als ob ein Knabe oder Mädchen im singenden Ton wiederholte, Nimm, Lies,

Nimm, Lies. Sofort überlegte ich, ob etwa Kinder bei irgendeinem Spiel derartiges zu singen pflegten, fiel mir aber nichts ein. Bis ich begriff, daß mir göttlich befohlen war, ein Buch zu öffnen und darin jene Stelle zu lesen, auf die mein Finger zuerst stoßen würde. Griff mir den Band mit den Paulusbriefen, der in der Nähe lag, öffnete ihn an einer beliebigen Stelle und las, Nicht in Fressen und Saufen, nicht auf Lotterbetten und in Unzüchtigkeiten! Sondern den Herrn Jesus ziehet an und pfleget das Fleisch nicht zur Erregung der Lüsternheit! Weiter brauchte ich nicht zu lesen. Wie ein Licht war die Gewißheit in mein Herz gedrungen, und alle Schatten der Unschlüssigkeit zerstoben.

Amore!

O Du meine späte Freude! Spät habe ich Dich geliebt, Du allerälteste und allerneueste Schönheit, spät habe ich Dich geliebt! Du warst bei mir, ich hingegen Dir fern. Da riefst Du mich durch meine Taubheit hindurch, strahltest durch meine Blindheit. Dein Duft, ich genieße ihn. Ich hab Dich gekostet, und will mehr, Du hast mich berührt, ich brenne. Du hast mein Herz mit Deiner Liebe wie mit einem Pfeil getroffen. Du Höchster, Bester, Mächtigster, Allmächtigster, Barmherzigster und Gerechtester, Verborgenster und Gegenwärtigster, Schönster, Stärkster! Du liebst und gerätst dabei nicht in Leidenschaft, ärgerst Dich und fühlst keinen Schmerz, mein Gott, mein Leben, meine Süßigkeit! Sprich zu meiner Seele! Sprich so, daß ich es höre, sprich, Ich bin deine Rettung.

Die Liebeslyrik des Afrikaners wurde in Hippo Regius zu Papier gebracht, im Wohnkomplex gleich neben der Basilika, wo der Bischof und seine Geistlichkeit nach der Art der Mönche zusammen wohnten. So hatte es der Afrikaner eingerichtet, und er achtete streng darauf, daß keine Frau sein Kloster betrat. Nichts schleudert den männlichen Geist eher von der Höhe seiner Burg in die Tiefe als weibliche

Liebkosungen, lehrte der Afrikaner. Jegliche Tiefe, ob wäßrig oder abgründig, war ihm unheimlich. Er wollte hinauf, in die himmlischen Höhen, und verglich deshalb die Liebe zu Gott, als die einzig beglückende, mit dem Feuer, dessen Flammen nach oben lodern.

Oben herrschte Ruhe, wie in den vornehmen Häusern und Gärten derer, die den gesellschaftlichen Aufstieg geschafft haben. Die Vorstellung, daß aus den lichten Höhen ein stinkender Klumpen herunterdonnern könnte, war dem Afrikaner fremd. Wenn es wo stank, dann unten, wo Jung sich herumtrieb.

In der Tiefe lauerte der Große Weiße, der Menschenfresser, ruchlos wie die Natur, mit seinem Gebiß aus dreieckigen scharfen Zähnen, seinen ausdruckslosen Fischaugen, das tonnenschwere Monster, der Leviathan, der Antichrist, gemächlich im grünen Dunkel. Er wartete auf den Herrn Jesus, den Köderfisch Gottes, ohne zu ahnen, daß in dessen gemartertem Leichnam der Angelhaken der Gottesnatur steckte, zum Verderben des altbösen Mörders, um ihn heraufzuholen an unzerreißbarer Leine und unschädlich zu machen auf dem Trockenen. Ja höchst gefährlich war die Arbeit des Afrikaners. Wie viele Heilige waren nicht in den Abgrund des Verderbens gerissen worden im Kampf mit dem Gegenspieler, leichtsinnig geworden nach jahrelangem Athletentum mit Fasten und Beten, hatten gemeint, den Erzfeind ermüdet und geschwächt zu haben, bis er plötzlich mit neuer Kraft zog und der fromme Einsiedler in die nächste Stadt lief, zu den Tarizmädchen.

Bereits fünfzehn Jahre waren nach der Bekehrung des Afrikaners verstrichen, und immer noch träumte er von nackten Frauen, floß das stinkende weißliche Zeug im Schlaf auf das bischöfliche Bettlaken. Das Zeug war ansteckend, nach der Auffassung des Afrikaners. Es übertrug die Erbsünde, jene Urschuld des ersten Menschenpaares im Paradies, auf die Menschenkinder. Das war das Werk des Gegenspielers. Er hatte sich in Gestalt der Schlange an Eva herangemacht, als dem schwächeren Teil der Stammeltern, und sie dazu verführt, vom Baum der Erkenntnis des Guten und des Bösen zu essen. Da hatten die beiden plötzlich gesehen, daß sie nackt waren, und Feigenblätter genommen, um ihre Schamteile zu verhüllen. Sie hatten den Garten der Unschuld verlassen müssen, und seither transportierte der männliche Same den genetischen Code des Verhängnisses weiter, die Erbinformation des Unheils und der allgemeinen Verdammnis.

Der Afrikaner nannte den Gegenspieler Satan und Teufel, einen abtrünnigen Engel Gottes, herabgestürzt von der Himmelsburg in den höllischen Schlund, von wo aus er seine Gemeinheiten plante.

Der Widerstand gegen ihn setzte beim eigenen Körper an, dem Produzenten der gefährlichen Säfte, aus denen die Babies gemacht werden, im Keuchen der Lust.

Stets führte der Afrikaner ein scharfes Messer bei sich, um auseinanderzuschneiden die Lust und die Liebe, den Geist und den Körper, den Mann und das Weib, den Gott und den Teufel. Das Messer befand sich im Kopf des Afrikaners – ein Umstand, der kriminalistisch kaum nachweisbar ist. Messer im Kopf sind nirgendwo polizeilich verboten.

Seit 391, dem Jahr seiner Weihe zum katholischen Priester, arbeitete der Afrikaner für Simonpetrus, im Dienst der siegreichen Religion. Simonmagus befand sich längst auf der Verliererseite. Trotzdem war es ihm geglückt, den Afrikaner wenigstens vorübergehend zu fesseln, durch die Lehren des edlen Mani aus Persien, der um 240 herum eine gnostische Weltkirche gestiftet hatte. Zehn Jahre lang sympathisierte der Afrikaner mit den Manichäern, von seiner Studienzeit in Karthago bis zur Übernahme des schönen

Postens in Mailand, den ihm manichäische Freunde verschafft hatten.

Die Manichäer waren gut organisiert und galten als Ketzer, Anarchisten und Geheimbündler. Dementsprechend scharf ging man gegen sie vor, erstmals unter Theodosius I., der in den Jahren 381 bis 383 drei Gesetze erließ, die den Manichäern die Zeugnisleistung vor Gericht untersagten, ihren Funktionären die Todesstrafe und den übrigen Mitgliedern die Verbannung aus dem Reich androhten. Zu dieser Zeit verabschiedete sich auch der Afrikaner von den Anhängern Manis und begann sich stärker für die Kirche des Simonpetrus zu interessieren. Die Verachtung des Fleisches jedoch, die er bei den Manichäern gelernt hatte, schüttelte der Afrikaner nach seiner Taufe keineswegs ab. Sie gehörte auch unter den Katholiken zum guten Ton, und der Afrikaner lieh ihr seine geschulte Stimme, auf dem Predigtstuhl der bischöflichen Basilika in Hippo Regius. Daß er damit dem Gegenspieler in die Hand arbeitete, konnte der Afrikaner nicht wissen.

Tausend Jahre lang wurde im Namen der Keuschheit der fürchterlichste Terror verbreitet, ganz im Sinn des Gegenspielers. Für die Homosexuellen kamen trübe Zeiten. In Verruf geriet jegliche Lust, die um die Fortpflanzung einen Bogen machte, und sogar das kindliche Spiel mit den Geschlechtsteilen wurde zur Todsünde. Die Ketzerschnüffler suchten bei den Verdächtigen nach allen nur denkbaren Perversionen und halfen mit Folterwerkzeugen nach, wenn die Geständnisse nicht schnell genug kamen. Die Geheimnisse des Fleisches wurden zum Gegenstand einer unersättlichen Wißbegier, einer endlosen Analyse, die aus den Menschen Bekenner machte, nach dem Vorbild des Afrikaners. In den Beichtstühlen der Gotteshäuser, bei der Abfassung galanter Memoiren, während der Behandlungsstunde beim

Psychotherapeuten, auf dem Theater und im Kino, in den Ateliers der Künstler wurde fortwährend die Liebe erklärt, und niemand langweilte sich dabei. Die keusche Würde der Enthaltsamkeit, wie sie dem Afrikaner erschienen war, hatte der Menschheit ein neues Interessengebiet erschlossen, das der Sexualität, indem sie es zum verbotenen Terrain erklärt hatte. Die Besessenheit durch den Sex verdankt sich dem Keuschheitsgebot. Damit war der Gegenspieler erst zu seiner ruchlosen Bedeutung gelangt, auf seinem unterirdischen Thron, installiert als dunkles Prinzip, abgesondert vom wirklichen Leben und seiner Freude. Der Verdacht, daß der Gegenspieler mit der keuschen Würde der Enthaltsamkeit im Bunde stand, war nicht ganz unbegründet.

Jung jedenfalls konnte dem Afrikaner den Vorwurf nicht ganz ersparen, er habe seinen Schatten, die nachtböse Begleitperson seiner selbst, allzu energisch von sich abgeschnitten und in die Tiefe versenkt, statt sie ruhig im Aug zu behalten und mit ihr umgehen zu lernen. Das Problem des Afrikaners bestand darin, daß er wasserscheu war. Er war außerstande, sich wenigstens im Traum in das flache Wasser eines Strandes am Meer zu setzen und auf den artigen Fisch zu warten, um mit ihm ein wenig zu spielen, ohne ihn gleich herausziehen zu müssen. Der Afrikaner war von Hause aus ein Angler.

Deshalb mußte der Herr Jesus heraus aus der Tiefe des Abgrundes, mußte wieder und wieder sterben, um gesotten und gebraten den Gläubigen zur Speise zu dienen, in den Gestalten von Brot und Wein. Im Wein mußte ein wenig Wasser sein, zur Erinnerung an die Herkunft des Fisches aus der Tiefe des Unbewußten. Der Vorgang dieser Trockenlegung des Herrn Jesus diente ähnlichen Zielen wie die Psychoanalyse, sie wollte das Unbewußte dem Bewußtsein zugänglich machen. Im Fall des Afrikaners war die Psychoanalyse allerdings abgebrochen worden. Er hatte sich geweigert, die ihm unangenehmen Eigenschaften des Herrn Jesus ans Licht zu holen, zum Beispiel dessen respektlose Einstellung zu den Obrigkeiten und seine Freundlichkeit zu den Frauen, besonders zu solchen, wie die Magdalenerin eine war. Derlei Charakterschwächen konnten für den Afrikaner nur dem Gegenspieler zugeschrieben werden, dem Mörderfisch, welcher nach dem guten Herrn Jesus schnappte, und damit freilich auch nach dem Afrikaner. Da war beim Angeln große Wachsamkeit und Konzentration geboten, um zu erkennen, welchen Fisch man gerade an der Leine hatte.

Der Anglerklub, dem der Afrikaner angehörte, war höchst exklusiv. Nur philosophisch gebildete Männer hatten Zutritt, Ehrenpräsident war der unvergeßliche Platon, der in seinen Schriften meisterlich über die Seele und ihr Los auf Erden geredet hatte, ihre Gefangenschaft und ihr Höhlendasein, ihren Aufstieg aus dem trüben Dämmerlicht der sinnlichen Leidenschaften zum Licht der ewigen Ideen. Unter den Platonikern, deren Bücher der Afrikaner begeistert gelesen hatte, galt die Unvereinbarkeit eines philosophischen Lebens mit der Gewohnheit des Beischlafs als selbstverständlicher Grundsatz, als Voraussetzung für jene seltenen Ekstasen, in denen die einsame Seele die selige Eins, den Urgrund der Dinge berührt, erwachend aus dem Leib in sich selbst, wie der wunderbare Plotin formuliert hatte. Der Afrikaner christianisierte die Platoniker, indem er ihr Geistprinzip zum Herrn Gott des katholischen Glaubensbekenntnisses umtaufte, und ihren Eros zur Caritas, der fleischlosen Liebe kirchenväterlicher Art.

Wenn die christliche Liebe zu schwach war, die Andersdenkenden mit sich zu versöhnen, die Heiden, die Juden, die Irrgläubigen, denen das Gras der katholischen Weide nicht schmeckte, dann hatte der Afrikaner nichts dagegen, wenn die kaiserliche Polizei den Ketzergesetzen Nachdruck verschaffte, wie im Fall einer afrikanischen Gegenkirche, die behördlich aufgelöst wurde, mit Gewalt. Es gab Hinrichtungen. Hernach war der Afrikaner deprimiert, wie nach einem wüsten Exzeß. Die Kirche mag kein Blut sehen. Beim Tod durch Verbrennen fließt kein Blut. Die Flammen des Scheiterhaufens, auf dem die Hexe ihr Ende erwartet, lodern nach oben, wie die Liebe des Afrikaners, und verzehren dabei das rebellische Fleisch. Zurück bleibt trockene Asche. Nie würde die Asche fein genug sein, sooft sie die Priester auch sieben mochten.

Somit gehörte der Afrikaner für Jung zu den Schwarzen, die sehr wohl mit dem Gegenspieler in Verbindung standen, auch wenn sie ihn zu bekämpfen schienen. Die Schwarzen haßten das weibliche Geschlecht. Sie verkleideten sich als Frauen und hatten ihr Zentrum in Rom, der päpstlichen Stadt, die Jung nie zu betreten wagte. Sie hüteten ein dunkles Geheimnis, das Jung faszinierte. Es war ihnen gelungen, die Menschen an den Anblick des toten Gottes zu gewöhnen, dessen Bild sie überall aufgerichtet hatten, zur Erinnerung an einen denkwürdigen Mord, für den sie die Juden verantwortlich machten. Die Schamteile des gekreuzigten Gottes mußten verhüllt sein. Unter dem Lendentuch durfte sich nichts regen, keine letzte Erektion wie beim toten Osiris. Unter dem Kreuz standen drei Menschen, eine Matrone, eine junge Frau und ein Jüngling, der einen goldenen Kelch in der Hand hielt. In den Kelch floß ein Strahl aus der Herzwunde des Herrn Jesus, Wasser und Blut, fortwährend. Nie würde der Kelch leer werden, sooft die Priester auch aus ihm trinken mochten. Gott ist tot, riefen die Schwarzen im Chor, als sie Jung in der Seestraße 228 heimsuchten. Jung wußte es besser. Der Afrikaner hatte den Fisch aus der Tiefe zwar aufs Trockene befördert, aber er blutete noch.

10. Reise nach Indien

Im Jahr 1938, bald nach dem Einmarsch der deutschen Truppen in Österreich, spazierte Jung durch eine Allee von männlichen Geschlechtsteilen aus Stein, während eines Besuches der Tempelanlage von Konarak im indischen Bundesstaat Orissa, auf dem Weg von Kalkutta nach Madras und Mysore. Jung reiste als Gast der Regierung, mit den Urkunden dreier Ehrendoktorate im Gepäck, die ihm in Indien bereits verliehen worden waren. Sigmund Freud war eben in London eingetroffen, als Emigrant aus Wien, wo die Nazis regierten. Die «schwarze Pagode» von Konarak, wie sie meist genannt wird, ist von oben bis unten mit Skulpturen geschmückt, die den Liebesakt in den exquisitesten Stellungen darstellen, lebensgroß. Diese Steine sind männliche Geschlechtsteile, sagte Jungs Begleiter. Jung hatte eine tiefsinnigere Erklärung erwartet.

Jung wußte, daß der Gegenspieler in Indien Schiwa heißt, seit unvordenklichen Zeiten, mitnichten verdrängt in den Keller wie in Europa, sondern hoch angesehen und verehrt überall auf dem Subkontinent in der Gestalt des aufgerichteten Steifen, sprich *linga*, in der Allee von Konarak und anderswo. Personalisiert, mit menschlichem Antlitz, zeigte sich der Gegenspieler in Indien häufig als waldeinsiedlerischer Asket, merkwürdigerweise mit prallsteifem Glied, in der klassischen Sitzposition der Yogis. Gelegentlich, so wurde gern erzählt, wanderten Freudenmädchen zum meditierenden Schiwa in den Wald, angelockt von der Glut seiner Enthaltung, ließen ihr Becken kreisen und ihre nackten Brüste hüpfen, bis der Same des Gegenspielers zu sprudeln begann und die Regenwolken aufzogen, um das dürstende Land zu erquicken. So wurde der Gegenspieler von den Mädchen wenigstens vorübergehend gezähmt, und deshalb stellte man ihn manchmal als Einhorn dar, das nur von ledigen Frauen sich fangen ließ, mitsamt dem mächtigen Stirngewächs seiner durch Enthaltsamkeit aufgespeicherten Lebenskraft.

Letztere galt als in hohem Maß destruktiv und gefährlich, aber eben nicht immer und unbedingt wie im Fall des europäischen Menschenfressers und Gegenspielers, der sich dem kleinen Jung so unvergeßlich geoffenbart hatte, sondern unter Umständen als segensreiche Quelle unverwüstlicher Jugendlichkeit. Wenn man nur wüßte genau unter welchen Umständen, wo doch der Schiwa so gern mit den Totenköpfen Fußball spielt, wenn er nicht im Wald meditiert, mit seiner permanenten Erektion, der verfluchten.

Was aber tat Jung? Statt der Spur des Gegenspielers zu folgen, für die es in Indien zahlreiche Hinweise gab, las er während seiner Reise den ersten Band des «Theatrum Chemicum», eines alchemistischen Schmökers aus dem Jahr 1602, und träumte vom Heiligen Gral. Mit 63 Jahren hatte Jung noch immer nicht seinen Heiland gefunden. Hitler hatte ihn ziemlich enttäuscht. In Europa waren die Deutschen von der fixen Idee besessen, ihre Rettung von einem einzigen Erlöser erhoffen zu müssen, während die Hindus stets eine Vielzahl von Heilanden ehrten, in Gestalt von Göttern und Gurus. Auch der Schiwa war solch ein Heiland. Wenn ihm das Meditieren zu langweilig wurde, begann er zu tanzen, beispielsweise in jenem Pinienhain, wo die ehrwürdigen Weisen mit ihren wunderschönen Frauen lebten, welch letztere von Schiwa der Reihe nach verführt wurden, wenn man gewissen alten Geschichten vertraut. So zerstörte der Gegenspieler die stabilsten Beziehungen, zumindest in Indien, was von Jung ignoriert wurde, sehr zum Nachteil der Aufklärung des Kriminalfalles, in den er verwickelt war.

Ja in Indien, dem Ursprungsgebiet allen Einsiedlerwesens, lag die Heimat des Gegenspielers. In Indien wußte man noch, daß die erregte Männlichkeit des aufgerichteten Reibebaums nicht die Geilheit verkörperte, sondern das Keuschheitsprinzip. Schiwa, der Keusche, und Kama, der Begierliche, galten als Gegner. Schiwa war es, der die Kunst beherrschte, seinen Samen durch das Rückenmark nach oben zu leiten, in den Kopf, von wo die asketische Hitze dann abstrahlte, hinaus in die Welt, ungemein machtvoll. Die indischen Philosophen, die bereits an der Arbeit waren, als in Mitteleuropa noch kein Mensch lesen und schreiben konnte, erkannten von allem Anfang an die Gefährlichkeit des enthaltsamen Gegenspielers und führten in ihre Spekulationen die reizenden Gehilfinnen Kamas ein, denen es oblag, den Schiwa ab und zu schwach zu machen. Die Asketen Indiens entspannten sich ihrerseits hie und da mit den Tempelhuren, bei Gelegenheit einer frommen Wallfahrt, und für einen Augenblick waren die Dinge im Gleichgewicht. Das Keuschheitsprogramm des Afrikaners hätte in Indien nie eine Chance gehabt, weil es den Gegensatz zwischen Fleisch und Geist absolut setzte, in Verkennung der einfachsten Tatsachen des Lebens.

Frei lief der Gegenspieler in Indien herum, mit Asche beschmiert, in der Hand eine schmutzige Bettelschale. Wozu heiraten? Schiwa stand am Ufer des Ganges, nur mit einem Lendenschurz um sein Geschlecht, versunken in seinem Yoga, als einer von zehntausend Entsagern, anonym, hauslos, empfindungslos, bedürfnislos, bei den Scheiterhaufen, auf denen die Toten verbrannt werden. Jung übersah ihn. Und die Asche der Toten trieb den Ganges hinunter, und die Götter flehten den Gegenspieler an, doch endlich zu heiraten, weil die Welt aus dem Gleichgewicht war, weil der Gegenspieler mit dem Feuer aus seinem Dritten Auge die Begierlichkeit verbrannt hatte und niemand mehr Kinder machte, und arrangierten die Hochzeit mit der hochbrüstigen Parvati, der Tochter des Himalaja, der schönsten der Frauen mit den sanften Augen der Hirschkuh.

Nie werde ich einen guten Ehemann abgeben, sprach der Gegenspieler zu den Göttern, ich will keine Nachkommen. Ich lebe von Almosen, ich habe kein Haus, mein erhabener Yoga soll durch keine weiblichen Schmeicheleien gestört werden, nackt wandere ich durch die Welt, nackt werde ich bleiben.

Er ist schamlos, klagte die Schwiegermutter des Schiwa den Göttern, er hat keinerlei Einkommen, die Juwelen meiner innig geliebten Tochter hat er gegen Marihuana eingetauscht, am liebsten hält er sich bei den Stätten der Leichenverbrennungen auf, pausenlos liegt er auf meinem wohlerzogenen Kind oder sie auf ihm, sie treiben es miteinander Tag und Nacht in allen möglichen Stellungen.

Die Pfauen schreien, sagte Parvati zu Schiwa, die Blitze leuchten, der Donner brüllt, Regen fällt auf uns, Sturm löst unser Haar, Schlangen bewachen uns. Wenn die Schlangen in ihren Löchern verschwinden, werde ich sterben.

Und trauernd tanzte der Gegenspieler mit dem Leichnam seiner Geliebten durch die Welt, außer sich vor Schmerz über ihren frühzeitigen Tod und über die Unmöglichkeit, mit einer Frau dauerhaft in Beziehung zu treten.

Längst hatten die indischen Weisheitslehrer von einst, weitaus subtiler als die europäischen Berufsdenker und Tiefenpsychologen, die Thematik des Gegenspielers durchdacht und erwogen, in allen nur möglichen Variationen des ewigen Spiels der Gegensätze zwischen Keuschheit und Ausschweifung, Alleinsein und Zweisamkeit, ausgehend vom jahrtausendealten Prinzip, daß die Manneskraft enthaltsam sein muß, um wirken zu können. Der Gegenspieler, als vollsaftiger Ständer, war für das indische Nachdenken mitnichten der fröhliche Bursche im Männergespräch, das Lustwerkzeug jeglicher Fruchtbarkeit zur Bedienung der immerfort geilen Frauen, sondern das Männlein im Walde, ganz still und stumm, das hat von lauter Purpur ein Mäntlein um. Sag, wer mag das Männlein sein, das da steht im Wald allein, mit dem purpurroten Mäntelein. Hitzig, feuerrot von den durch das Rückenmark nach oben praktizierten Samenenergien, die sich im Fall des Falles durch das Dritte Auge tödlich entluden, und schon war die Bescherung da.

Vorsicht und Andacht empfahlen die Weisen bei der Annäherung an den Gegenspieler, wegen seiner Gefährlichkeit, und das eine oder andere Scherzwort konnte dabei nicht schaden, wenn der Gegenspieler allzu arrogant sich gebärdete mit seiner aufgespeicherten Triebkraft, wo doch der neugierige Seitenblick einer vorübergehenden Frau allemal genügte, um den keuschen Einsiedler zu verwirren.

Daß Keuschheit erotisierend wirkt und somit der Luststeigerung dienen kann, war für die indischen Theologen ein wertvoller, nicht ein peinlicher Gedanke, wie sie überhaupt die plumpen Denkstrategien ihrer europäischen Kollegen vermieden, die über die Schwarzweißmalerei in geschlechtlichen Dingen nie hinaus gelangten, ganz im Sinne des Afrikaners.

Nein, in Indien war der Gegenspieler kein Dämon und Teufel, sondern ein Gott, notwendig und gefährlich, der schwach werden konnte und außerdem durch andere Götter und Göttinnen im Zaum gehalten wurde, in einer Götterwelt, die nicht ins Unbewußte verdrängt werden mußte, weil sie von den Großmüttern verwaltet wurde und den Geschichtenerzählern auf dem Markt, nicht von strengen Predigern. Vielleicht lag darin der Grund für das Desinteresse des Nervenarztes Jung an den endlosen Verzweigungen der Mythologie des Schiwa. Vielleicht war sie ihm nicht geheimnisvoll genug, nicht dunkel genug, zuwenig verrückt sozusagen. Fremdartig jedenfalls waren sie nicht, die vielen Erzählungen Indiens über die Abenteuer des Gegenspielers, lediglich raffiniert und poetisch in ihren geglückten Texten, manchmal traurig und manchmal komisch, auch furchterregend, kompliziert im Ablauf der Handlung, oft ausschweifend und nie pervers, für Kinder und Jugendliche zugelassen, kein Stoff für Tiefenpsychologen mithin. In Indien stand der Gegenspieler im hellen Licht der täglichen Sonne, und Jung fühlte sich irgendwie irritiert, als ihm die Erklärung von den männlichen Geschlechtsteilen ins Ohr geflüstert wurde. Ebendies hätte Sigmund Freud auch gesagt.

Das Problem Jungs, aus indischer Sicht, lag in der Verkennung seiner wahren Berufung. Die Erscheinung des Gegenspielers, deren er als Kind im Traum gewürdigt worden war, hätte für einen Hindu das ehrende Angebot des Herrn Schiwa bedeutet, auf die Seite der Mönche zu gehen. Schiwa, die gespeicherte Lebenskraft, ist wie gesagt der Schutzgott aller Mönche, Einsiedler und Asketen, auch der Nonnen und weiblichen Yogis, kurzum der Keuschheitspartei, der Waldmenschen, der Ekstatiker in den Gebirgen und Wüsten der Erde, der Hauslosen beiderlei Geschlechts, der freiwilligen Singles und Rebellen gegen das konventionelle Leben. Jung aber hatte geheiratet und fünf Kinder gezeugt, hatte ein Haus gebaut und Bäume gepflanzt. Seine Sehnsucht nach Waldandacht, stillem Leben und Einsamkeit mußte nebenbei gepflegt werden, im Turm von Bollingen am oberen Zürichsee, wo Jungs Nummer Zwei eine Zuflucht gefunden hatte, getrennt von der Nummer Eins in der Seestraße. Ein Kompromiß, eingegangen von Jung in der Not eines zerrissenen Lebens, das ursprünglich zur

Hauslosigkeit bestimmt war, zur Heimatlosigkeit im vorhandenen Weltgefüge, und keine entschiedene Form hatte finden dürfen. So hatte Jung sich fallen gelassen, um seine bessere Hälfte zu finden, und war trotzdem immer nur ein halber Mönch geblieben.

Daran wurde Jung erinnert, als er die berühmten Monumente von Santschi besuchte, 50 Kilometer nordöstlich der Stadt Bhopal in der zentralen Region Indiens. Noch nie in seinem Leben hatte er sich von einem Ort so verzaubert gefühlt. Das Ensemble buddhistischer Tempel und Klostergebäude auf einem Hügel, überragt von der mächtigen Halbkugel des zentralen Reliquienschreins, jahrhundertelang verlassen und vergessen bis zur Wiederentdeckung im Jahr 1812. Das Lächeln im Schlafkristall der Buddha-Natur. Da wandelte Jung auf dem Rundgang um den großen Stupa, den der fromme Herrscher Aschoka vor mehr als zweitausend Jahren hatte erbauen lassen, zum Lobpreis des Erhabenen, reich geschmückt mit den Reliefs der Darstellungen aller früheren Inkarnationen Buddhas, da trennte sich Jung von seiner Begleitung und blickte hinunter in die bewaldete Ebene und meinte, etwas vom buddhistischen Wesen zu ahnen, während ihn aus der Tiefe der Zeiten die fremdartige Melodie der Weltentsagung erreichte, nicht in Dur und auch nicht in Moll, eine versäumte und vergessene Einladung, fern und vertraut, unwiederbringlich. Und abermals stieg der gepanzerte Mönch aus dem Unbewußten herauf, mit herabgelassenem Visier, schweigend. Er ging in die andere Richtung.

Das wäre die Stunde des Simonmagus gewesen, dessen Paargenossenschaft mit dem Freudenmädchen im Drehbuch des indischen Gegenspielers stand, als Balanceakt zwischen Lust und Entsagung. Da wäre es möglich gewesen, die Maskerade des alten Mannes zu durchschauen, der als Lustmolch aufzutreten beliebte, mit dem Flittchen am Arm, während er Wichtigeres im Sinn hatte. Da wäre ein Blick hinter den Vorhang der Schlafkammer des Simonmagus möglich gewesen, auf die Übung des Liebesaktes ohne Samenerguß, das zärtliche Eindringen und lange Verweilen des Mannes, in der von den Autoritäten empfohlenen sitzenden Position, unter Verzicht auf das hastige Zeugungsgezappel. Ja, so bewahre ich meine Keuschheit mit ihr, sprach Simonmagus über die Jahrhunderte hinweg zum heiligen Bernhard von Clairvaux, der alles genau wissen wollte. Von der Geheimpraktik der reservierten Umarmung hatte der heilige Bernhard nicht die geringste Ahnung, in seiner abendländischen Grobschlächtigkeit, und auch Jung empfand wenig Interesse für die indischen und orientalischen Versuche, Keuschheit und Lust unter einen Hut zu bringen. Er träumte lieber vom Heiligen Gral. Er kannte den Ort, wo der Gral aufbewahrt wurde, in einem kleinen verlassenen Haus auf einer unbekannten Insel nahe der südenglischen Küste, und zog bereits seine Hose aus, um den Wasserarm zu durchschwimmen, der ihn von dem Häuschen noch trennte, als er in einem Hotelzimmer der Stadt Kalkutta erwachte.

Im Kali-Viertel Kalkuttas warteten die kleinen Mädchen auf Kundschaft. Gegen ein geringes Entgelt nahmen die Kinder das bedürftige Glied der Passanten in den Mund und lutschten daran, bis der Same spritzte. So wie die Frauen der ehrwürdigen Weisen den Samen Schiwas getrunken hatten im Pinienhain, sich wie Huren benehmend. Der Gegenspieler war an Nachkommenschaft nicht interessiert. Seine lebensfeindliche Ruchlosigkeit führte zu ständigem Streit mit der ihm angetrauten Parvati, die er mitunter im Spott eine Kali nannte, was die Schwarze bedeutet, die dunkle Hautfarbe der niedrigen Geburt. Auch Parvati hatte den Samen des Gegenspielers mündlich empfangen.

So wartete die alte Sau des Doktor Gross in der Gestalt verdorbener kleiner Mädchen, der Dienerinnen Kalis, auf Jung, im armseligen Gedränge und im ewigen Schmutz des heiligen Bezirks von Kalkutta, wo die indische Muttergottheit verehrt wird, die Herrin des Lebens und des Todes, der Ehrbarkeit und des Lasters, gekleidet in die Farben des Blutes und des Kotes, die rote und schwarze Reizwäsche verbotener Lüste. Jung jedoch hatte in Kalkutta eine heftige Darmentzündung mit Durchfall bekommen und zehn Tage lang im Spital bleiben müssen, weshalb er sich über die Verirrungen des indischen Gegenspielers nicht genügend informieren konnte.

Immerhin hatte Jung das Gefühl, daß in Indien Gut und Bös nur graduelle Unterschiede im Naturgeschehen darstellten, sehr im Gegensatz zu Europa, wo die moralische Güte des Afrikaners in ihrer verbissenen Ausschließlichkeit zu recht bösen Konsequenzen geführt hatte. Sicherlich hätte ein internationales Austauschprogramm zwischen indischen und europäischen Asketen, über die Seidenstraße zum Beispiel und ab der zweiten Hälfte des ersten nachchristlichen Jahrtausends, der Menschheit viel Unheil erspart. Dazu konnte es jedoch bekanntlich nicht kommen, weil zwischen Christen und Hindus die Moslems gekommen waren, und die hielten sich an die Lehren ihres Propheten, der einen Harem gehabt hatte. So entwickelten sich der indische Gegenspieler und sein europäischer Kollege in verschiedene Richtungen, und Jung hatte Mühe, seinen eigenen Gegenspieler in den steinernen Gebilden der Allee von Konarak wiederzuerkennen. Daß beide Gestalten ein und dasselbe Prinzip verkörperten, war schwer zu begreifen.

Und dennoch dienten alle die Yogis und Jesuiten jener Kraft, die stets das Gute will und oft das Böse schafft. In

Europa war sie 1933 mit einem Zölibatär an die Macht gekommen, der eine heimliche Geliebte namens Eva Braun hatte und den zweiten Weltkrieg plante. Die Verbindung zwischen dem Zölibat und den Göttern des Todes war den Indern geläufig. Zu den Todesgöttern zählte auch Schiwa, der indische Gegenspieler. Er hatte die Aufgabe, das Universum am Ende jeder Weltperiode komplett zu zerstören. Merkwürdigerweise dachte auch der christliche Gott daran, seine eigene Schöpfung am Jüngsten Tag zu vernichten, was auf gewisse destruktive Züge in seinem Charakter schließen läßt. Der christliche Gott ist unbeweibt. In den letzten Jahrzehnten der Menschheit hatten die Politiker von Gott die Verantwortung für den Weltuntergang übernommen, seit der Erfindung der Kernwaffen. Die Politiker waren nüchterne Burschen, die hart arbeiteten und über einen gut ausgebildeten Charakterpanzer verfügten. Es war kaum vorstellbar, daß ihre Ahnherren im Schneidersitz meditiert hatten, mit einer permanenten Erektion.

Und doch waren die ersten und frühesten Spuren des Gegenspielers im fruchtbaren Tal des Indus gefunden worden, in der Gestalt eines sitzenden Yogi mit dem steifen Dingsbums, modelliert auf einem 4000 Jahre alten Siegel aus Speckstein. Ja, schau ihn dir nur an, das ist der Menschenfresser. Was den allerersten Yogi bewogen hatte, die Frauen zu meiden, blieb sein Geheimnis. Seine Nachfolger trainierten fleißig weiter, hielten den Atem an und zogen ihren Samen durch die Wirbelsäule ins Hirn. Indien starb deshalb keineswegs aus. Später exportierte Indien das Einsiedlertum nach dem Westen, wo es in den christlichen Klöstern zu geregeltem Tagesablauf und zur Arbeit angehalten wurde, was wiederum für die Erfindung der Fabriksdisziplin im Industriezeitalter von großem Vorteil war. Ohne Askese kein Kapitalismus. Im Jahr 1938 stand der westliche Gegenspieler millionenfach stramm, bereit zum Zerstörungswerk. Jung saß in seiner Schiffskabine, auf dem Weg zurück nach Europa, und studierte das alchemistische Werk, das er auf die Reise mitgenommen hatte. Als sein Schiff in Bombay vor Anker ging, blieb er an Bord. Er hatte genug gesehen.

11. Göttinnen

Im Jahr 1990 liefen fünf Milliarden Menschen auf der Erde herum. Sie schauten auf die beweglichen Bilder des Fernsehens, wünschten sich einen Rolls-Royce und ein Haus mit Garten, tranken Coca-Cola und setzten Kinder in die Welt. Je ärmer ein Land war, desto mehr Babies wurden von seinen Bewohnern produziert. Die Hälfte dieser Kleinen starb bald nach der Geburt an Unterernährung. Die andere Hälfte wuchs heran und füllte die Straßen riesiger Städte wie Mexico City, Kalkutta oder Kairo, die schlechter funktionierten als das alte Rom zur Zeit des Kaisers Augustus.

In den Industrieländern waren die Geburtenraten eher niedrig. Die Frauen schluckten Antibabypillen, ließen sich Pessare oder Spiralen in die Geschlechtsteile einsetzen und nahmen notfalls eine Abtreibung auf sich. Die Männer kauften Potenzmittel und animierten die Frauen dazu, Reizwäsche zu tragen. Männer und Frauen trugen ihr Geld zu den Nachfolgern Freuds und Jungs, um mit der Sexualität besser umgehen zu lernen. Je niedriger die Geburtenraten, desto höher waren die Scheidungsraten. Umfragen erforschten die Häufigkeit von Orgasmen. Wer auf kein abwechslungsreiches Liebesleben hinweisen konnte, fühlte sich als Versager. Die christlichen Klöster hatten Nachwuchsprobleme, und sogar die Jesuiten, vor denen Jung als Knabe geflüchtet war, waren innerhalb der letzten 20 Jahre um 10000 Ordensbrüder ärmer geworden. Von der Tugend der Keuschheit predigte nur noch der Papst, und selbst er fand wenig Gehör; nicht einmal in Indien, wo die Mönche noch immer in hohem Ansehen standen, fielen seine Worte auf fruchtbaren Boden.

Bis zum Beginn des nächsten Weltzeitalters, das unter dem Zeichen des Wassermanns stehen sollte, mußten nach den Berechnungen Jungs noch mindestens zehn Jahre vergehen.

Einen Augenblick lang hatte Jung den Eindruck gehabt, er stünde kurz vor der Lösung des Kriminalfalles, in dem er mitspielte. Es war das im Januar 1944 gewesen, nach einem Sturz auf der eisigen Straße in Küsnacht. Jung hatte sich den Knöchel gebrochen und ins Bett gemußt, wo er einen Infarkt erlitt. Danach wurde sein Zustand sehr kritisch. Emma übersiedelte zu ihrem Gatten ins Spital, während Jung schon ziemlich weit weg war, etwa 1500 Kilometer über der Erdkugel, mit gutem Blick auf Indien. Als Jung sich umdrehte, erblickte er einen dunklen Stein, groß wie ein Haus, freischwebend im Raum, mit einem Tor zu einer Art Vorhalle, wo Jung von einem weißgekleideten Inder erwartet wurde, der sich auf einer steinernen Bank niedergelassen hatte, in der Position des doppelten Lotus, schweigend. Zahllose Lichtlein in Wandnischen. Linker Hand der Eingang zum Tempel im Innern. Jung wußte, daß er da drinnen endlich den ganzen Roman zu lesen bekommen würde, in dem seine Lebensgeschichte vorkam, als Episode. Immer schon hatte Jung das Gefühl gehabt, sein Leben sei aus dem Zusammenhang gerissen, wie ein Textfragment aus einer Erzählung, von der Anfang und Ende unbekannt blieben.

Schon näherte sich Jung der Pforte zum Wissen, da kam von unten, aus Europa, der behandelnde Arzt emporgeschwebt, mit der dringenden Aufforderung, Jung möge zur Erde zurückkehren.

Da hatte Jung seinen fremd gewordenen Blick aufs Fenster des Krankenzimmers gerichtet, auf die Stadt Zürich und die Hügel im Hintergrund, wie auf ein belangloses Bild in der Zeitung von gestern.

In den Wochen danach waren die Tage grau und die Nächte farbig erleuchtet. Jeden Abend schlief Jung ein, wachte gegen Mitternacht wieder auf und verbrachte dann eine Stunde im Zustand beseligender Entrückung, im Granatapfelgarten des Kabbalisten Moses ben Jakob Cordovero (1522–1570), als Gast einer mystischen Hochzeit, mit der er verschmolz, während ihm die Krankenschwester einen Imbiß servierte, den er mit Appetit zu sich nahm. In weiteren Nächten erlebte Jung die Vermählung des apokalyptischen Lammes mit der himmlischen Braut, dem neuen Jerusalem, wie in den letzten Kapiteln der Offenbarung des Johannes beschrieben, und abermals war Jung mit dem Geschauten identisch. Schließlich wanderte Jung durch ein weites Tal bis ans Ende, wo am Fuß eines sanften Höhenzuges ein antikes Amphitheater inmitten grünender Landschaft lag. Dort vollzog Allvater Zeus mit der göttlichen Hera auf einem Lager aus Blüten den heiligen Akt der Liebe, umringt von Tanzenden, entsprechend der Beschreibung des Vorgangs im 14. Buch der Ilias, und Jung war mit dem hohen Paar vereint, im zeitlosen Glück ekstatischer Liebe.

Nach diesen Stunden schlummerte Jung wiederum ein, dem grauen Morgen entgegen, der ihm nach seinen Erlebnissen völlig unwirklich erschien. Das ewige Licht im Zentrum der Welt, in das Jung drei Wochen lang jede Nacht einging, leuchtete anders als die brennenden Städte Deutschlands, auf das jetzt die Bomben der Engländer und Amerikaner fielen, 650000 Tonnen im Jahr 1944. Anfang April befand Jung sich bereits auf dem Wege der Besserung. In Auschwitz wurden täglich mehrere tausend Juden vergast. Als Jung endlich in die Seestraße zurückgekehrt war, verkürzte er sich die Zeit der Rekonvaleszenz mit der Lektüre seiner geliebten Kriminalromane, die haufenweise im obersten Stock des Hauses herumlagen.

Die glückselige Vereinigung des männlichen und weiblichen Wesens im visionären Raum, den Jung betreten hatte, als er zwischen Leben und Tod schwebte, bedeutete den Wunsch nach Erlösung aus der geschlechtlichen Not der irdischen Verhältnisse, mit dem Gegenspieler im Untergrund, dessen gefährliche Erektion schon so viel Unheil angerichtet hatte. Er war imstande, mit seinem Schwanz ein Drittel der Sterne des Himmels hinwegzufegen. Die Frau, auf die er es abgesehen hatte, schrie laut in ihren Geburtswehen, während der Gegenspieler vor ihr stand, um die Frucht ihres Leibes zu verschlingen, sobald sie herausgepreßt worden war. Jung hielt der Gebärenden die Daumen. Er sah in der Gleichberechtigung der Frauen ein Zeichen der Zeit, das nach einer persönlichen Vertretung des Weiblichen verlangte, nach einer Göttin also, und er war daher angenehm überrascht, als der Papst im Jahr 1950 die leibliche Aufnahme der Gottesmutter Maria in den Himmel zum Glaubenssatz machte.

Die himmlische Frau, die im männlich beherrschten Jenseits des Christentums Platz genommen hatte, auf goldenem Thron in allernächster Nähe der heiligen Dreifaltigkeit, repräsentierte die obere Sophie, nicht die untere, die alte Sau und üppige Kafferin, nach der Otto Gross im betrunkenen Zustand gerufen hatte. Die obere Sophie gestattete keine Gedankenverbindung zum grobschlächtigen Liebesakt der allgemeinen Hurenhaftigkeit, in welche die Frauen geraten waren, dem Akt der Unterwerfung und Vergewaltigung durch die patriarchalischen Jahrtausende. Die obere Sophie stand als ledige Frau am Himmel, frisch wie der Morgen, mit der Sonne bekleidet, den Mond unter den Füßen, ohne Begleitung, und von wem das Kind in ihrem Leib war, blieb ihr Geheimnis, so laut sie auch schreien mußte in ihren Wehen. In der Apokalypse war geweissagt, daß der Gegenspieler ihr Kind nicht erwischen würde, den kleinen Aion, die Zukunft der Menschheit.

Das neue Bild von der Frau, das in der zweiten Hälfte des 20. Jahrhunderts entstand, zunächst in den Köpfen einer weiblichen Minderheit der USA und Europas, der das Treiben der Männer zu unverschämt wurde, war insofern nicht ganz päpstlich, als es die gewohnte Trennung zwischen oberer und unterer Sophie, geistiger und sinnlicher Liebe nicht mehr mitmachen wollte. Die päpstliche Jungfrau Maria war diesen Frauen deshalb verdächtig, weil sie nach dem Weihrauch der Priester roch. Ihre Ehrbarkeit in den weißen, himmelblauen und rosafarbenen Kleidern, die sie trug, im Wallfahrtsort Lourdes beispielsweise, suggerierte den Frauen, die vor ihr knieten, den Verzicht auf die Lüste des Fleisches, insbesondere des weiblichen. Die päpstliche Jungfrau vertrat die Auffassungen des Simonpetrus, der die Frauen in die Kinderstube und in die Küche verwies, wenn sie sich nicht zum Nonnendasein entschlossen.

Die aufmüpfigen Frauen richteten ihre Blicke lieber auf die linke Hand Gottes, wo die andere Marie saß, die aus Magdala, mit den sieben Teufeln im Leib, klug und lebhaft, ohne Bußhemd und Totenschädel, die Genossin des Nazareners, deren Sprüche durch den Fund von Nag Hammadi wieder ans Licht gekommen waren. Die Magdalenerin verkörperte eine merkwürdige Art von Keuschheit. Keusch wirkte diese Frau nicht deshalb, weil sie nie einen Mann besessen hatte, sondern wegen ihrer Art, alles Feste mit abgerücktem Blick zu betrachten – Konventionen, Gebäude, Institutionen, Gesetze, Geld, Soldaten, Priester, Bücher, Kunstwerke. Kinder und Wahnsinnige konnten so blicken, so verwundert, so frisch, so unschuldig fremd wie manche Figuren aus den Romanen Dostojewskis. Die Einsamkeit der Magdalenerin nach dem Tod des Nazareners, zu dem nur sie wirklich gepaßt hatte, war nicht ihrer Büßfertigkeit zuzuschreiben, sondern der Tatsache, daß sie als Ausnahmeerscheinung dastand, unkorrumpierbar durch die Aufforderung zum geordneten Leben im Kreis der Familie,

Hab und Gut inbegriffen, zu einer gesicherten Existenz mit Pensionsanspruch sozusagen.

Als keusch im ursprünglichen Sinn des Wortes konnte die andere Marie deshalb gelten, weil sie von den gewaltsamen Jawörtern verschont geblieben war, mit denen Männer und Frauen einander die Treue versprechen, unberührt also von den familiären und vermögensrechtlichen Machenschaften seit Adam und Eva, der endlosen Kette aus Verschuldung und Tilgung, die mit Recht als verunreinigend empfunden wird, als unkeusch im alten Wortsinn. Daß einer solchen Person nur der Nazarener gewachsen war und nicht der Frauenfeind Simonpetrus, war in den Papieren von Nag Hammadi nachzulesen, mit aufmunternder Wirkung auf die Frauenbewegung.

Unter den Archetypen, wie Jung die Leitfossilien seines kollektiven Unbewußten nannte, konnte die Magdalenerin nicht auftauchen. Jung war ein romantischer Mann, der lebenslänglich von den okkulten, nicht von den vitalen Eigenschaften des weiblichen Wesens fasziniert war. Das hatte bereits während seines Medizinstudiums in Basel angefangen, als seine Kusine Helene Preiswerk bei spiritistischen Sitzungen im kleinen Kreis als begabtes Medium auftrat, im Alter von fünfzehn Jahren. Jung war dabei, als die kleine Helly mit der tiefen Stimme ihres Großvaters, des Pastors Samuel Preiswerk, erbauliche Reden hielt, als sie in frühere Existenzen zurückfand und als Gräfin von Thierfelsenburg aus dem 15. Jahrhundert redete, auch als Madame de Valours aus dem 13. Jahrhundert, die als Hexe verbrannt worden war, schließlich als unbekannte christliche Blutzeugin aus der Zeit Neros. Im März 1900 beschrieb Helly während ihrer Trancen die sieben Kreise der geistigen Welt. Sechs Monate später wurde sie dabei ertappt, wie sie kleine Gegenstände, die sie in ihrem Kleid versteckt hatte, als

Gaben der Geisterwelt auf den Tisch praktizierte, im verdunkelten Zimmer. In seiner Doktorarbeit beschrieb Jung seine Kusine unter dem Pseudonym S. W. als Hysterikerin, deren erwachende Sexualität ihre Phantasie mächtig beflügelt habe, und verbarg auch sonst sein Interesse für das merkwürdige Mädchen im gelehrten Jargon der psychiatrischen Fachsprache.

Aber Helly blieb anwesend, obgleich verdrängt, was Sabina Spielrein bemerkte, die in Jungs Tagebuch lesen durfte und auf die Stelle stieß, in der von einer nächtlichen Traumgestalt in weißem Gewande die Rede war, der nämlichen Helly, der ersten Anima Jungs. Er sollte ihr sein ganzes Leben lang nachlaufen, vergeblich. Die Helly aus Fleisch und Blut war nach Paris gezogen, als Schneiderin, wo Jung sie 1903 besuchte, nur um zu erfahren, daß sie ihre spiritistischen Abenteuer völlig vergessen hatte. Wie sehr sie in ihn verliebt gewesen war, begann Jung erst allmählich zu ahnen. Helly eröffnete zusammen mit ihrer Schwester einen Modesalon in Basel. Sie starb 1911 an Tuberkulose und beschäftigte danach das Publikum Jungs, in wechselnden Verkleidungen aus der Religionsgeschichte der Menschheit, unter denen sie von Jung als weiblicher Archetyp beschrieben wurde, im blauen Dunst seiner Traumwelten. Sie saß als orakelnde Pythia auf dem eisernen Dreifuß über der Erdspalte in Delphi, drohte als verschlingende Kali mit der Kette aus Totenköpfen um den Hals, tanzte als Fee im Mondlicht verwunschener Waldlichtungen.

Dort stand auch ein rotes Kreuz. Hunde waren dabei, ein edles Tier zu zerfleischen. Eine Jungfrau und ein Ritter traten aus dem Wald und sammelten die Fleischfetzen in goldenen Schüsseln, küßten das Kreuz und verschwanden wieder. Von dem Kreuz ging ein starker Wohlgeruch aus. Zwei Priester erschienen. Der erste kniete vor dem Kreuz nieder und küßte es, sich immer wieder verneigend, viele Male. Der andere drängte ihn beiseite, um mit einer langen Gerte das Kreuz zu schlagen, immer wieder, bitterlich weinend. Jung wanderte weiter, auf der Suche nach dem Heiligen Gral. Er mußte seinem Vater, dem schwermütigen Diener eines entkräfteten Gottes, der weder leben noch sterben konnte, das Tüchlein bringen, das die beständig rinnenden Tränen des alten Mannes endlich trocknen würde. Das zerfleischte Tier, eine weiße Hirschkuh, erinnerte an ein blutiges Verbrechen, und vielleicht waren die Jungfrau und der Ritter gerade dabei, die Fleischfetzen in einen Kessel zu tun, aus dem dann das neue Leben herausspringen würde. Immer wieder kreuzten schöne und bedrängte Frauen Jungs Weg durch den Wald, blonde, brünette und schwarzhaarige, übergaben ihm kostbare Ringe und Zaubersteine, warnten ihn vor dem finsteren König, dem unsichtbaren Gegner in der verödeten Burg, wo das entscheidende Schachproblem schon aufgestellt war. Jung griff sofort nach der Dame.

Der Zug, den er tun wollte, um den schwarzen König matt zu setzen, war einfach. Aber Jung zögerte, ihn zu tun. Er hatte bemerkt, daß er gegen sich selber spielte.

Der Gegenspieler befand sich nicht außerhalb, er gehörte zu Jung wie die ewige Helly und ihr Begleiter, der alte Magier mitsamt der schwarzen Schlange, die Jesuiten, der notdürftige Gott, der mittägliche Ritter im Ordenskleid, die toten Christen, der Herr Jesus als Fisch, Simonpetrus im schwarzen Gehrock des Vaters. Das Pandämonium Jungs, das er in den Mythologien der Völker, den Spekulationen der Gnostiker, den alchemistischen Traktaten und auch in den Träumen seiner neurotischen Patientinnen wiedergefunden hatte, spaltete sein Innenleben in viele Instanzen, von denen jede die Hauptrolle spielen wollte, ganz vorn an der Rampe des inneren Theaters. Erst ganz allmählich hatte sich hinter der Bühne eine dirigierende Kraft bemerkbar gemacht, ein unsichtbarer Regisseur, der die durcheinanderredenden Schauspieler zum Ensemble formierte. Das Selbst, wie Jung das organisierende Zentrum im seelischen Leben nannte, um es vom gewöhnlichen Identitätsnachweis im Reisepaß zu unterscheiden, versöhnte die Gegensätze zwischen Bewußtsein und Unbewußtem, Gott und dem Gegenspieler, Mann und Frau, es zelebrierte die heilige Hochzeit der gefühlvollen Seele mit dem nüchternen Verstand, begleitet von kosmischer Sphärenmusik, und die Neurosen hatten ein Ende.

In der Weltpolitik machte sich für Jung, im letzten Jahrzehnt seines Lebens, das in die Ära des Kalten Krieges fiel, kein integrierendes Prinzip bemerkbar. Jung zweifelte nicht daran, daß der Gegenspieler in Moskau saß, und vertiefte sich in astrologische Berechnungen über das Ende des zweitausendjährigen Äons der Fische und den Beginn der Wassermannzeit, von der sich der alte Herr die Vereinigung der Gegensätze erhoffte, den Händedruck Satans mit dem Herrn Jesus.

Nach dem Tod seiner Frau im Jahr 1955 erschien ihm Emma im Traum. Sie trug ein Kleid, das Helly für sie geschneidert hatte, das schönste von allen, die sie jemals gehabt hatte. Emma stand ruhig da, in einiger Entfernung, und blickte ihrem Mann in die Augen, weder fröhlich noch traurig, jenseits der banalen Gefühlsregungen, als Wissende. Da war alles gut und verziehen.

12. In der schwierigen Lage eines Theologen

Jung ging hinüber. Die letzten Tage hatte er, schwächer und schwächer werdend, im Bett verbracht, häufig lächelnd. Das blühende Tal, das er schon kannte, war erfüllt vom Gezwitscher der Vögel. Die Mädchen und Knaben, die Jung begleiteten, trugen Kränze aus duftenden Wiesenblumen im Haar. Noch einmal durfte Jung die festliche Vermählung der Göttin erleben, und diesmal war er ihr Bräutigam. Sie kam ihm entgegen, ernst und gesammelt, in den Händen das Gralsgefäß, dessen wunderbares Leuchten ihn ganz erfüllte. Als Jung mit der Frau identisch war und sie mit ihm, hörte sein Herz zu schlagen auf, um 4 Uhr am Nachmittag des 6. Juni 1961.

Das Jenseits, in das Jung eingegangen war, existiert bekanntlich nicht, ist keine Tatsache, kommt in der Welt nicht vor. Würde es in der Welt vorkommen, wäre es kein Jenseits, sondern ein Diesseits. Jung hatte zwar eine Menge Unsinn geschrieben, aber er hatte sich nie dazu hinreißen lassen, die heiligen Schriften, in denen von Jenseitigem die Rede ist, als Tatsachenbehauptungen mißzuverstehen. Er billigte ihnen, auch als er selbst schon dem Tod nahe war, eher therapeutischen Wert zu, ob es sich nun um die christlichen Jenseitsvorstellungen handelte oder um die indische Lehre von der Wiedergeburt der Seelen. Das Eingedenken jenseitiger Wirklichkeit war für Jung ein Zeichen seelischen Reichtums, eine Einladung, sich auf Unendliches zu beziehen. Das Unendliche zeigte sich in Ahnungen, in Träumen und Visionen, manchmal spontan, manchmal nach langen und strengen Meditationsübungen, meist überhaupt nicht. Weil die echten mystischen Erfahrungen, das Verschmelzen von Ich und Nicht-Ich, so selten vorkamen, gab es den Okkultismus, die Pop-Mystik für die Uneingeweihten, zu herabgesetzten Preisen.

Aber die Ewigkeit ist nicht billig zu haben. Am 5. Juli 1961 schrieb ich in mein Tagebuch:

Ich bin allein. Allein mit dem Ärgernis des Zölibats. Allein mit meinem Leben. Allein mit meinen Rissen – zwischen der Neigung zur Ruhe der beschaulichen Arbeit und dem Ekel an ihr; dem Heiligen und dem Weltlichen; der Neigung zur weiblichen Zärtlichkeit und der Unfähigkeit zur Ehe; der Gemütlichkeit und der Sehnsucht nach einem sich in Leidenschaft verzehrenden Leben.

Ich war damals gerade 31 Jahre alt geworden und seit sieben Jahren katholischer Geistlicher, ohne Erfahrung in der Liebe, aber das Verlangen nach den Frauen wurde spürbarer. Da meldete sich Jung, kurz nach seinem Tod, mit seinem Aufsatz «Über die Archetypen des kollektiven Unbewußten», den ich im Juni 1961 studierte. Prompt hatte ich einen jungianischen Traum, gegen 3 Uhr morgens am 30. Juni, komplett mit einer Animagestalt namens Nandl. Sie war jung und heiter, befand sich hinter Gittern, hatte keine Brüste und wollte unbedingt sterben, wozu sie meine Erlaubnis haben wollte. Ein starker Mann trat auf und bog Eisen, um mir zu demonstrieren, daß Nandls Tod schon in Ordnung ginge. Ich warf einen Blick auf Nandl und bemerkte, daß sie es war, von der die Kraft des Eisenbiegers ausging. In diesem Augenblick war sie anders, böse. Ich spürte den Bann, der von ihr ausging, eine Art Lähmung, die dann durch den starken Mann gebrochen wurde, der laut Nandl schrie, wovon ich erwachte, mit Angst.

Sechs Wochen später hatte ich meine Unschuld bereits verloren, auf einer griechischen Insel. Die Theologen, meinte Jung, sind in einer schwierigeren Lage als andere Menschen. Einerseits sind sie dem Religiösen näher, andererseits aber auch enger gebunden durch die Kirche und das Dogma.

Ob wohl mein schwacher Punkt, mein Schatten, schrieb ich unter Berufung auf Jung in mein Tagebuch, und die daraus fließenden Sünden sich in Gottes Plan werden einfügen lassen, ist die Frage.

Von meinem Schlafzimmer im Pfarrhaus, wo sich an manchen Nachmittagen eine verbotene und verstohlene Liebe überstürzte, fiel der Blick auf die Fenster der Kirche, in der Gott zugegen war, immer. Der Gedanke, daß meine gesalbten Finger, die sich mit dem Körper meiner Geliebten beschäftigten, während der nächsten heiligen Messe den Gott berühren würden, störte mich sehr. Der Leib Gottes war aus Weizenmehl und Wasser zubereitet, ohne tierische Lebensmittel. Der Leib Gottes war koscher, ich nicht. Der hungrige König David hatte die geweihten Brote des Priesters Achimelech nur unter der Bedingung bekommen, daß er und seine Soldaten sich einige Tage lang von Frauen ferngehalten hatten. Ich setzte mich über Regeln hinweg, an die sich sogar der König David gehalten hatte. Überall auf der Welt war der Dienst im Heiligtum mit strengen Reinheitsvorschriften verknüpft, unter ihnen das Verbot des Geschlechtsverkehrs vor dem Beginn der priesterlichen Funktionen. Die Gebete, die ich beim Anlegen der heiligen Gewänder zum Gottesdienst murmelte, erinnerten mich an die Voraussetzungen meiner Zugehörigkeit zur Kaste derer, denen sich Gott anvertraut hatte. Praecinge me Domine cingulo puritatis. Gürte mich, Herr, mit dem Gürtel der Reinheit.

Nie wäre es mir in den Sinn gekommen, daß mein sündiges Tun im Schlafzimmer mich Gott näherbringen könnte. Auch Jung hatte sich nie in dieser Richtung geäußert. Die heilige Hochzeit, die er während seiner Entrückungen im Jahr 1944 hatte schauen dürfen, fand in der Gotteswelt statt, im Jenseits, in der Ewigkeit, geistig, ohne die Verrenkungen der schwerfälligen Körper, der stinkenden. Ich hingegen hatte mich mit einer leiblichen Menschentochter eingelassen, so wie die Gottessöhne es getan hatten vor der Sintflut, sehr zum Ärger des Herrn Gottes, und war schuldig geworden, befleckt, unrein. Was würde meine Mutter dazu sagen, was würde mein Beichtvater dazu sagen.

Jung hatte mir einen wertvollen Wink gegeben, in einer Fußnote seines Aufsatzes über die Archetypen. Die Fußnote verwies auf das Dreizehnte Buch der Bekenntnisse des Aurelius Augustinus, Kapitel 21, wo von dem merkwürdigen Fisch die Rede ist, der aus der Tiefe gehoben und den Gläubigen zur Speise gereicht wird. Das war der koschere Jesus, zubereitet aus Weizenmehl und Wasser, den ich während jeder heiligen Messe auf die Zungen der Gläubigen legte, nachdem ich die Wandlungsworte gesprochen hatte.

Dem Hinweis Jungs folgend, las ich die angegebene Stelle in den Bekenntnissen des Afrikaners, suchte nach gelehrten Kommentaren und fand nichts von Belang. An meinem Schreibtisch im Pfarrhaus, gleich neben dem Schlafzimmer, begann ich mit der Arbeit an einer Studie über das Dreizehnte Buch der Bekenntnisse und den heiligen Fisch, in der Gesellschaft Jungs und des Afrikaners, die aus ihren Büchern zu mir redeten, aus der Welt der Toten, aus der Welt Gottes, der stillen Ewigkeit jenseits von Raum und Zeit. Manchmal läutete dazwischen das Telefon, und ich vernahm die Stimme meiner Geliebten aus dem Diesseits, ganz nahe und zärtlich. Da paßten Diesseits und Jenseits so gar nicht zusammen, und ich war streng und abweisend zu meiner Geliebten. Sie aber schrieb, ich hab dich lieb, ich hab dich immer lieb, es wird nicht vergehen, denk daran.

Als ich meiner Mutter schließlich erzählte, daß ich mein Keuschheitsgelübde gebrochen hatte, war sie nicht besonders schockiert. Es störte sie lediglich, daß meine Geliebte verheiratet war, wegen der möglichen Komplikationen. Der

Beichtvater war weniger tolerant. Die Besuche bei ihm, in dem Ordenshaus der Jesuiten, wo er lebte, wurden immer unangenehmer, weil trotz aller guten Vorsätze mein sündhaftes Verhältnis andauerte. Der Beichtvater hatte noch niemals erlebt, wie es ist, wenn die göttliche Isis auf ihrem Osiris sitzt, der Beichtvater sprach vom Alleinbleibenmüssen. Sein Zimmer wirkte auf mich immer ein wenig staubig, was daher kommen mochte, daß die Jesuiten selber ihre Zimmer aufräumen. Zu den Zimmern der Jesuiten hatten die Frauen keinen Zutritt.

Als mein Seelenführer war der Beichtvater zuständig für mein geistliches Leben, den Aufstieg meiner Seele zu Gott, zur Kontemplation des Ewigen schon im Diesseits. Er hatte mir nichts zu befehlen, aber aus ihm sprachen die Jahrhunderte der Erfahrung im Umgang mit denen, die das ewige Licht suchen. Nur dem Reinen wird Erleuchtung zuteil. Sie kämpften um mich im stillen Zimmer des Beichtvaters, alle die toten Gnostiker und Alchemisten, Äbte und Einsiedler und Yogis, die Kabbalisten, Sufibrüder und Tempelritter, sie zeigten sich betrübt darüber, daß meine vielversprechenden Anfänge so kläglich gescheitert waren. Sie waren sich einig darin, daß ich auf die sinnlichen Freuden verzichten müsse, auf Macht und Besitz und Frauenliebe, wenn meine Suche nach dem Ewigen ihr Ziel erreichen wollte, die Mitte der Welt, die schweigende Leere, in der alle Fragen verstummen.

Nachher stieg ich in mein Auto, um zurück ins Pfarrhaus zu fahren, zu Jung und zum Afrikaner. Wie hätte ich wissen sollen, daß ich getäuscht worden war.

Der Kriminalroman, in den ich geraten war, hatte eine ungewöhnliche Handlung. Das Mordopfer, der gekreuzigte Jesus, wurde am Ende wieder lebendig. Das war ein so starker Schluß, daß man ihn immer wieder erleben wollte.

In der heiligen Messe wurde Jesus immer wieder getötet und lebte dennoch weiter. Er war unschuldig. Mit den Frauen hatte er nichts im Sinn gehabt, und wer ihm nachfolgen wollte, mußte wie er auf ein Familienleben mit Weib und Kindern verzichten, mußte ehelos bleiben und hauslos, ohne festen Wohnsitz, ledig von allem, was das Herz beschwert. Jesus regierte in einem Reich, das nicht von dieser Welt war, darin benahmen sich die Männer zu den Frauen wie Engel, und der Gegenspieler war in die Hölle verdrängt, nach unten, wo der Wurm nicht stirbt und die Flamme nicht erlischt. Jedes Vaterunser, das ich betete, erinnerte mich an das Reich, von dem Jesus gesagt hatte, daß es bald den Sieg über die irdischen Wirklichkeiten erringen würde. Zu uns komme dein Reich. Hätte ich mich in der gewöhnlichen Welt zu Hause gefühlt, in der Nummer Eins, wie Jung sie nannte, nie wäre der Wunsch in mir erwacht, in die andere Wirklichkeit hinüberzuwechseln, die ewige Heimat, deren freundliches Licht im Schimmer der Kerzen auf dem Altar zu mir herüberschien, während ich die heilige Messe zelebrierte.

Ja, die Weltfremden erkennen einander. An meinem Schreibtisch unterhielt ich mich mit Jung und dem Afrikaner, sie waren verwandte Seelen, schief eingeschraubt in die Verhältnisse wie ich. Da stand der Afrikaner mit seiner Mutter am Fenster der Villa in Ostia, wo eine günstige Gelegenheit zur Rückkehr nach Afrika abgewartet wurde, und blickte mit ihr in den umfriedeten Garten hinaus. Da redeten Mutter und Sohn über das ewige Leben, das kein Auge je sah. Immer wenn wir aufwachen aus dem Leib, in uns selbst, und alles übrige hinter uns lassen, eintreten in unser Selbst und eine wunderbare Schönheit erblicken, vertrauen wir in solchen Augenblicken ganz eigentlich zum höheren Bereich zu gehören. Da lauschten sie der Musik der Himmelskörper, die mit ihren Kugelschalen über der Erde kreisten, da durchstießen sie sodann im Gespräch alle kosmischen Sphären und gedachten des körperlosen Lichts, ließen Raum und Zeit hinter sich, auch die geschwätzige Vernunft. Da verstummten sie, und einen Augenblick lang, im Nu eines einträchtigen Herzschlags, schoß die vollendete Negativität zur Spiegelschrift ihres Gegenteils zusammen, was leider sehr selten passiert. Da taten Mutter und Sohn gemeinsam einen unwillkürlichen Seufzer. Kehrten hernach wieder zum Lärm ihrer Münder zurück und sagten, wenn jener Augenblick immerfort dauerte, in dem wir aufgeseufzt haben, wäre dies ewiges Leben. Ein paar Tage später legte sich Monika, die Mutter des Afrikaners, mit Fieber zu Bett und starb einen friedlichen Tod, weil ihre Hoffnung, den Sohn als gläubigen Christen zu sehen, erfüllt worden war. Der Afrikaner kehrte in seine Heimat zurück und wurde Priester wie ich. Keine Frau durfte das Haus, in dem er mit seinen Mitbrüdern lebte, betreten. Gleich nebenan wohnte die ältere Schwester des Afrikaners als Oberin einer Nonnengemeinschaft von hundert Frauen. Sie bekam ihren Bruder nur in der Kirche zu sehen. Da war etwas mißglückt bei dem Unternehmen des Afrikaners, seinem Lebensüberdruß durch die Kontemplation des ungeschaffenen Lichts zu entrinnen. Der selige Moment von Ostia hatte sich nicht wiederholt. Der Afrikaner war ein Mann der Kirche geworden.

Jung wollte mich vor dem Afrikaner warnen, vor seiner chronischen Tugendhaftigkeit. Meine enge Bindung an die Kirche und ihre Dogmen verlangte ein äußerst behutsames Vorgehen, weshalb Jung stets betonte, in theologischen Dingen inkompetent zu sein. Als Psychologe und Therapeut jedoch äußerte Jung starke Bedenken gegen die Neigung des Afrikaners, die Sexualität als moralisch minderwertige Regung zu bekämpfen, weil dadurch eine sinnvolle Auseinandersetzung mit dieser machtvollen Wirklichkeit verhindert wurde. Jung wollte mich dazu bewegen, meine Schattenseite zu akzeptieren, ihr einen Platz in meinem seelischen Haushalt anzuweisen, und ich leistete Widerstand, wie es sich gehört. Noch war meine Anima, wie Jung sich ausdrückte, zu schwach gegen den Chor der asketischen Männer aus der Tiefe der Zeiten, die das weibliche Geschlecht mit ihrem Abscheu verfolgten, als ewige Versuchung des Einsiedlers, der mit seinen Gedanken schon ganz woanders weilte, im göttlichen Bereich. Mit diesem Hinweis hatten mich die Schwarzen in ihrer Gewalt. Sie vereinigten ihre Stimmen zu den endlosen Kaskaden der orientalischen Tonfolgen, wie nur der gregorianische Choral sie kennt, diese psychedelische Musik der Mönche, und schon gehörte ich wieder zu ihnen, wanderte mit ihnen durch Kreuzgänge, meditierte in Krypten, wusch meine Hände unter den Unschuldigen. Da war ich der gepanzerte Ordensritter zur Mittagszeit, der hinaufstieg zur himmlischen Burg. Der Herr aus Zürich mit der goldenen Brille auf seiner Nase, der mir entgegenkam, sah aus wie ein Bankdirektor. Er war auf dem Weg nach unten, in die entgegengesetzte Richtung.

13. Die Depressionen der Weltfremdlinge

Der Gekreuzigte bot einen traurigen Anblick, obwohl man ihm eine mit Goldfarbe angestrichene Krone aufgesetzt hatte. Er hing in meinem Vorzimmer, befestigt an einem barocken Prozessionskreuz, mit geschlossenen Augen, bekleidet mit seinem vergoldeten Lendentuch. Blutbächlein aus den Nagelwunden und dem Lanzenstich in der rechten Brusthälfte, auch von den Kniescheiben abwärts, waren auf seinen nackten Körper gemalt. Wenn mich meine Freundin besuchen kam, mußte sie an dem toten Jesus vorbei.

Als ich 1973 aus dem Pfarrhaus in eine Privatwohnung übersiedelte, nahm ich den Gekreuzigten mit und verpflanzte ihn in mein Arbeitszimmer. Blut Christi, tränke mich. Wasser der Seite Christi, wasche mich. Die Dienstagabende hielt ich für die Bewirtung meiner Bekannten und Besucher frei, und gelegentlich blieb eine fremde Frau allein mit mir in der Wohnung, nachdem sich die übrigen Gäste verabschiedet hatten. Mit dem Beichtengehen hatte ich aufgehört. Unter dem Kreuze aber standen die Mutter Jesu, gestützt von Johannes, und die schöne Marie. O mein Gott, warum hast du mich verlassen.

Also denk daran, schrieb mir mein bester Freund, Gott ist tot und läßt dich herzlich grüßen. Mein Freund wußte, daß ich mich in der dunklen Nacht der Seele befand. Sie bleibt keinem erspart, der mit seiner Identität unzufrieden ist.

Meine Identitätskrise begann, ganz im Sinne Freuds, als Revolte gegen die Väter. Sie drohten mir, mit Simonpetrus und dem Afrikaner an der Spitze, die gesellschaftliche Ächtung an, als sie merkten, daß ich ihre Autorität in Frage zu stellen begann. In meinen Träumen waren die Väter bischöflich gekleidet und nahmen mich freundlich beiseite, um mich ihres Wohlwollens zu versichern. Mitunter geruhte sogar der heilige Vater persönlich, mir im Traum zu erscheinen, und nie war er streng zu mir. Da wurde ich als Mitglied eines ehrwürdigen Kollegiums behandelt, das aus alten Männern bestand, die keine Frauen in ihrer Mitte duldeten. Sie hatten bereits im alten Ägypten mächtige Tempel errichten lassen. Später hatten sie im Namen des Gekreuzigten die Heere gesegnet, die nach Jerusalem zogen, um unter der Bevölkerung dieser Stadt ein Blutbad anzurichten.

In den Kathedralen der Priester drang das Licht durch farbige Fenster nach innen, wo Jung seinen Gedanken nachhing, bezaubert von der schauervollen Wirklichkeit der Gotteswelt. Ihr habt alle gelogen, schrie jemand ins stille Halbdunkel, mit meiner Stimme, und sofort begannen die Glocken zu läuten, Bumm, Di Deng Dong, unerbittlich sanft, Bumm, Di Deng Dong, Bumm.

O ja, die Welt war aus Lügenfäden gewebt, gar schön. Zupf nur ja keinen Faden heraus. Ich mußte erkennen, daß meine berufliche Identität als geweihter Diener Gottes auf eher wackligen Beinen stand, gestützt auf eine fragwürdige Auslegung des Evangeliums Christi. Der Nazarener hatte andere Dinge im Kopf gehabt als eine Priesterkirche zu stiften. Die Christenmenschen aßen koschere Hostien und haßten die Juden. Ich verteilte die koscheren Hostien an die Gläubigen und bildete mir ein, wegen der Frauen befleckt zu sein. Dann begriff ich, daß der Altar, dem ich diente, vom Blut der unschuldigen Opfer verunreinigt war, der ermordeten Juden, der verbrannten Ketzer und Hexen. Es gab keine Unschuld. Vergebens hatten die Einsiedler in den Wüsten und Wäldern ihren Samen zurückgehalten. Ich war den Mädchen davongelaufen, ins Pfarrhaus. Dort war ich Jung begegnet, der auf dem Weg in den Keller der Menschheit war. Unten floß Blut. Im Wasser trieb der Leichnam des ermordeten Osiris vorbei, und der Gegenspieler stand steif und drohend in seiner Gruft. Er liebte das Gemächliche, die gemessenen Schritte endloser Prozessionen, die Masken und Kapuzen, die flackernden Kerzen, die getragenen Töne. Er liebte die schwarze Unterwäsche der Frauen, die elastischen Bänder, die in ihr Fleisch schnitten. Das Ziel alles Lebens ist der Tod. Ganz langsam drehten sich die Dienerinnen des Gegenspielers auf den Rücken, stützten den Oberkörper auf ihre Arme, winkelten ein Bein an und streiften dabei einen Schuh ab. So entkleideten sie sich nach und nach mit zögernden Bewegungen. Huren und Priester gehörten seit alters her zusammen, im heimlichen Einverständnis mit dem Herrn dieser Welt, dem Gewalttäter und Menschenfresser. Seine Riten hatten mich bezaubert, mit ihrer düsteren Pracht, ihrem gemessenen Ernst, den endlosen Litaneien, dem langsamen Tempo der Hochämter, auf Teppichen zelebriert, beim Brausen der Orgeln und dem Läuten der Glocken. Wer den Zauber störte, wurde verflucht und verstoßen. Ich mußte das Pfarrhaus verlassen, die Geborgenheit unter den Gleichgesinnten, entlassen in eine Welt, die mit ihrer Ölkrise beschäftigt war.

Die Gesellschaft, zu der ich nach meinem Weggang aus dem Pfarrhaus gehörte, war keineswegs heiter. Ihre Stimmen, festgehalten in den Büchern meiner Bibliothek, kamen aus gnostischen Zirkeln, Ketzervereinen, russischen Gefängnissen, Literatencafés. Sie alle, die in einen Konflikt mit dem Bestehenden geraten waren, weltfremd aus Neigung, waren durch ihre Erleuchtungen nicht glücklicher geworden. Ihre Betrübnis ließ sich ohne weiteres an ihren Gesichtern ablesen, an den Sorgenfalten auf den Denkerstirnen berühmter Schriftsteller, Künstler und Komponisten. Im Geistesleben herrschte der Ernst – ein Indiz für schlechte Verdauung, wie Nietzsche meinte, der es wissen mußte.

Vom ausgelassenen Dionysos, dem Schutzpatron trunkener Lustbarkeit, war in der dünnen Luft der höheren Wahrheiten nichts zu bemerken.

Nur der Schatten des alten Onan, der seinen Samen auf die Erde hatte fallen lassen, legte sich über den exklusiven Verein der weltabgekehrten Männer aller Zeiten, denen gleichgesonnene Frauen meist fehlten. Vom Philosophen Kant wurde erzählt, er habe seinen Studenten empfohlen, gleich am Morgen zu onanieren, um den Kopf für die gedankliche Arbeit freizubekommen. Auch mein Beichtvater hatte die Selbstbefriedigung für weniger gefährlich erachtet als den Beischlaf, der die Einsamkeit sabotierte. Die Flucht in den göttlichen Bereich, so hatte bereits der weise Plotin gelehrt, gelang nur dem Alleinstehenden.

So lag dann der Ordensritter im Halbdunkel seines Zimmers auf dem Bett, während draußen die Hitze des Mittags auf den Dächern lastete, allein mit seinem schwellenden Fleisch, im Kopf die drängenden Stimmen nach der alten Sau. Tausend nackte Hexen sollen ihn dorthin küssen, wo er es am liebsten hat, bis er stöhnt und lacht, und so komm doch endlich, du Schwein, und jetzt, o ja, jetzt.

Hernach wandert über den leeren Bildschirm seiner gedankenlosen Entspannung ganz langsam ein grüner Punkt, auf und ab blinkend, nach rechts oben. Sobald das Signal verschwunden ist, erscheint es wieder links unten. Unruhig ist unser Herz, bis es ruht in DIR.

Mein melancholischer Geisterverein war schwer auf einen soziologischen Nenner zu bringen. Unter den Weltflüchtlingen befanden sich einzelne Aristokraten, viele Bürgerliche, sogar Sklaven, Arbeiter und Bauern. Gemeinsam war allen eine Neigung zum Verrat dessen, was ihnen in die Wiege gesungen worden war, eine Unzufriedenheit mit der zugewiesenen Identität. Psychologisch handelte es sich um eher defensive Persönlichkeiten, um Introvertierte im Sinne Jungs, sicher um keine Machtmenschen. Viele von ihnen waren ins Kloster gegangen, oder man begegnete ihnen unter Künstlern und Literaten. Auf die Frage, wo sie sich am liebsten aufhalten würden, antworteten sie, ganz gleich wo, wenn es nur außerhalb dieser Welt ist. Die Anamnese ihrer Depressionen lief auf ein gestörtes Verhältnis zur Realität hinaus, auf einen Mangel an gemütlichem Einverständnis mit dem Gegebenen, auf ein Anderssein, eine Befremdung. Wenn ihre Altersgenossen zum Tanz gingen, hielten sie sich eher im Hintergrund, mit abgerücktem Blick, wie Jung, wenn seine Nummer Zwei die Oberhand hatte. Politisch gefährlich wurden sie dann, wenn ihnen ein öffentliches Amt zufiel, wie dem Afrikaner. Dann konnte es sein, daß Tugend in Terror umschlug, und niemand machte die Toten wieder lebendig.

Die Frauen unter den Weltfremdlingen waren in der Regel radikaler als die Männer, entschiedener, eigensinniger. Ihre Unverbindlichkeit trieb sie zu gelegentlichen Exzessen der Selbstquälerei, zur Magersucht beispielsweise, wie vorgelebt von der heiligen Klara in Assisi, die das Lebensprogramm des heiligen Franz kompromißlos für sich und ihre Nonnen verwirklichte, mit starker Wirkung auf die mittelalterlichen Frauen Europas. Hinter den ausgemergelten Virtuosinnen der Mystik kamen die literarisch ambitionierten Damen späterer Zeiten, die als Blaustrümpfe verspotteten Vorläuferinnen des Kampfes um die Zulassung der Frauen an die Universitäten und Akademien. Viele von ihnen mußten als Außenseiterinnen leben, im Verzicht auf jene bürgerliche Existenz, die ihnen zuwider war.

Sie alle, Brüder und Schwestern im Geiste, umflatterten mich, als Widerstandsbewegung aus der Tiefe der Zeiten, mir näher als die neuesten Nachrichten vom Stand des

Wettrüstens zwischen den Großmächten, in der Stille meines Studierzimmers. Simonmagus beglückwünschte mich zu meinem Konflikt mit Simonpetrus, Otto Gross predigte die freie Liebe und den Drogengenuß, die Magdalenerin wusch mit ihren Tränen die staubigen Beine des Nazareners. An den meisten Abenden ging ich zu meiner Lebensgefährtin, die in der Nähe wohnte. Sie hatte einen Kater mit Namen Ali. Er war kastriert.

Die dunkle Nacht der Seele, ein bestimmter Zustand der prinzipiellen Trostlosigkeit und inneren Leere, war nach der übereinstimmenden Meinung der geistlichen Autoritäten ein unvermeidliches Stadium im Prozeß der Emanzipation von der Anhänglichkeit an die weltlichen Dinge, Weisen und Werke. Im alten Klosterwesen galt dieser Mißtrost als sehr gefährlich. Er überfiel die Mönche und Nonnen wie eine Entzugserscheinung, raubte ihnen jeglichen Geschmack an der überirdischen Wirklichkeit, an Gebet und Betrachtung, und machte ihnen die tägliche Disziplin der Tageseinteilung zur Hölle der Langeweile. Wer sich solchem Sog überließ, verfiel der sogenannten Acedia, einer traurigen Verstimmung und Antriebslosigkeit, die bis zur Verzweiflung am Sinn des geistlichen Strebens gehen konnte. Deshalb wurde die Acedia in die Siebenzahl der hauptsächlichen Laster geschrieben, zusammen mit der Hoffart, dem Geiz, der Unkeuschheit, dem Neid, der Unmäßigkeit und dem Zorn, als spirituelle Trägheit. Aus ihr, so wurde gelehrt, entstanden weitere Untugenden, etwa die Lust an Neuigkeiten, die Geschwätzigkeit, die Neigung zum Müßiggang und zu ungestörtem Schlaf, auch eine gewisse Unrast und Reizbarkeit. (Man meint, einen Merkmalskatalog des Verhaltens heutiger Großstadtbewohner zu lesen.) Die Acedia ließ dann häufig den alten Onan wiederum lebendig werden, zusammen mit sinnlichen Phantasmen wüstester

Art, wie sie einstmals den heiligen Antonios in der Wüste belästigt hatten, jene berühmten Versuchungen des Teufels. Dann war es mit dem mühsam errungenen Seelenfrieden vorbei, und der Kampf mußte wieder von vorne begonnen werden.

Ebenso alt war der eher ärztlich gemeinte Begriff der Melancholie als einer Krankheit, die man der schwarzen Gallen-Flüssigkeit zuschrieb. Bereits dem gelehrten Theophrast war aufgefallen, daß sich unter den Philosophen, Dichtern und Künstlern auffällig viele Melancholiker befanden. In den letzten 400 Jahren beschäftigte der Zusammenhang zwischen Kreativität und Schwermut viele erlauchte Geister, die häufig selber an Depressionen litten. Im England Shakespeares galt die Melancholie als Leiden der Intellektuellen, die in der Gestalt des Hamlet ihren Prototyp auf dem Theater erlebten. Langeweile, Lebensüberdruß, Weltschmerz wurden zu Dauerthemen der Weltliteratur und Philosophie in Europa, kontrapunktisch zur Betriebsamkeit der industriellen Ära, unter dem Motto: Die schönsten Werke des Menschen sind unbezwinglich traurig.

So hatte der Lebensüberdruß der Weltfremdlinge aus der Antike, dem Mittelalter und der Neuzeit das Geistesleben des Abendlandes in das Licht einer untergehenden Sonne getaucht. Freizügige Darstellungen sinnlicher Art waren nicht nur in den Klöstern verpönt. In der abgestandenen Luft der Museen und Bibliotheken wurde um Ruhe gebeten, wie in der Kirche. Dudelsackpfeifer und Possenreißer hatten in der Hochkultur nichts verloren, sie traten auf Jahrmärkten und in Gasthäusern auf. In den Theatern und Konzertsälen saß das Publikum diszipliniert wie beim Gottesdienst, Husten und Räuspern wurde als störend empfunden. Überall im Kulturleben breitete die keusche Würde der Enthaltsamkeit ihre frommen Hände aus, diese reichgesegnete Mutter fröhlicher Kinder, würdevoller Witwen und in Ehren ergrauter Jungfrauen, sanft lächelnd, als wollte sie sagen, wovor schrickst du zurück?

Für die unterdrückten Triebe war die Tiefenpsychologie zuständig, gegebenenfalls die Polizei und die Rüstungsindustrie.

An meinen Dienstagabenden kam es häufig vor, daß sich das Gespräch wie von selbst dem Thema der verpönten Lust zuwandte, sobald es gegen Mitternacht ging. Es war dann, als ob die anwesenden Frauen und Männer zögerten, in ihre Einsamkeit oder Zweisamkeit zurückzukehren, ohne ihrer Bedürftigkeit Ausdruck zu verleihen. Wir wußten, daß uns etwas fehlte, inmitten der sogenannten sexuellen Befreiung, von der in den siebziger Jahren die Rede war, daß die Bangigkeit unserer Körper der Neugier unseres Geistes Zügel anlegte. Wir redeten von Mehrfachbeziehungen, vom Reiz der Fremdheit, von der Eifersucht, von Wohngemeinschaften, von falschen Besitzansprüchen im Liebesleben. Nie legten wir dabei unsere Kleider ab. Zum Abschied gaben wir einander ein Küßchen, aber nur auf die Wange.

Auch der Kater Ali wußte nicht genau, was man ihm angetan hatte. Eines Tages war er zu einem weißgekleideten Mann gebracht worden, der ihm ins Fell stach. Als Ali wieder zu sich kam, schien alles wie früher zu sein. Nur die Katzen interessierten ihn nicht mehr besonders. Manchmal zuckten seine Pfoten im Schlaf.

Dann kam der Tag, an dem ich vom Gekreuzigten in meinem Arbeitszimmer genug hatte. Ich nahm ihn, trug ihn ins Kabinett und schlug einen Nagel in die Wand, damit er nicht umfallen konnte. Damit war Jesus endlich auch für mich gestorben.

14. Liebe macht keusch

Meine Rolle im Kriminalroman Jungs, die mich täglich zur Mittagsstunde das steile Gäßchen hinaufsteigen ließ, als gepanzerter Ordensmann, erwies sich als weitaus weniger langweilig, als es zunächst den Anschein hatte. Manche der Frauen, die den Weg des Zölibatärs kreuzten, blickten ganz keck in die Welt, als erinnerten sie sich an eine Zukunft, die nur darauf wartete, betreten zu werden. Da erschienen bereits vor 800 Jahren die adligen Fräulein und Damen im Süden Frankreichs, denen die Troubadoure den Hof machten, während die Väter und Gatten im Heiligen Land gegen die Sarazenen stritten. Die Frauen lasen die neuesten Romane, in denen von Isolde und Tristan erzählt wurde, vom Zauberer Merlin und vom Heiligen Gral. Auch das Buch des Kaplans Andreas über die Liebe wurde gern studiert. Darin stand zu lesen, daß die reine Liebe zwar Küsse und Umarmungen, unter Umständen sogar zarte Berührungen im Zustand der Nacktheit erlaube, nicht aber die Schußfahrt ins Ziel der geschlechtlichen Lust.

Nach meinem Weggang aus dem Pfarrhaus wollte ich ein Buch über die Geschichte der europäischen Ketzereien schreiben. Das Buch sollte im Mittelalter beginnen, genauer gesagt im Jahr 1143, als in Köln der erste Bischof einer organisierten Gegenkirche erwischt wurde und in voller Heiterkeit des Geistes den Scheiterhaufen bestieg. Im Volksmund hießen die Neugläubigen bald Kätzer, weil man sie mit den Katzen in Verbindung brachte, die zur Gefolgschaft des Teufels gehörten, im Mittelalter zumindest. Die Kätzer, Katharer, Gazzarer oder wie immer sie genannt wurden, als sich ihr Spitzname über das westliche und südliche Europa verbreitete, gleichzeitig mit der raschen Zunahme ihrer Anhängerschaft, hielten den Geschlechtsverkehr für einen Unfug. Ihre Spuren, die ich an meinem Schreibtisch verfolgte, führten mich in das südliche Frankreich, wo feine Frauen in heiteren Burgen ihre Liebeskonzile veranstalteten, nach der neuesten Mode, zum Klang von Fideln, Pommern und Dulcianen. Die sanften Männer, die den Damen ihre Verse vortrugen, wollten von besitzergreifender Liebe nichts wissen. Da mochte es vorkommen, daß eine junge Dame zum Dichter des Nachts in die Kammer kam und ihm ihre weißen Brüste wies, daß sie seine Hände in der gewaltlosen Art der Liebkosungen unterrichtete, langsam und ausführlich, bis auch Zunge und Mund die Stellen fanden, die der Dame wohl taten, ohne sie in ihrer Ehre zu verletzen. Da lernte der Dichter die Praxis der ketzerischen Liebkosungen, den reizenden Verzicht auf die groben Formen der Männlichkeit, und kritzelte im Morgengrauen ein begeistertes Gedicht über die keusche Liebe aufs Papier, wenn er wieder allein war und die Vögel vorm Fenster zu singen begannen.

Jung, der ebenfalls gern im Mittelalter spazierenging, wollte von derlei Schnickschnack nichts wissen. Für die historischen Details, die sich nur dem geschulten Auge erschließen, brachte er kein Interesse auf, und außerdem hatte er Medizin und nicht Geschichtswissenschaft studiert. Auf seinen Reisen in die Vergangenheit begegnete er nicht wirklichen Menschen, sondern den Archetypen des kollektiven Unbewußten, die sich nie änderten, sondern lediglich in verschiedenen Kostümen auftraten, wie die Irren, die sich für Napoleon oder Jesus Christus halten. Wenn Jung den Rückwärtsgang einlegte, fuhr er stets ins Seelenleben der ganzen Menschheit, in eine Bilderwelt, die keinen nennenswerten Unterschied zwischen Neandertalern und Nationalsozialisten macht.

Hin und wieder allerdings empfangen die Bilder Form und Gewand, eine Ritterrüstung zum Beispiel, und stehlen sich in das stille Haus des Traums. Ein Wunsch, kaum geahnt, wird halbwegs Fleisch und schreitet ein steiles Gäßchen hinauf, im Harnisch der Templer. Jetzt ist er oben angelangt und schwingt sich aufs Pferd, reitet im Auftrag des Ordens zum Grafen von Baux, über Saint Rémy in der Provence, um das Jahr 1190 herum, zur Zeit des dritten Kreuzzugs. In Saint Rémy begegnet er dem berühmten Nostradamus, der dort seine Kindheit verbringt, und Vincent van Gogh ist eben dabei, sich im Zimmer des kleinen Sanatoriums ein Ohr abzuschneiden. Auf den Ruinen von Baux, das von Ludwig XIII. zerstört worden ist, spazieren amerikanische Touristen herum, während der Templer sein Pferd absattelt und dann langsam die Stufen zur großen Halle hinaufsteigt, den Helm in der Hand. Er blickt auf und sieht mehrere Damen in großer Toilette auf einem Balkon, die ihn eher zerstreut beobachten. Eine von ihnen scheint ihre Augen etwas länger auf dem ernsten Mann verweilen zu lassen. An dieser Stelle kommt ein Schnitt. Die nächsten paar Stunden, in denen der Ritter sein Quartier angewiesen erhält und sich ein wenig in der weitläufigen Burg umsieht, sind für den Gang der Handlung ohne Belang.

Die Entgröberung des männlichen Begehrens, wie sie zur Zeit des Minnegesangs von Künstlern und Ketzern geübt wurde, war den Frauen, die beim neuen Liebesspiel mittaten, angenehm. Was sich üblicherweise im Ehebett ereignete, glich ohnehin eher einer Vergewaltigung als einem Vergnügen. Deshalb lauschten die Damen gern den Lehren der Ketzer, die wie Simonmagus das Kinderkriegen abschaffen wollten. Das Gefühl, nicht als Gebärmutter betrachtet zu werden, war für die feinen Fräulein neu und verführerisch. Liebe macht keusch, sangen die Dichter, und gaben damit den Frauen die Möglichkeit, unter den Lüsten jene zu wählen, die sie nicht demütigten.

Dann kam es nur noch auf den richtigen Augenblick an. Von Baux, das auf einem steil abfallenden Felsplateau liegt, geht der Blick weit hinaus ins Land. Dort oben könnte sich zeigen, ob jede Liebesbeziehung unbedingt konsumiert werden muß. Ritter und Dame, er durch die Gelübde der Armut, der Keuschheit und des Gehorsams gebunden, sie verheiratet, küssen einander in der Stille der Nacht auf den Mund. Sie wissen, daß es kein Wiedersehen gibt. Die Luft ist lau, die beiden sind nur leicht bekleidet, sie sitzen im Gras unter dem vollen Mond und schauen ins Weite. Jede Bewegung, die sie machen werden, ist von der unerbittlichen Alternative zwischen Libertinage und Puritanismus diktiert, jener pathetischen Beziehungsfalle des Abendlandes und auch des Morgenlandes, in der Frauen und Männer gefangen sind, gestellt vor eine Wahl, die alle Liebesbeziehungen in erlaubte und verbotene scheidet.

Die Herzdame und ihr Ritter freilich können deshalb keinen Fehler begehen, weil sie Wunschwesen sind, halbwegs nur fleischgewordene, frei von der Bangigkeit der Körper und ihrer Geheimnisse. Die Glieder strecken sich, die Lippen murmeln. Dame und Bube beschreiten in ihrer Sternstunde den schmalen Grat zwischen Liebeslust und Enthaltsamkeit, einvernehmlich, und was sie dabei tun, bleibt ihr Geheimnis. Die Frau wird für den Mann die Dame seines Herzens bleiben, eine Venus am Himmel seiner Gedanken, sanft schimmernd über der Einsamkeit seiner Abende, in einer Welt, die ihm fremd bleiben muß. Sie wiederum wird sich an den Freund jener Nacht erinnern, wenn ihr nach Pferden riechender Gatte auf ihr liegt, beim Vollzug der ehelichen Verpflichtung, während sie zerstreut die Haare ihres Herrn und Gebieters streichelt.

Der Unterschied zwischen Literatur und Leben wurde den südfranzösischen Liebeskünstlern im Juli des Jahres

1209 in Erinnerung gerufen, als ein Ritterheer das Rhonetal hinunter zog, unter der Führung eines gewissen Simon de Montfort und des Abtes von Citeaux. Der Papst hatte gegen die albigensischen Ketzer das Kreuz predigen lassen, und zum erstenmal in der Kirchengeschichte wurden Christen von Christen massenhaft abgeschlachtet, mit dem Segen der Priester. Das Fleisch der Weltfremdlinge schmorte im Feuer der Scheiterhaufen. Nach einer Verfolgungskampagne, die 35 Jahre dauerte, war die südfranzösische Gegenkirche verschwunden. Simonpetrus hatte wieder einmal über Simonmagus gesiegt.

Mein Buchprojekt über die europäische Ketzergeschichte kam nicht recht vom Fleck, weil es zu einer eher eintönigen Aufzählung von Niederlagen zu werden drohte. Außerdem begann sich die Ölkrise von 1973 auf den Geschmack des Publikums auszuwirken. Nicht aufmüpfige Parolen waren gefragt, sondern sanfte Alternativen. Meine Geliebte der Nachmittage im Pfarrhaus war längst zu ihrem Mann und ihren Kindern zurückgekehrt. Wieder einmal hatte die Ehe über die freie Liebe gesiegt.

Seit ihrer Geburt vor 800 Jahren träumte die europäische Literatur von der freien Liebe, vom Ehebruch, von gefährlichen Verbindungen, heimlichen Verhältnissen, von heftigen, verbotenen und unglücklichen Leidenschaften. Verfaßt wurde die Literatur von weltfremden Männern, gelesen hauptsächlich von gebildeten Frauen aus den besseren Kreisen, die unter Langeweile litten. In den letzten hundert Jahren wurden die Romane allmählich zur Massenware, und die Beamten und Bankangestellten, die Verkäuferinnen und Hausfrauen in Prag, Paris und Pittsburgh begriffen, daß sich Herz auf Schmerz reimen muß. Isolde und Tristan flüchteten in tausend Kostümen in immer neuen Variationen vor einem Geschick, das sie unerbittlich erwartete. Das

Ziel alles Lebens ist der Tod. Die Vermeidung der Katastrophe, der die Liebenden entgegeneilten, war nur durch das Schwert der Trennung möglich, das zwischen sie gelegt wurde. Es waren zwei Königskinder, die hatten einander so lieb, sie konnten zusammen nicht kommen, das Wasser war viel zu tief.

Die ewige Isolde durfte niemals ordinär werden, auch wenn sie sich ihrem Geliebten schenkte; sie verkörperte die obere Sophie, nicht die untere. Lediglich ihr Busen durfte mitunter wogen, bis die Pille erfunden war und die Grenzen zwischen Literatur und Pornographie sich öffneten.

Jahrhundertelang wurden die Knaben und Mädchen, sofern sie des Lesens kundig waren, zur Keuschheit erzogen, zu einer verschämten Begierlichkeit, der das verbotene Territorium der Körper zum Inbegriff des Begehrens wurde, bis die Jeans kamen und die sexuelle Revolution, wie ein kurzer Seufzer zwischen zwei Träumen.

Es war also kein Zufall, daß der ritterliche Mann, dem Jung im Jahr 1911 begegnet war, als dem geträumten Kondensat des abendländischen Keuschheitsprogramms, sich auf dem Weg nach oben befand. Er mußte von unten kommen, aus den Niederungen der Sinnlichkeit, den derben Vergnügungen des gemeinen Volkes, wo Knechte und Mägde sich aneinander rieben, sooft ihnen der Sinn danach stand. Oben wartete bereits Unsere Liebe Frau, mit ihrem rätselhaften Lächeln, ihren kleinen Brüsten, verführerisch und unerreichbar zugleich. Ihr schlanker Leib mit dem leicht gewölbten Bauch schien die Hüften kaum merklich zu wiegen, nach einer anmutigen Melodie, die zum Tanz einlud. Offenbar war der Rittersmann ein sozialer Aufsteiger, und die liebe Frau eine höhere Tochter, die sich nicht so einfach aufs Kreuz legen ließ wie die Kellnerin in der Schenke.

Eine Zeitlang dachte ich, daß jenes bezaubernde Bildnis der allzeit Jungfräulichen eine raffinierte Erfindung der Priester war, ein Geschöpf der rechten Hand Gottes, ein Trick der Jesuiten aus Rom, der Meister der Sublimierung des Trieblebens, der Verächter des weiblichen Geschlechts. Aber der Ritter, der vor der schönen Dame auf die Knie sank, ließ sich auch als ein heimlicher Ketzer auffassen, als Adept der unverwüstlichen Lehren des Simonmagus. Die obere Sophie kam aus dem gnostischen Laboratorium der Wunschproduktion, nicht aus der christlichen Hausapotheke. Immerhin war der Afrikaner, dessen Kapitulation vor der keuschen Würde der Enthaltsamkeit in allen Klöstern zur Pflichtlektüre gehörte, vor seiner katholischen Taufe ein überzeugter Anhänger der Kirche des Mani gewesen, zu deren Erzvätern Simonmagus gehörte.

Nie hatte der Kampf Roms gegen die Ketzer deren Puritanismus gegolten, sondern ihrer Revolte gegen die Ehe. Sieger und Besiegte im Streit um den reinen Glauben und die guten Sitten nach Christi Geburt fürchteten die Mutter Erde, auf der sie herumliefen. Der Haß der Ketzer auf die Bedingungen der Geburt war tiefer und klarer als das Mißbehagen der Rechtgläubigen am Gefüge der Welt, und ketzerisch scharf war auch der Stachel der Unlust im Fleisch der Mönche und Nonnen. Die unerbittliche Sanftmut der Priester hatte es vermocht, das monastische Programm hinter die Klostermauern zu verbannen, damit es nicht uneingeschränkt wirken konnte und stets kontrollierbar blieb. Was sich nicht kasernieren ließ, wurde von den Priestern ausgerottet, im Namen eines Gottes, der eine gute Welt gemacht hatte und den Menschen als Mann und Weib, mit dem Gebot zur Fortpflanzung.

Nein, die Erfindung der romantischen Liebe vor 800 Jahren kam nicht von den Priestern, die zufrieden mit ihren

Konkubinen lebten, vor aller Augen. Die Kunst der Verwandlung der groben Sinnlichkeit in die feineren Formen einer sozusagen aufgeschobenen und verzögerten Befriedigung der Lust, deren Reiz aus einem Vorspiel kam, das keine Entladung finden durfte, verdankte sich jenen Ausnahmemännern von einst, denen die Melodien, die Verse und Hymnen, die Abenteuergeschichten einfielen, die man bisher nicht gekannt hatte. Sie komponierten Liebeslieder, verfaßten Predigten über die mystische Bedeutung der schwarzen Schönheit im Eroticon Salomons, erzählten von einer Prinzessin in Tripolis, die der sehnsüchtige Spielmann erst sah, als er sterbend an Land getragen wurde.

Ja wenn die hohe Frau sich über den todkranken Mann beugte, dann sang seine Seele ihr letztes und schönstes Lied, wie die Nachtigall, die in den Dornen verblutet. Liebe und Tod gehörten zusammen.

Die literarisch und künstlerisch produktiven Ausnahmemänner aus der Entstehungszeit des europäischen Liebeskomplexes verrieten nur selten, wie sie mit ihren fleischlichen Begierden umgingen. Einer von ihnen, Franz von Assisi, soll eines Nachts in den Schnee gesprungen sein, um seine erhitzte Männlichkeit abzukühlen. Zu seiner Herzensdame wagte er sich erst im vorletzten Sommer seines Lebens, als schwerkranker Mann, und wohnte einige Wochen im Klösterlein von San Damiano unterhalb von Assisi, wo Klara ihr Leben mit Fasten und Beten verbrachte. Dort dichtete Franz seinen berühmten Sonnengesang in der Sprache des Volkes, ein Lied für den Höchsten Herrn und die Mutter Erde. Die Liebe erschien darin als die göttliche Kraft, aller menschlichen Bosheit großmütig zu vergeben. Die fünf Stigmen des Christus, die Franz seit dem September des Jahres 1224 an seinem Körper trug, waren insofern ein Novum, als sie die Verwundungen endlich veröffentlichten, die sich die Männer im Lauf einer langen Kulturgeschichte zugezogen hatten. Am bedeutsamsten erwies sich der Stich ins Herz, diese unheilbare Verletzung im Zentrum der Lebenskraft und Liebesfähigkeit.

Das war die Herzwunde, wie Heinrich Heine sie nannte, und offenbar befand sie sich nicht nur auf dem Papier. Sie wurde vom Geschlechtsakt eher vertieft als geheilt, wie bereits die Verfasser der Gralsgeschichten ahnten. Wolfram von Eschenbach gestattete nur jenen Rittern den Dienst am Gral, die sich zu einem keuschen Wandel bequemten.

Auch manche Ausnahmefrauen von einst, die schriftstellernden Mystikerinnen in den Klostergärten, begannen sich für das männliche Herz zu interessieren, das durchbohrte. Der verwundete Mann, der um ihre Zuneigung bat, in blutigen Visionen, hing am Kreuz, oder er stand mit gefesselten Händen vor ihnen, die Dornenkrone auf dem Kopf, gezeichnet von den Striemen der Geißelhiebe. Die Ekstasen, zu denen er einlud, drängten zum Liebestod im Brautgemach der Vereinigung mit dem Gemarterten, dessen Schmerzen in höchster Lust nachgelitten wurden, bis die Sinne vergingen.

Wichtig dabei war, daß die Durchbohrung des männlichen Herzens das Strömen jener Liebe erst freigab, an der den empfindsamen Frauen einzig gelegen war, einer schmerzlichen und sozusagen schmachtenden Liebe, nicht einer erobernden.

Allerdings versteckten die meisten Männer aus Fleisch und Blut ihre Herzwunde unter ihrem Charakterpanzer, zogen in den Krieg, machten Geschäfte, Erfindungen und Geschichte, glaubten an den Fortschritt und taten sich schwer mit den Frauen, die ihnen entweder langweilig oder gefährlich erschienen. In die Eintönigkeit der patriarchalischen Sittengeschichte war seit den Zeiten der Troubadoure und Ketzer lediglich der Wunsch der feineren Frauen nach liebevollen und empfindsamen Männern gekommen. Er wurde selten genug erfüllt, es sei denn durch Jesus Christus persönlich.

Die Grundstörung im Triebleben der Männer, jene verborgene Quelle aller Keuschheitskultur, mit ihren Schwankungen zwischen extremer Geilheit und unerbittlichem Verzicht, war so alt wie der indische Schiwa, der mit steifem Glied an den Leichenverbrennungsplätzen meditierte. Der Ursprung dieser Grundstörung verbarg sich im Dunkel der Vorgeschichte. Als die Pyramiden standen, war sie schon da. Sie zwang die heranwachsenden Knaben überall auf der Welt zum Verzicht auf das unbeschwerte Erlernen des geschlechtlichen Umgangs mit den Mädchen und ließ sie erst dann zum Liebesgenuß kommen, wenn sie bereits halbverrückt nach einer Frau und bereit für die Ehe waren. Sie quälte die Männer, auch wenn sie endlich verheiratet waren, mit dem unersättlichen Wunsch, möglichst vielen Frauen einen Samenerguß zu bescheren, was zur Einrichtung der Prostitution führte. Sie ließ einen Teil der männlichen Bevölkerung überhaupt nicht oder nur selten zum Liebesakt kommen, die Kastraten, die Mönche und die Soldaten. Außerdem ängstigte sie die geschlechtlich aktiven Männer mit der Sorge um die Erhaltung ihrer Potenz, ärgerte sie mit Erektionsschwierigkeiten oder vorzeitiger Ejakulation, sorgte für den Nachschub an Homosexuellen und Päderasten, Künstlern und Literaten, Gelehrten, Generälen, Architekten, Ketzern, Philosophen, Anarchisten, Religionsgründern, Wahnsinnigen und Verbrechern. Sie war, kurz gesagt, die Triebkraft aller höheren Zivilisation.

Seit eh und je hatten die Männer über das Verhängnis nachgedacht, dem sie unterworfen waren, über die ewige Vertikale, auf der sie auf und nieder rutschten, zwischen der oberen und der unteren Sophie. Schon der alte Heraklit hatte von der Bahn, der hinauf- und hinabführenden, in dunklen Worten geraunt, so wie wenig später Empedokles über den Absturz der Seele in die Leibeswelt. Der göttliche Platon war dem nämlichen Thema auf der Spur geblieben. Durch die Schriften des tiefsinnigen Plotin waren die platonischen Gedanken dann zum Afrikaner gelangt, der sie mit christlichen Inhalten anreicherte, insbesondere durch die Einführung jener erblichen Belastung durch eine Urschuld, der sich niemand entziehen konnte. Je älter der Afrikaner wurde, desto skeptischer gestalteten sich seine Gedanken über die menschliche Freiheit der Entscheidung zwischen dem Guten und dem Bösen. Zu ähnlichen Überlegungen sah sich tausend Jahre später der Mönch Luther veranlaßt, der die Schriften des Afrikaners genau studiert hatte und das Wesen der Erbsünde in der Begierlichkeit erblickte, jener fatalen Neigung der Männer, nicht dem Schöpfer, sondern den Geschöpfen die Ehre zu erweisen, insbesondere wenn sie hübsch anzusehen waren.

Unter all den gestrengen Denkmeistern der letzten zweieinhalbtausend Jahre hatte kein einziger vorbehaltlos das Lustprinzip gepriesen; viele hatten dagegen die platonische, die rein geistige Liebe gelobt, unter Verzicht auf den leidigen Saftladen des Körpers. Auch die Schriften der Troubadoure und Minnesänger waren eher platonisch gefärbt, mit den dunklen Tönen der Entsagung und des Verzichts, der Distanz zwischen den Liebenden, wobei die Intensität der Zuneigung mit dem Quadrat der Entfernung wuchs.

Das Fazit der männlichen Nachdenklichkeit über die Grundstörung in der Beziehung der Geschlechter lief auf eine Trennung zwischen Liebe und Lust hinaus. In der Praxis bekannten sich nur die ganz Reichen und Mächtigen zu ihren Mätressen. Die übrigen Männer blieben entweder allein mit Onan, oder sie leisteten sich gelegentlich einen heimlichen Seitensprung, wenn sie verheiratet waren. Alle miteinander litten sie an einer heimlichen Wunde, wie der Fischerkönig in den Gralsgeschichten. Die Chance der Männer, aus ihrem Schlamassel herauszufinden, lag in der Offenlegung des durchbohrten Herzens, wie es ihnen der Schmerzensmann der Mystikerinnen vorgemacht hatte. Der tapfere Ritter mußte lernen, ohne Rüstung durchs Leben zu gehen. Für das dritte Jahrtausend der christlichen Zeitrechnung war das ein schönes Unterrichtsziel im Fach Weltgeschichte.

Am Freitag, dem 13. Oktober 1307, pochten in der Stunde vor Tagesanbruch die Soldaten des Königs an die Tore aller Niederlassungen des Ordens der Templer in Frankreich, nahmen zweitausend Ritter in Haft und unterstellten ihre Häuser der Krone. Die Anklage lautete auf gleichgeschlechtliche Unzucht, Ketzerei und Teufelsverehrung. Unter der Folter gestanden die Ritter, das Kruzifix angespuckt und einander geküßt zu haben. Der Papst hob den Orden auf, geistliche und weltliche Herren stritten um die enteigneten Besitztümer, es gab Todesurteile und kollektive Hinrichtungen durch Verbrennen auf dem Scheiterhaufen. Der letzte Großmeister der Templer, dem ebenfalls der Prozeß gemacht worden war, beteuerte vor seinem Tod feierlich die Unschuld des Ordens.

So mußte der Tempelherr ruhelos durch die Jahrhunderte wandern, über steile Treppen zur Mittagsstunde, in einem Kriminalroman ohne Ende, während sich die katholischen Mönche in evangelische Geschäftsleute verwandelten, oder in Psychotherapeuten. Wie rasch können 800 Jahre vergehen. Ich dachte an die Zeit zurück, in der ich im Pfarrhaus gelebt hatte, als ob ich aus dem Mittelalter plötzlich in die Neuzeit versetzt worden wäre. Jung kam mir entgegen. Er war auf dem Weg in die Vergangenheit, aus der ich gekommen war. Von ihm war keine Hilfe zu erwarten.

15. Wohin eilen wir?

Aber so leicht ließ Jung sich nicht abschütteln. Er gehörte zu den Autoritäten, vor denen ich Respekt haben mußte, wie die Seele des Sterbenden vor den Torhütern der Lichtwelt, den Totenrichtern mit ihren Fragen, denen niemand entgeht. Wer waren wir? Was sind wir geworden? Wo waren wir? Wohinein sind wir geworfen? Wohin eilen wir? Wovon sind wir befreit?

Mit meinen Antworten konnte Jung schwerlich zufrieden sein. Ich war ein Priester und lebte im Pfarrhaus. Ich bin Schriftsteller geworden und vertrete meine eigene Meinung. Ich habe meinen katholischen Glauben verloren.

Vor allem die Frage nach dem Wohin setzte mich in Verlegenheit. Sie erinnerte mich ans Mittelalter, aus dem ich gekommen war. Im Mittelalter galt das Erdenleben als Wanderung in die Ewigkeit. Die wahre, die dauernde Glückseligkeit konnte erst nach dem Tod genossen werden, in der himmlischen Heimat, bei Gott und seinen Engeln. Das war das Ziel des Erdenwallens, das eigentliche Wohin alles Strebens, die Erfüllung der tiefsten Sehnsucht. Deshalb mußte der Weg des geharnischten Tempelherrn, den Jung erblickt hatte, über viele Stufen nach oben führen, wo der Himmel schon wartete.

Aber der Templer hatte sein Ziel aus den Augen verloren. Er stieg weiter seine Treppen hinauf, wußte aber nicht mehr, wohin sie führten. Die Quelle aller Liebe, das ungeschaffene Licht, hatte sich in die Weite des Weltalls zurückgezogen, überm Sternenzelt wohnte niemand mehr. Auf dem Mond hatte jemand eine amerikanische Fahne aufgestellt, das war alles.

Das asketische Ideal meiner Jahre als Priester war ebenso mittelalterlich wie meine Existenz als Seelenhirte. Seine

Forderungen stiegen in voller Rüstung aus der Tiefe der Zeiten, fremd und streng wie die Engel auf alten Ikonen. Den drei hauptsächlichen Lebensinhalten der Männer, dem Streben nach Besitz, der Sehnsucht nach Liebe und dem Hunger nach Macht, setzten sie die Prinzipien der Armut, der Keuschheit und des Gehorsams entgegen. Engel sind intolerant. Ich hatte mit ihnen gekämpft, war vor ihnen geflüchtet, im eigenen Auto und in Damenbegleitung, aber sie warteten auf mich, wohin immer ich kam. Von der Gottlosigkeit der Welt, in der ich nach meinem Weggang aus dem Pfarrhaus lebte, zeigten sie sich kaum beeindruckt. Ihr Programm funktionierte auch ohne Religion. Im verrücktesten Jahrhundert der Menschheitsgeschichte war es aktueller denn je.

Der Zusammenhang zwischen der Attraktivität des asketischen Ideals und der Verrücktheit bestimmter Zeitläufte war bereits dem chinesischen Philosophen Dschuang Dse aufgefallen, vor 2300 Jahren. Die Eremiten des Altertums, schrieb Dschuang Dse, verkrochen sich nicht absichtlich in die Einsamkeit, um sich nicht mehr blicken zu lassen; das Zeitalter, in dem sie lebten, war dem Wahnwitz verfallen.

Tatsächlich ließ sich beobachten, daß zu bestimmten Zeiten die Neigung zu Weltflucht und Abtötung des Fleisches unter den Menschen besonders stark zunahm und sich verbreitete wie eine ansteckende Krankheit. Das war beispielsweise im alten Griechenland so gewesen, als während der Trübsal des Peleponnesischen Kriegs zahlreiche Bußprediger auftraten, um die Würde der Seele zu preisen und den Leib zu verdammen. 800 Jahre später, als das Römische Imperium auseinanderfiel, füllten sich die Einöden Ägyptens und Syriens mit den Entsagenden, und nach weiteren 800 Jahren lief die europäische Jugend den Bettelorden zu. Beinahe schien es, als ob diese Fluchtbewegungen periodisch sich wiederholten, vergleichbar den Krisenzyklen im Kapitalismus, nur in längeren Wellen. In den letzten Jahrzehnten des 20. Jahrhunderts konnte man jedenfalls den Eindruck gewinnen, als ob abermals die Zeit für die Wiederkehr des asketischen Ideals gekommen sei. Überall zogen die jungen Frauen und Männer grobe Hosen aus blauem Baumwollstoff an, wie sie im Wilden Westen von den Landarbeitern getragen worden waren. Das konnte als Protest gegen den Luxus der Moden aufgefaßt werden, aber vielleicht verbarg sich dahinter ein noch tieferes Unbehagen am Zustand der Welt.

Die asketischen Ideale, wie Nietzsche sie genannt hatte, wurden meist als Lustverzicht aufgefaßt, als harte Abtötung des Fleisches, als Folge der lebensverneinenden Haltung finsterer Priester, die bereits den Kindern den Spaß am Onanieren verdarben. Die Sexualkunde der Schwarzen, die mich zum Priester erzogen hatten, bestand hauptsächlich aus Vermeidungsregeln und Denkverboten, die dem gewissen Tralala eine ungeheure Bedeutung verliehen. Unter den Blicken der Zölibatäre wurde der weibliche Körper zum verschlossenen Garten der Lüste, mit der roten Lampe am Tor. Darüber schwebte das allwissende Auge des wachsamen Gottes, dem keine Heimlichkeit entging. So wurde die Tugend der Keuschheit zur verborgenen Mitte einer Moral, die um das schmutzige kleine Geheimnis des bürgerlichen Schlafzimmers kreiste, wie der Teufel um die arme Seele, um die obskure Dreifaltigkeit von Vater, Mutter und Kind.

Für die Opfer dieser Konstellation hatte Freud sein Buch über die Träume veröffentlicht, als Licht ins Dunkel der verdrängten Wünsche, am Beginn des Jahrhunderts der psychologischen Aufklärung des Geschlechtslebens. Für Jung waren die Einsichten Freuds eine Quelle der Erleuchtung, mit der Einschränkung allerdings, daß sie die Sexualität zu sehr im Vordergrund des Seelentheaters auftreten ließen. Jung glaubte zu wissen, daß die Sexualität für Freud eine quasireligiöse Bedeutung besaß, wogegen sich Jung sträubte, obwohl ihm der Gegenspieler erschienen war, verrucht und bedrohlich im Dämmerlicht der unterirdischen Krypta, Lord Schiwa persönlich. Seinetwegen hatten sich Freud und Jung zerstritten, und die Jahrhundertfrage nach dem Wesen der Sexualität blieb von der Kontroverse der beiden maßgebenden Schulhäupter bestimmt.

Für die asketischen Ideale schien gleichwohl das letzte Stündlein gekommen zu sein. Weder Freud noch Jung interessierten sich für die Klostergeheimnisse der christlichen Sittengeschichte, diese mittelalterlichen Merkwürdigkeiten, die seit der Hochzeit des Mönches Luther der Vergangenheit angehörten. In den verbliebenen Klöstern lebte die alte Junggeselligkeit zwar fort, wie ein seltsamer Anachronismus aus längst entschwundenen Zeiten, jedoch ohne Einfluß auf den Gang der Dinge.

Dann allerdings begann ein Österreicher in München seine politische Karriere mit einem Putschversuch im Jahr 1923, während die Damenmode immer kecker wurde. Hitler trat als Asket auf, als Nichtraucher, Vegetarier, Zölibatär und soldatischer Mann. 1933 wählten ihn 44 Prozent der Deutschen zum Führer, und bald danach wurden die Schriften Freuds von den Nazis verbrannt. Das Mittelalter war offenbar lebendiger, als man gedacht hatte. Ich durfte es im Alter von zehn Jahren betreten, in der Uniform eines Hitlerjungen.

Zu jener Zeit lag das Gebiet des Heiligen Grals im deutschen Wald, den sich Wagner im «Parsifal» schattig und ernst, doch nicht düster gewünscht hatte. Da sang Kundry, zu Klingsor gewendet, grell lachend: Haha! Bist du keusch? Das war die Stimme der ewigen Jüdin im arischen Unbewußten, und Hitler saß im Parkett, ergriffen vom Gedanken an die Reinheit des deutschen Blutes. Der Tod Kundrys war nötig, nicht nur im Theater. Bei seinen festlichen Abendunterhaltungen hatte Hitler gern ein paar berühmte Filmschauspielerinnen dabei, denen er galant die Hand küßte. Eine von ihnen, Renate Müller, erzählte von einem Abend in der Reichskanzlei, allein mit dem Führer. Beide hatten sich bereits ausgezogen, als Hitler sich vor der Frau auf den Boden legte und sie aufforderte, ihn zu treten. Sie weigerte sich, er drang weiter in sie, nannte sich einen Unwürdigen, wand sich vor ihr auf dem Boden. Schließlich gab sie ihm einen Tritt, was ihn mächtig erregte. Weitere Tritte brachten den Führer schließlich ans Ziel seiner Wünsche, was von psychologischer Seite als Masochismus bezeichnet wird.

Rätselhaft blieb, warum Hitler den Massen als Heiliger erscheinen konnte, umflort von der Aura der Reinheit, für den auf dem Schlachtfeld zu sterben zur Ehre wurde. Nach den Exzessen der germanischen Seele, wie Jung sie genannt hatte, waren die asketischen Ideale jedenfalls für eine Weile verstummt, sozusagen beschämt über den Mißbrauch, den man mit ihnen getrieben hatte.

Als ich mein Mittelalter verließ, war die Pille bereits erfunden. In den Illustrierten gab es Betriebsanleitungen für einen beglückenden Geschlechtsverkehr zu lesen, und die Anzeichen für die Befreiung der Sexualität aus den alten Zwängen waren nicht zu übersehen. Die Kriminalisierung der sogenannten Unzucht mit Gleichgeschlechtlichen verschwand aus den Gesetzesbüchern, der Papst protestierte vergebens gegen die Legalisierung der Schwangerschaftsunterbrechung, und der Spontanfick stand in hohem Ansehen. Niemand konnte ahnen, daß der fröhliche Sex dieser Jahre nur ein Zwischenspiel war, der letzte Tango vor dem

Ausbruch der bösartigsten Lustseuche in der Menschheitsgeschichte.

Die Neuzeit, in die ich geraten war, erwies sich als eine ziemlich schmutzige Angelegenheit. In Amerika und England sprach man von der «pollution», was mich an die Pollutionen der Moraltheologie erinnerte, die nächtlichen Samenergüsse des asketischen Mannes, jene unfreiwilligen Befleckungen während des Schlafs. Die Pollutionen der Menschheit kamen aus den Motoren der Autos, den Fabriken der Industrie, von Waschmitteln und Sprühdosen. Sie trübten Seen und Flüsse, verunreinigten die Atemluft, machten ein großes Loch in die Ozonschicht, ließen Wälder und Ackerböden verkommen, Tiere und Pflanzen aussterben. Selbst in der Muttermilch fanden sich Spuren von Gift, und der Wunsch nach Sauberkeit wurde immer dringlicher, die Frage nach dem Wohin immer verzweifelter. Die Neuzeit hatte für mich kaum zehn Jahre gedauert, da war sie auch schon wieder vorüber und in die Ära der Postmoderne übergegangen, jenem merkwürdigen Zustand der Gleichgültigkeit gegenüber Vergangenheit und Zukunft, der auf eine Wiederkehr der asketischen Ideale hinauslief, freilich ohne deren mittelalterlichen Ernst zu begreifen.

Und die Bevölkerung der Erde nahm weiterhin zu, um zwei Prozent jährlich.

Für die neue Keuschheit erwiesen sich zwei Erfindungen als förderlich – die der Rechenautomaten und die des LSD. Was die Computer anlangt, so dämpfte der hauptberufliche Umgang mit ihnen entschieden die Potenz, weil die Faszination durch die Vorgänge auf dem Bildschirm alle übrigen Sensationen verblassen ließ. Noch interessanter war das sogenannte Lysergsäurediäthylamid, abgekürzt LSD-25, das 1938 erstmals halbsynthetisch hergestellt wurde. Fünf Jahre später entdeckte der Schweizer Chemiker Albert Hofmann durch Zufall, daß diese Substanz ein ungemein kraftvolles Halluzinogen ist. Ab 1961, dem Todesjahr Jungs, propagierte dann der Harvard-Professor Timothy Leary die Droge als hervorragende Hilfe zum Einstieg in die psychedelische Welt des erweiterten Bewußtseins, mit einigem Erfolg unter den Studierenden der Massenuniversitäten in den USA. Im Jahr 1966 erklärte der Vorsitzende der Kommission zur Erforschung narkotischer Rauschmittel in New Jersey das LSD zur größten Bedrohung der Vereinigten Staaten, und bald darauf setzten die Bemühungen um eine Verschärfung des Betäubungsmittelrechts ein, auf internationaler Ebene, die den Gebrauch von LSD erfolgreich kriminalisierten und schließlich auch unterdrückten.

Da war aber der neue Weltstil, wie ihn Ernst Jünger nannte, bereits geboren. Ein großer und allmählich breiter werdender Strom aus anregenden und betäubenden Pharmaka floß aus den chemischen Fabriken ganz legal bis ins letzte Dorf, als Nervenkost für die Massen. Die illegalen Rauschdrogen waren dagegen ein schmales Bächlein, auch wenn über jedes beschlagnahmte Gramm Heroin in den Zeitungen berichtet wurde. Die Menschen lebten mit ihren Psychopillen und Schlafmitteln wie mit Haustieren und wurden dabei immer apathischer. Und siehe, die keusche Würde der Enthaltsamkeit streckte ihre Hände abermals aus, gefüllt mit Tabletten, Kügelchen und Zäpfchen in den buntesten Farben, sanft lächelnd, als wollte sie sagen, davor schrickst du zurück?

Im Vergleich zur Ruhigstellung der Industriemenschen durch die pharmazeutische Industrie erschien das Leben in einem mittelalterlichen Kloster wie ein wilder Exzeß.

Auch die Nervenärzte waren auf das LSD aufmerksam geworden. Einer von ihnen, der Psychotherapeut Hanscarl Leuner aus Göttingen, begann ab 1956 das LSD als Hilfe bei der Behandlung der Patienten einzusetzen. Die Methode erwies sich im Vergleich zur langwierigen Technik Freuds und Jungs, die meist Jahre dauerte und eine Menge Geld kostete, als Abkürzungsweg zur Genesung von neurotischen Zuständen. Schwer depressive Kranke konnten nach drei Monaten nach Hause geschickt werden. Bei der großen Zahl der Patienten und der Länge ihres Aufenthaltes in den Heilanstalten war das eine gute Nachricht, und Leuner blieb nicht der einzige Arzt, der das LSD einsetzte. Allein in Europa gab es in den sechziger Jahren achtzehn Behandlungszentren, die mit LSD arbeiteten, bis die von Leary ausgelöste psychedelische Welle zu einer derartigen Hysterie der Gesundheitsbehörden führte, daß auch die Psychiater auf das LSD verzichten mußten.

Ein kanadischer Freund schenkte mir damals eine Portion LSD, aber ich zögerte mit der Einnahme. Der junge Mann, Lehrer an einem College, bewegte sich selbst in den Randgebieten des Wahnsinns, und ich hatte keine Lust, ihn dorthin zu begleiten. Außerdem kam ich wie gesagt aus dem Mittelalter. Wenn der liebe Gott inmitten seiner Engel und Heiligen, mit dem ich einen sehr vertrauten Umgang gehabt hatte, mich das Paradies nicht schauen lassen wollte, dann gab es dafür sicherlich gute Gründe.

Wie sich bald herausstellte, hatte das LSD seine Rolle als Auslöser eines Tourismus der Ekstasen hervorragend gespielt. Als es von der Bildfläche verschwand, waren bereits andere Schlüssel gefunden, die das Tor zu jener Welt aufschlossen, die Jung betreten hatte, als er sich fallen ließ. Der Prager Arzt Stanislav Grof beispielsweise, einer der ersten LSD-Psychiater und seit 1967 in den USA tätig, beschritt einen einfachen und verhältnismäßig ungefährlichen Weg in die Gefilde Timothy Learys. Mit Musik, Massage und der Anleitung zu raschem Atmen transportierte er seine Klienten zurück in den Mutterleib, wo sie noch einmal ihre Geburt erlebten. Manche machten dabei in die Hose. Besonders erfolgreich waren die vierwöchigen Seminare im kalifornischen Big Sur, die Grof mit seiner Frau am sogenannten Esalen-Institut veranstaltete, für Gäste mit Interesse an spirituellen Erlebnissen und einer dicken Brieftasche. Es gab Vorträge von Trendsettern des sogenannten New Age wie Fritjof Capra und Michael Harner, Filmvorführungen, gutes Essen und Trinken, Bademöglichkeit in den Mineralquellen, Selbsterfahrungsübungen und Gruppendiskussionen. Mit ein wenig Glück fuhr man als verwandelte Persönlichkeit nach Hause.

Für die Masse der weniger zahlungskräftigen Sinnsuchenden gab es ein buntes und häufig wechselndes Angebot von Kursen, Workshops und Trainingsprogrammen mit bizarren Namen wie Psychosynthese oder Polaritätstherapie, ein immer toller werdender Mix aus Bruchstücken asiatischer Lebenslehren, psychologischen Entspannungstechniken und philosophischem Tiefsinn. Diese vielfältigen Fluchtversuche aus der alltäglichen Wirklichkeit führten zwar nicht ins Kloster wie im Mittelalter, aber auch nicht nach Schwabing, wo Otto Gross die freie Liebe gepredigt hatte. Das tibetische Buch der Toten wurde wichtiger als das Kamasutra, Mystik interessanter als Erotik. Das bevorzugte Reiseziel war die innere Welt, Jungs Bewußtsein Nummer Zwei. Dort spielten keine Kinder, wuchs kein Kraut, tickten keine Uhren. Nur der Alte stand da und das weibliche Wesen in Gesellschaft der listigen Schlange. Sie warteten auf die Kinder des Atomzeitalters, und was sie zu sagen hatten, stand in den gnostischen Traktaten geschrieben, die der Kameltreiber Mohammed Ali im Jahr 1945 bei Nag Hammadi gefunden hatte.

Die Leidenschaft ist dabei auszusterben, ebenso wie der

sinnliche Rausch, schrieb die französische Philosophin Elisabeth Badinter, und ihre amerikanische Kollegin Shere Hite fand unter 4500 befragten Frauen nur Verdruß über Liebe, Ehe und Sex. Das Jahrhundert der Aufklärung des Geschlechtslebens drohte in Lustlosigkeit zu endigen. Wir kommen zurück von Jerusalem, riefen die unbefriedigten Wünsche, wo wir nicht fanden, was wir suchten. Mann und Weib werden aneinander zum Teufel, wenn sie ihre Geschlechtlichkeit nicht trennen. Den Weg des Wassers muß man wohl gehen, antwortete Jung, und er führt immer nach unten.

16. Heilige Wandlung

In meinem Buch «Tod und Teufel», das ich noch im Pfarrhaus zu Papier gebracht hatte, schrieb ich: Der tote Jesus predigt unter strömenden Tränen zu den Seelen der Kinder scheinbar vergeblich, scheinbar vergeblich werden Hostien erhoben von den Priestern, scheinbar vergeblich werden jene Worte des toten Jesus wiederholt, Dieses ist mein Leib für euch. Hierbei handelt es sich um die Wandlung. Gleichwohl geschieht es dann und wann, daß für Augenblicke ich mir vorkomme, als ob ich mit den Augen in die Hostie eindringen, in sie einsinken würde, zusammen mit dem Gefühl, mich in einer Wölbung zu befinden. Diese Empfindung habe ich wirklich. Ich möchte sie ungern unterdrücken.

Meine letzte heilige Messe zelebrierte ich am 20. Februar 1976 mit wenigen Freunden und Bekannten am Altar der Kapelle eines katholischen Studentenheims in Wien-Döbling. Einige Tage später erhielt ich ein dienstliches Schreiben aus der Kanzlei des Wiener Kardinalerzbischofs, das mir die Ausübung des Priesterdienstes untersagte. Bald danach hatte ich in Südtirol, wohin ich zum Schilaufen gefahren war, ein merkwürdiges Erlebnis, am späten Nachmittag. Während eines Bummels durch das Städtchen Innichen war ich mit meiner Gesellschaft in dem mächtigen romanischen Gotteshaus des Ortes gelandet. Ich setzte mich in eine Bank und blickte nach vorn zum Hochaltar, wo ein rotes Lämpchen die göttliche Gegenwart verkündete. Die leichte Entrückung, in die ich dabei ohne besondere Absicht geriet, zog mich in ein Ganzes hinein, das mich aufnahm, zusammen mit den mir nahestehenden Menschen, und alles war gut. Damit kündigte sich das Ende der dunklen Nacht meiner Seele, in der ich lange genug herumgestolpert war, offenbar an, was ich damals allerdings kaum beachtete, weil ich mit der Bewältigung meines Konflikts mit der Kirchenbehörde beschäftigt war. Ich trauerte um den Verlust, den ich durch das Verbot, meine Wandlungsgewalt auszuüben, erlitten hatte.

Das Glück des Priesters bestand in der Verfügbarkeit Gottes, der sich wieder und wieder auf den Altar herabließ, sooft die geheiligten Worte der Wandlung gesprochen wurden. Dann wurde die kleine Oblate zum Fleisch Christi, und der Wein im goldenen Kelch zum Blut des Heilands, vergossen zur Vergebung der Sünden. Dies Glück war an Wochentagen eher still, weil sich zur Frühmesse nur einige ältere Frauen einzufinden pflegten. Vor der versammelten Gemeinde am Sonntag erschien der Priester dann in der vollen Würde seines Amtes, und wenn er seine Hand zum Segen erhob, sanken die Gläubigen in die Knie.

Mein Wunsch, zur Schar der Priester zu gehören, erwachte in mir, als ich kein Hitlerjunge mehr sein wollte, im Frühling 1944. Wie hätte ich wissen sollen, daß dieser Wunsch seine Gestalt bereits im Altertum empfangen hatte, als der Gegenspieler ins Licht der Geschichte trat, beim Bau der ersten Tempelanlagen am Nil, Jahrtausende vor Christi Geburt. Der Typ, den ich verkörperte, war in den feierlichen Prozessionen mitgegangen, die dem Volk die Götterstatuen brachten, um sie dann wieder in die Dunkelheit des Heiligtums zurückzutragen. Den gemessenen Schritt, die gesammelte Miene hatte ich in Memphis und Theben in mich aufgenommen, als in Europa hauptsächlich Wildschweine und Auerochsen herumliefen. Ich hatte gelernt, daß blutige Opfer erforderlich sind, um die Dinge im Gleichgewicht zu halten, daß die Götter besonders die fetten Stücke der zu ihrer Ehre geschlachteten Tiere liebten, und gelegentlich auch ein unschuldiges Kind, bei wichtigen Gelegenheiten. Irgendwann hatte Gott beschlossen, seinen eigenen Sohn töten zu lassen, wie einen Verbrecher, und seitdem widmeten sich die Priester der Wiederholung dieses furchtbaren Geschehens, indem sie Brot und Wein in das Fleisch und das Blut des geopferten Gottessohnes verwandelten, mit Gebeten, die bereits der Afrikaner rezitiert hatte, als er in Hippo Regius die Messe zelebrierte.

Die Gebete der heiligen Messe, in lateinischer Sprache, wurden aus dem Gedächtnis gesprochen, mit Ausnahme jener Texte, die von Tag zu Tag wechselten und in dem dafür bestimmten Buch gedruckt waren. Die Rezitation der vertrauten Anrufungen in der fremden und toten Sprache erleichterte das unmerkliche Hinübergleiten des Zelebranten in jenen eigentümlichen Zustand des Bewußtseins zwischen Denken und Fühlen, Konzentration und Ichverlorenheit, den man als Andacht bezeichnet. Die alten Formeln, bewährt im Gebrauch der Jahrhunderte, strukturierten einen Raum, der von Engeln und seligen Toten bevölkert war, ein göttlicher Bereich jenseits von Zeit und Raum, dessen Evidenzen zwingender waren als das Einmaleins. Manchmal waren Priester während der Messe in Verzückung geraten, überwältigt von der Gegenwart Gottes, was mir nicht weiter verwunderlich erschien. Die kräftigsten Gebete der Messe wurden an festlichen Tagen im Chor gesungen und entfalteten dann ihre ganze Schönheit. Gloria in excelsis Deo. Dann legte der Priester einige Weihrauchkörner auf die glühende Holzkohle im silbernen Gerät, und die Kirche duftete nach Religion.

Das Mittelalter, aus dem die Gebete der Messe stammten, kannte die Trennung zwischen Bewußtsein und Unbewußtem noch nicht. Diese Spaltung des Seelenlebens wurde erst notwendig, als die Kaufmänner sich einbildeten, alle ihre Energien auf die Eroberung von fremden Ländern in Asien, Afrika und Amerika konzentrieren zu müssen, auf die Erfindung von Dampfmaschinen, Unterseebooten und Taschenrechnern. Geister und Götter, Dämonen und Engel wirkten dabei nur störend, und deswegen wurden sie lächerlich gemacht, als Hirngespinste bezeichnet und in jene Bereiche des Seelischen abgedrängt, in denen Freud und Jung sie dann wiederentdeckten.

Die alten Gebete hingegen, die ich zwanzig Jahre lang jeden Tag beim Messelesen murmelte, hatten ihren hohen Reiz eben gerade darin, daß sie die Wiederkehr der so schnöde verdrängten Bewußtseinsinhalte ermöglichten, nicht in der Ordination des Psychotherapeuten, sondern in der ästhetisch anregenden Umgebung einer Kirche. Ein religiöser, also ein mittelalterlicher und sogar altertümlicher Mensch, wie ich einer war, verbringt die schönsten Stunden seines Lebens im Niemandsland zwischen Bewußtsein und Unbewußtem. Es muß schon einiges passieren, wenn er diese Stunden aufs Spiel setzt.

In meinem Fall war es die wissenschaftliche Redlichkeit des Denkens, die mich an der Wahrheit meiner priesterlichen Verrichtungen zweifeln ließ. Es war wie ein Schock, als ich in einer bibeltheologischen Abhandlung las, Jesus Christus habe die Priester seiner Zeit mit Verachtung gestraft und sicherlich nicht im Sinn gehabt, eine Priesterkirche zu gründen. Ich schrieb in mein Tagebuch: Ich bin etwas geworden, was es nach Jesu Lehre gar nicht geben soll, nämlich Priester. Das war im März 1968, und von da an befand ich mich ziemlich im Dunkel.

Andere Priester hatten ähnliche Probleme gehabt. Einer von ihnen, der vor langer Zeit dem gelehrten Zosimos von Panopolis im Traum erschienen war, äußerte sich über seine Identitätskrise wie folgt:

Ich bin Ion, der Priester der innersten verborgenen Heiligtümer, und ich unterziehe mich einer unerträglichen

Qual. Denn es kam einer um die Morgenfrühe in eilendem Lauf, der überwältigte mich und durchbohrte mich mit dem Schwert und zerteilte mich, und zwar so, daß die Reihenfolge meiner Glieder gewahrt blieb. Er zog die Haut meines Kopfes ab. Er fügte die Knochen mit den Fleischstücken zusammen und verbrannte das Ganze mit eigener Hand auf dem Feuer, bis ich wahrnahm, wie ich verwandelt wurde und zu Geist. Dies ist meine unerträgliche Qual.

Der seltsame Text ließ sich als Darstellung des schmerzlichen Prozesses verstehen, der mit jedem Zusammenbruch im Grundgefüge der Persönlichkeit verbunden ist. Man konnte dabei wahnsinnig oder ein anderer Mensch werden. Letzteres war entschieden vorzuziehen, und wirkte dann wie eine Art zweiter Geburt. Im Traum des Zosimos wurde die geglückte Verwandlung des Priesters von einer Stimme verkündet, die also sprach: Siehe! Ich habe vollendet den Abstieg über die fünfzehn Stufen der Finsternis und ich habe vollendet den Aufstieg über die Stufen des Lichts. Mit zwingender Notwendigkeit bin ich geheiligt und stehe nun da in der Vollendung.

Soweit war ich leider noch lange nicht, als ich in der Kirche von Innichen saß. Ich hätte sonst sicherlich keine Bücher mehr geschrieben. Lediglich die Qual, langsam auseinandergenommen zu werden, hatte ein Ende. Jetzt brauchte ich nur noch verwandelt zu werden, wenn das Programm stimmte. Als Geist wollte ich allerdings nicht herumlaufen.

Es gab viele wie mich. Manche fanden, wie zum Beispiel der deutsche Fernsehjournalist Franz Alt, durch die Lektüre der Schriften Jungs zu einem neuen Verständnis des Herrn Jesus. Andere, wie der holländische Psychiater Jan Foudraine, wurden zu Jüngern des Bhagwan Shree Rajneesh. Sie alle, die sich auf dem spirituellen Weg befanden, hatten ihre Verwandlungen erlebt. Filmschauspielerinnen waren zu Mystikerinnen geworden, Psychologen zu Schamanen, Manager zu Gesundheitsaposteln. Der spirituelle Weg ist einfach, schrieb Foudraine, Wahrheit ist keineswegs kompliziert. Sie ist Erwachen. Sie ist eine vollständige Aufgabe des Selbst, ein Hinausgehen über alle Namen und Formen. Sie ist Hingabe.

Das Transformationsprogramm des neuen Wassermannzeitalters, wie es Jung genannt hatte, war keineswegs so neu, wie seine Apostel verkündeten. In den Lebenslehren des asiatischen und europäischen Mittelalters, dem klassischen Dreitakt von Reinigung, Erleuchtung und Verschmelzung mit dem Göttlichen, ging es seit eh und je um eine Umkrempelung des alten Ich, eine Umwandlung des Bewußtseins. Nach der Beendigung der Transformation lag die frühere Persönlichkeit als Maske da, merkwürdig fremd, wie die abgestreifte Haut einer Schlange. Einstens waret ihr Finsternis, hatte bereits Sankt Paulus geschrieben, jetzt aber seid ihr Licht. Wandelt im Lichte! Wie am Tage lasset uns ehrbar wandeln, nicht in Schmausereien und Trinkgelagen, nicht in Wollust und Ausschweifungen.

Stets brachte solch heilige Wandlung eine Vergeistigung der schwerfälligen Materie, führte der Aufstieg der Seele aus dem Dunkel der sinnlichen Niederungen ins reine Licht engelgleichen Lebens. Die Tendenz der Transformationsprogramme war asketisch.

Leider blieben viele Adepten auf dem Pfad zur höheren Einsicht irgendwo unterwegs hängen, weil sie es nicht über sich brachten, die Gewohnheiten ihres alten Adam aufzugeben, beziehungsweise ihrer alten Eva. Dann suchten sie Hilfe bei den Meisterinnen und Meistern der Seelenkunde, in jahrelangen Bemühungen, die kaum weniger anstrengend verliefen als eine Mönchslehre in Tibet. Die Tendenz der Tiefenpsychologie war ebenfalls asketisch. Ohne Triebverzicht blieb man in der Unterstufe sitzen.

Die kürzeste Formel für alle Transformationsprogramme, die altertümlichen und die modernen, die religiösen und die tiefenpsychologischen, kam aus der antiken Chemie, die sich mit der Umwandlung billiger Metalle in edlere befaßte: Solve et coagula! Bestimmte Stoffe, zum Beispiel Blei, mußten aufgelöst, neue Verbindungen hergestellt werden.

Es war Jung, dem die Affinität der alten chemischen Rezepturen zu den Vorgängen im Seelenleben seiner Patienten auffiel.

Begonnen hatte es wieder einmal mit einem Traum, in dem Jung neben seinem Haus einen Anbau erblickte, der ihm fremd schien, obgleich das Gebäude nicht neu aussah. Darinnen befand sich eine kostbare Bibliothek aus alten Folianten, die in Schweinsleder gebunden waren und merkwürdige Abbildungen enthielten.

Fünfzehn Jahre später hatte Jung in der Tat eine derartige Sammlung zusammengekauft. Sie bestand aus antiquarischen Büchern von verschiedenen Alchemisten des 16. und 17. Jahrhunderts.

Angeregt zur Beschäftigung mit der Alchemie wurde Jung durch den Chinamissionar und Übersetzer Richard Wilhelm, der ihm 1928 einen alchemistischen Text aus dem alten China geschickt hatte, «Das Geheimnis der Goldenen Blüte». Bald darauf beauftragte Jung einen Münchner Antiquar mit der Suche nach einschlägigen Werken und begann seine Studien der Alchemie, die ihn etliche Jahre in Atem hielten.

Besonders frappant war für Jung die Korrespondenz mancher Trauminhalte seiner Patienten mit bestimmten alchemistischen Vorstellungen, obwohl die Träumer und Träumerinnen keine Ahnung von der Alchemie hatten. Sie träumten beispielsweise von einem Jäger mit drei Hunden, drei Hühnern in einem Käfig, den ein viertes Huhn eben verläßt, drei Herren mit einer Dame bei Tisch. Solche Viererkonstellationen oder Quaternitäten, wie Jung sie gern nannte, erwiesen sich als weitaus bedeutender, als ihr banales Äußeres verriet. Jung verfolgte sie quer durch die Märchen, Mythen und Mysterien der alten Völker und Kulturen in allen Erdteilen, verglich die vier Elemente mit den vier Grundfarben und landete schließlich bei den Gnostikern, Hermetikern und Alchemisten, denen die Vier als Zeichen der Ganzheit gegolten hatte. Das große Werk, so ließ sich erfahren, begann im Zustand der Finsternis, der auch die schwarze Sonne genannt wurde. Hernach kam die Zähmung des grünen Löwen, welche im Fall ihres Gelingens mit der sogenannten Rötung belohnt wurde, die ihrerseits im Goldgrund des Seins ihre Vollendung fand, wenn alles gutging.

Daß solche Chiffren zunächst die Arbeitsschritte bei der Goldkocherei bezeichneten, den Umgang mit Schwefel, Quecksilber und Blei, interessierte Jung nicht. Er hatte endlich ein Schrifttum gefunden, das dem Prinzip der Verwandlung huldigte, der endlosen Plastizität von ineinander übergehenden Gestalten, die ihm als Irrenarzt durchaus geläufig und deren Strukturierung sein Lebensziel war. Nunmehr schien es ihm möglich, seine eigene Krise zwischen 1913 und 1917 als alchemistischen Wandlungsprozeß zu interpretieren, dessen Vollendung er Individuation nannte, das Zu-sich-selber-Kommen des Subjekts. Daß es dabei nicht immer gemütlich zuging, hatte der träumende Zosimos allbereits gesehen, als er den gequälten Priester, der ihm erschienen war, zu weiteren Auskünften veranlassen wollte. Da wurden dessen Augen wie Blut, notierte der Träumer, und er spie all sein eigenes Fleisch aus. Und verwandelte sich in ein Männlein, das einen Teil seiner selbst verloren hat. Und zerfleischte sich mit seinen eigenen Zähnen und sank schließlich in sich zusammen.

In meinem Fall verlief die Geschichte nicht ganz so dramatisch. Ich hatte mich zwar in einem gewissen Sinn selber zerfleischt, durch die Veröffentlichung meiner Gedanken über den Widerspruch zwischen den Absichten des Herrn Jesus und der Realität einer Priester-Kirche, und war deshalb aus dem Heiligtum entfernt worden. Aber mein Unbewußtes nahm diese Vorgänge kaum zur Kenntnis. Unbeirrt von der Veränderung meiner Lebensumstände führte es mich in meinen Träumen immer wieder in Kirchen, ließ mich an den Altar treten, um die Messe zu feiern. Die Erinnerung, daß dies nicht mehr sein durfte, blieb im Traum weitgehend ausgeblendet, wie eine leise Störung des Geschehens, die stets beschwichtigt wurde.

Gern hätte ich die Realität dieses mächtigen Wunsches nach Heiligkeit mit meiner profanen Existenz als Ex-Priester und Schriftsteller versöhnt, hatte dabei aber das politische Gewicht der Kirche gegen mich, die mich als Abtrünnigen behandelte. Da nützte keine Tiefenpsychologie und keine Alchemie, und ich mußte als Männlein durchs Leben marschieren, das einen Teil seiner selbst verloren hat. Der Priester, der ich gewesen war, begleitete mich wie mein Schatten, wir traten gemeinsam auf die Lichtung im Wald, wo das rote Kreuz aufgepflanzt war, um es zu küssen und zu züchtigen. Jung wollte uns mit dem Hinweis trösten, daß jedes Kreuz aus vier Balken besteht. Aber auch er wußte keine Antwort auf die Frage, wie man fromm sein kann, ohne lügen zu müssen.

In der Welt des Heiligen, die ich hatte verlassen müssen und von der ich hartnäckig träumte, gab es keine Veränderung. Es war dort so still wie in einer Kathedrale am frühen Nachmittag. Ernste Gestalten aus Stein blickten zum Himmel. Was zu geschehen hatte, war längst vollbracht, was zu sagen war, längst niedergeschrieben. Der Afrikaner hielt ein brennendes Herz in der Hand. Gottvater fischte im Weltmeer nach dem Gegenspieler, mit dem toten Jesus als Köder an der Angel. Es war alles schon dagewesen. Nackte Jüdinnen wurden in die Gaskammern getrieben. Es mußte so sein. Manchmal, wenn ich auf die konsekrierte Hostie blickte, die vor mir auf dem Altar lag, hatte ich den Eindruck, in die Gottheit zu versinken. Der Kelch mit dem Blut Christi wurde mit einem kleinen Quadrat aus gestärktem Leinen bedeckt, damit keine Fliege hineinfiel. Die Fliege hätte mitgetrunken werden müssen, wegen der Heiligkeit des Blutes Christi, von dem nichts verlorengehen durfte.

So säuberlich mußten die Priester zwischen dem Heiligen und dem Gewöhnlichen, dem Erlaubten und dem Verbotenen, dem Anständigen und dem Unanständigen unterscheiden. Die langsamen Bewegungen der Priester im Heiligtum wurden von der Vorsicht diktiert, die im Umgang mit der Gottheit geboten war. Der geringste Fehler konnte das mühsam hergestellte Gleichgewicht stören. Alles Heftige, alles Gewaltsame war verpönt, weil das Heilige höchst gefährlich war, ein Kraftfeld aus destruktiven und beruhigenden Energien, dessen Aufrechterhaltung mit großer Umsicht und Behutsamkeit zu besorgen war. Alles, was auch nur entfernt an rohe Gewalt erinnerte, hatte im Heiligtum nichts verloren, menstruierende Frauen zum Beispiel. Umständliche und zeitraubende Riten waren erforderlich, wenn das Heiligtum entweiht worden war.

Das Geheimnis der heiligen Wandlung, des Zentrums meiner priesterlichen Verrichtungen, lag im Wunsch, den sinnfälligen Weltkörper als unsichtbaren Gottesleib aufzufassen. Der Weltkörper war nach der Wandlung identisch mit dem Gottesleib. Der Wunsch nach Wandlung kam von der hellen Seite. Der Teil meiner selbst, den ich verloren hatte, als ich die Welt des Heiligen verließ, war die dunkle Seite meiner Männlichkeit, die Liebe zum Tod.

Das Unbewußte, in dem Jung seine Forschungsreisen unternahm, erinnerte mich an die Welt des Heiligen, von der ich mich halbwegs getrennt hatte. In beiden Domänen herrschte eine feierliche Humorlosigkeit, beide lebten von gemeinsamen Erinnerungen der Menschheit, die in die Vorgeschichte zurückreichten, und nie von neuen Erfahrungen. Priester und Tiefenpsychologen hatten eine gemeinsame Leidenschaft für Vergangenes, für alte Geschichten. Der Priester studierte immer wieder die kanonischen Texte seiner Religion, der Psychotherapeut erforschte die Kindheit seiner Patienten. Das Damals, in dem sich beide bewegten, vergegenwärtigte sich immer wieder, im Wiederholungszwang der Neurotiker, im kultischen Geschehen der heiligen Riten. Die Treppen, die Jung in seinen Träumen nach unten stieg, führten ins Mittelalter, zu den Alchemisten und Gnostikern, ja noch tiefer hinab, zu Osiris und Isis, zu den heiligen Anfängen der Mythen, die im Unbewußten fortwirkten, über Jahrtausende hinweg. Für Jung waren die Toten nicht gestorben, sie hatten lediglich ihre Namen und Gestalten gewechselt und lebten weiter, unverwüstlich wie die Pyramiden am Nil.

Die Bücher, die ich verfaßte, nährten sich ebenfalls vom Fleisch der Toten. Als Historiker verbrachte ich meine Tage mit dem Herrn Jesus in Palästina, mit dem Afrikaner in Nordafrika und Mailand, mit Franz von Assisi in Umbrien und den Marken. Die Landschaften, in denen ich ihnen begegnete, hatten sich längst verändert, sie wurden von Autostraßen durchschnitten, auf denen die Menschen in großer Eile dahinfuhren, wie auf der Flucht vor grausamen Feinden. In der Stille meines Studierzimmers jedoch durfte mein Geist durch imaginäre Räume schweifen, im Gespräch mit prominenten Toten, die halbwegs Fleisch wurden, in einer merkwürdigen Welt zwischen Wirklichkeit und Traum, mit blasseren Farben und verschwimmenden Umrissen, ohne Details, liebevoll beschildert, erstarrt für die Ewigkeit.

Ja, ich gehörte noch immer zu jenen, die nach den Anfängen fragen, wie der Ermittler im Kriminalroman, wie der Richter beim Verhör des Angeklagten. Wann und wo geboren, Schulbildung, Vorstrafen. Meine Leidenschaft für die Vergangenheit war offenbar weit verbreitet, sie nährte ganze Berufsgruppen von Restauratoren, Ausgräbern, Archivaren, Kustoden, Lateinlehrern, Numismatikern. Sie alle hatten die sanften Hände von Priestern, und sie bedienten die Ströme der Urlauber, die durch Kathedralen und Königsschlösser marschierten, auf der Suche nach der verlorenen Zeit, nach dem Heiligenschein des Gewesenen, Pilger mit Kameras um den Hals, begierig nach den Überbleibseln der Toten. Die Tourismusindustrie hatte sich der Welt des Heiligen angenommen, Historiker und Psychologen arbeiteten als Animateure einer kollektiven Regression in die Kasematten einer zerstreuten und unfruchtbaren Erinnerung, deren Schauräume die Täter ehrten und die Opfer vergaßen, im Zwielicht zwischen Traum und Wirklichkeit, wo Karl der Große neben Albrecht Dürer stand, Mohammed neben Kolumbus.

Dort war auch Jung gelandet, und zu meinem Glück konnte er sich nicht mehr gegen mich wehren.

17. Am Nullpunkt

Wenn das Treppensteigen, um im Bild zu bleiben, allmählich langweilig wird, wenn die tiefsten Erkenntnisse und die höchsten Wahrheiten blamiert sind, dann ist es an der Zeit, stehenzubleiben und den Helm abzunehmen. Das Jahrhundert geht zu Ende, und mit ihm die Glaubwürdigkeit der Ideen, denen die Menschen an seinem Beginn nachliefen, um in Schützengräben oder Konzentrationslagern aufzuwachen. Christentum, Sozialismus, Aufklärung, Kapitalismus stehen auf der weltgeschichtlichen Bühne herum, ohne Text, während das Publikum unruhig wird. Hunderte von psychotherapeutischen Verfahren streiten um das Erbe von Freud und Jung, ohne Hoffnung auf ein Konzil, das die alleinseligmachende Lebenslehre dogmatisieren würde. Obwohl die Preise für die Hilfen gegen Weltschmerz und Trostlosigkeit längst herabgesetzt sind, zögert man zuzugreifen. Marihuana ist polizeilich verboten.

Wir, die wir wagen, diesen Zustand des Versagens zu bedenken, schreibt der französische Philosoph Lyotard, sind wir dazu verdammt, nur negative Helden zu sein?

Nein. Wir wissen zwar nicht, ob März oder November ist, ob Zuversicht oder Schwermut angebracht erscheint, aber die Luft wirkt gelegentlich frisch und kühl, der Himmel klar. Saubere Leere im Kopf, frei von Gedanken, wie nach dem Liebesakt.

Auf den ersten Blick muten wir wie aus Holz geschnitzt an, wie die Kampfhähne aus der Parabel des Philosophen Dschuang Dse. (Einer richtete Kampfhähne für den König ab. Nach zehn Tagen fragte ihn der König, ob die Hähne zum Kampf antreten könnten. Noch nicht, Majestät! Noch achten sie auf Laute und Bewegungen. Abermals verstrichen zehn Tage, und der König fragte, wie es mit den

Hähnen stünde. Noch nicht soweit, Majestät! Sie blicken noch mit funkelnden Augen um sich und strotzen vor Kraft. Nach weiteren zehn Tagen, als der König wiederum nach den Hähnen fragte, lautete die Antwort, es ist soweit, Majestät. Jetzt können andere Hähne krähen, soviel sie wollen, unsere Hähne rühren sich nicht. Auf den ersten Blick muten sie in ihrer reglosen Ruhe wie aus Holz geschnitzt an. Vollkommen ist die Kraft ihres Wesens. Nie würden andere Hähne es wagen, ihnen im Kampf zu begegnen. Bei ihrem Anblick ergreifen sie die Flucht.)

Sehr viel von dem, was uns beigebracht wurde, haben wir erfolgreich verlernt. Wir sind pensionsversichert.

Immer noch trauern wir, das ist wahr, um den Verlust der alten Gewißheiten. Das waren noch Zeiten, als die gewaltigen Kathedralen in den Himmel wuchsen. Als die Bastille gestürmt wurde. Als die Arbeiterbewegung um den Achtstundentag kämpfte. Merkwürdig nur, daß die Frauen in der Regel zu Hause blieben, wenn die Kampfhähne krähten. Jetzt können andere Hähne krähen, soviel sie wollen, wir rühren uns nicht. Wir müssen uns sammeln, wir, die diesen Zustand des Versagens bedenken. Wir haben den Abstieg über die fünfzehn Stufen der Finsternis und den Aufstieg über die Stufen des Lichts vollendet. Jetzt stehen wir da, ohne Helm und Schwert, auf der Höhe der Zeit, und fühlen uns leer, nicht wie traurige Helden, eher wie Clowns, deren Witze sich abgenützt haben. Es fällt uns nichts ein, und die Tugend, die wir aus dieser Not machen möchten, hat noch keinen richtigen Namen.

Die Geschichte der Null fängt in Asien an, mit dem Sanskritwort für Leere, das im Buddhismus zu einem theologischen Schlüsselbegriff wurde. Der gelehrte Mönch Nagarjuna hatte ihn vor 1900 Jahren bereits im Repertoire, als Klammerausdruck, in welchem die Vielheit der Seienden und die Einheit des Seins notiert werden konnten. Der Weltmensch, so hieß es, erlebt die Leere negativ, weil sie der Grund aller Unbeständigkeit und damit allen Leids ist. Der Weise hingegen, falls er nicht mit zuviel Sand auf den Augen geboren wurde, erschaut die prinzipielle Leere als negatives Prädikat alles Wirklichen, dessen illusionärer Charakter ihm zum positiven Absoluten wird, in dem er zur Ruhe kommt, vergleichbar einem Schläfer, der weiß, daß er träumt.

In der buddhistischen Kunst wurde die Null als Zeichen für den Begriff der Leere gebraucht, gelangte um 400 (unserer Zeitrechnung) in die indische Mathematik und von dort zu den arabischen Gelehrten in Bagdad, die ab 900 das algebraische Rechnen erdachten. In Europa erschien dann 1212 die erste gemeinverständliche Darstellung der neuen Zahlenlehre. Die Buchhalter in Genua fingen an, Nullen zu schreiben, und bald wurde das Dezimalsystem für das Wirtschaften überall unentbehrlich.

So hatte der Kapitalismus vom Buddhismus das Rechnen gelernt. Das Zeichen für die Nichtigkeit alles Bestehenden erwies sich als ungemein nützlich beim Zählen des Geldes, auch in Indien, wo der Buddha einst die Entsagung gepredigt hatte.

Die Moral aus der Geschichte der Null ist einfach. Je entschiedener die Abkehr von der Welt, desto größer die Versuchung, sich ihrer zu bemächtigen.

Der Nullzustand selbst, ohne den es nie zur Geschichte der Null gekommen wäre, läßt sich nicht als Geschichte erzählen. In ihm gibt es kein Vorher und Nachher, keinen Fortschritt, weder Subjekt noch Prädikat. Heutige Kenner, die ihn zu beschreiben versuchen, finden in Texten, die 2000 Jahre alt sind, das nämliche ausgedrückt. Es stellt sich als unwesentlich heraus, ob der Nullzustand einem Muslim des zehnten Jahrhunderts, einem Juden des achtzehnten, einem Buddhisten des fünften, einem Marxisten des zwanzigsten Jahrhunderts zuteil wurde. Auch Frauen, so hört man, können ihn kennenlernen, sogar Philosophieprofessoren oder Schizophrene. Er sei so selten wie das Einhorn, wird behauptet, und auch so flüchtig. Manchmal helfe eine Gabe von 100 bis 200 Mikrogramm LSD, um die Schwelle zum Nullzustand zu überschreiten. Verharren könne niemand in ihm, es sei denn, er wäre verrückt. Man dürfe ihn nicht mit den hundert verschiedenen Trancezuständen verwechseln, den schamanischen Ekstasen, den Visionen der Heiligen, den Trips in die vorgeburtliche Phase. Wer glaube, jahrzehntelange Meditation führe notwendig zum Nullzustand, sei im Irrtum. Allemal komme er wie ein Geschenk, unerwartet und meist über alle Maßen beseligend, Ich und All numerisch verschmelzend. Konventionelle religiöse Vorstellungen, seien es nun östliche oder westliche, würden im Nullzustand überflüssig. Häufig hätten die authentischen Mystiker und Mystikerinnen aller Zeiten das Mißtrauen der Religionsbehörden erregt, auch wenn ihre Frömmigkeit außer Frage stand, weil sie Gott nicht mehr benötigten. So wäre durch sie das moderne Dilemma zwischen Gottlosigkeit und Gläubigkeit längst in einer Erleuchtung aufgehoben, die weder als heilig noch als profan zu interpretieren sei.

Der Snobismus derer, die bereits im Nullzustand waren oder sich auf ihn vorbereiten, rechnet mit einem Erleuchteten unter einer Million Idioten. Letztere laufen dem Erfolg und den Frauen nach, tragen goldene Armbanduhren, arbeiten als Direktoren mächtiger Konzerne oder als Köche in luxuriösen Restaurants, verkaufen Antiquitäten, machen Zeitungen, bauen Einfamilienhäuser, sitzen vor dem Fernseher, spielen Fußball, dirigieren Orchester, kehren die

Straßen, schreiben wissenschaftliche Aufsätze, erzeugen Kanonen, stürzen Regierungen. Sie wissen nicht, daß sie Idioten sind. Der Erleuchtete weiß es. Er weiß, daß er selber der größte Idiot ist, eine Spottfigur unter einem löchrigen Regenschirm, geil und verfressen, boshaft wie ein Affe, geschwätzig, eitel und faul. Lediglich seine Erinnerung an jenen Augenblick, da er wie eine Träne im Ozean versank, verleiht ihm eine gewisse Würde, wie man sie mitunter an Betrunkenen beobachten kann. Das ist alles.

Gleichwohl geht vom Nullpunkt eine starke Faszination aus. Friedrich Nietzsche erlebte sie als traurigen, harten, entschlossenen Blick wie aus dem Auge eines vereinsamten Nordpolfahrers und nannte sie den Willen zum Nichts, ein Programm für starke und freie Geister, für die wahren Kundschafter des asketischen Ideals. Nihilisten, Anarchisten, Faschisten setzten das Programm in die Tat um. Die Avantgarde der Maler vollzog am Beginn des neuen Jahrhunderts den Bruch mit dem Kanon des Schönen, wie er seit der Renaissance in Europa gegolten hatte, überdrüssig der Arbeit an Bildern, deren Gegenstände sie als nichtig empfanden. Was die Künstler spürten, bestätigte sich durch die Einsichten der Quantenphysiker, durch die theoretische Auflösung der dinglichen Wirklichkeit in Schein.

Im absoluten Nullpunkt der Physiker, bei minus 273,16 Grad Celsius, herrscht unvorstellbare Kälte, hört alle Bewegung auf. Interessant wird er dadurch, daß in seiner Nähe die elektrische Leitfähigkeit einiger Metalle praktisch unendlich groß wird, der Strom ohne Widerstand fließt. Die Idee, gegen Null zu gehen, verspricht gewaltige Reichtümer.

Also Vorsicht. Als ständiger Aufenthaltsort empfiehlt sich der Nullpunkt nicht unbedingt, ob man ihn nun physikalisch oder psychologisch versteht. Der Sprung ins Leere erweist sich als so riskant, daß nur der Leichtsinn ihn weiterempfehlen wird, zumindest am Ende eines Jahrhunderts, das kollektive Sprungversuche ins Nichts (Deutschland, Japan) gesehen hat, die der These Freuds vom Todestrieb eine hohe Plausibilität verschafft haben.

Was die Mystiker und Mystikerinnen anlangt, so erinnern manche ihrer Sprüche an die Selbstdarstellungen sogenannter Depersonalisierter in den psychiatrischen Anstalten. Dann dringt die Leere heran und verschlingt einen, dann gibt es kein Dasein mehr, sagen sie. Sie fühlen sich erstarrt in einer Polarlandschaft stehen, einsam und völlig verlassen, selbstlos und ohne Empfindung. Ich fühle mich ganz den irdischen Dingen entfremdet, schrieb die heilige Katharina von Genua, und ich sage zu jedem Ding, lasse mich gehen. Es ist so, als ob du für mich nicht da wärest.

Stein und Holz sind die Metaphern, die in der Sprache derer wiederkehren, denen der Geschmack am Nichts, wie der heilige Johannes vom Kreuz es ausdrückte, zum Grundgefühl wird, zum gewollten oder verhängten Nirwana. Der lebende Leichnam als Wunschvorstellung oder Schicksal intendiert jenen Nullpunkt, in dem alles Leben erlischt.

Wir hingegen, die wir wagen, den Zustand des Versagens zu bedenken, muten nur auf den ersten Blick wie aus Holz geschnitzt an. Auch wenn wir erkennen, daß die metaphysischen Fragen ins Leere führen, machen wir mit dem Leben nicht Schluß. Wir hüten uns, im Nullpunkt zu verschwinden, wir halten uns lediglich in seiner Nähe auf. Dort ist es vergleichsweise still. Andere Hähne krähen in der Ferne, aber sie stören uns nicht besonders.

Am Nullpunkt verliert die Frage nach den Anfängen ihre suggestive Kraft, sinkt das Pathos der Retrospektiven in sich zusammen. Woher kommen wir, wer waren wir, wo waren wir. Ob die Welt einen Anfang hat oder ewig ist. Wann und warum das Patriarchat, das Dezimalsystem, die Weltreligionen, der Kapitalismus entstanden sind. Was Papa und Mama mir angetan haben. Am Nullpunkt enthüllt sich das Ursprungsdenken als legitimistisch interessiert, als Rekurs der Herrschenden auf die guten Anfänge ihrer Macht, oder als kritisch interessiert, um den Instanzen den Boden zu entziehen, auf dem sie stehen. In beiden Fällen verwickelt sich die Geschichte im autoritären Konstrukt, es bejahend oder verneinend. Am Nullpunkt wird sie belanglos.

Als unerheblich stellt sich am Nullpunkt auch die Besorgnis um Zukünftiges heraus, das bürgerliche Sinnen und Trachten, Planen und Zittern. Wohin eilen wir. Das Oszillieren zwischen Hoffnung und Angst, Aufschwung und Krise flacht ab, geht gegen Null. Gelebt wird jetzt, das ist anstrengend genug.

Denn der Gegenspieler verharrt unverändert in seiner Positur, seit der Menschwerdung, gefährlich und ruchlos, kontrolliert durch feierliche Verbote, die zur Übertretung reizen, auch noch am Nullpunkt, wo die Weltgeschichte ohne nennenswerte Sensationen verläuft. Der Gegenspieler hält uns lebendig, uns, die wir wagen, den Zustand des Versagens zu bedenken.

Eine Frage bleibt mithin übrig. Ein deutscher Psychiater und Jungianer richtete sie im Jahr 1954 während einer großen Versammlung der Frommen im indischen Allahabad an einen angesehenen Guru, der in seinem Zelt Audienz hielt. Ach, mein Herr, als Ihr noch jünger wart, haben da nicht etwa sexuelle Gedanken Euch belästigt, während Ihr meditiertet ? Nein, mein Herr, entgegnete der Guru und lächelte fein. Im Nullzustand gibt es so etwas nicht.

18. Strahlungen

Das zweite große Geheimnis seiner Kindheit, das Jung erst in seinem hohen Alter preisgab, zusammen mit dem Traum vom Gegenspieler, hatte er selbst gebastelt, als er zehn Jahre alt war. In der Federschachtel, die er als Schulkind benutzte, befand sich ein Lineal. Jung schnitzte aus dessen einem Ende ein sechs Zentimeter großes Männlein, färbte es mit Tinte schwarz, sägte es ab und bereitete ihm in der Federschachtel ein Bettchen. Es bekam auch aus einem Rest Wolle eine Art Umhang. Zum Männlein legte der kleine Jung einen länglichen Kieselstein, den er mit Wasserfarben bemalt und längere Zeit in seiner Hosentasche gehabt hatte. Die Federschachtel mit dem Männlein und dem Stein versteckte Jung auf dem Dachboden. Wenn er traurig war, gab ihm der Gedanke an sein heimliches Männlein Trost. Von Zeit zu Zeit, wenn er sicher sein konnte, nicht beobachtet zu werden, stieg Jung auf den Dachboden, öffnete die Schachtel und betrachtete das Schnitzwerk, dessen Gestalt ihn an die schwarzen Zylinder, die schwarzen Gehröcke, die blankgewichsten schwarzen Schuhe der Pfarrer erinnerte, an den Herrn Jesus, von dem die Pfarrer redeten, und an den fürchterlichen Jesuiten im schwarzen Kleid, der ihn so sehr erschreckt hatte. Bei jedem seiner Besuche legte Jung ein kleines Papierröllchen, auf das er einen für ihn wichtigen Merksatz geschrieben hatte, zum Männlein in die Schachtel, wie einen Brief, so daß mit der Zeit eine Art Bibliothek für das Männlein zusammenkam. Nach einem Jahr, als Jung ins Gymnasium gekommen war, verlor er das Interesse an seinem Geheimnis und vergaß es völlig, bis es viel später wiederum aus der Erinnerung auftauchte.

Der Zusammenhang zwischen den beiden großen Geheimnissen seiner Kindheit, dem Gegenspieler und dem schwarzen Männlein im Versteck auf dem Dachboden, wurde Jung nie ganz klar. Er vermutete, daß das hölzerne Göttlein einen ersten, kindlich unbewußten Versuch ausdrückte, etwas Gefährliches auszudrücken und damit zu entschärfen. Eine sehr naheliegende und banale Assoziation zur Schwärze des kleinen Idols kam Jung nicht in den Sinn.

Die Schwarzen, die dem Männlein die Farbe gegeben hatten, ängstigten und faszinierten Jung bis ins Alter. Er brachte es nicht über sich, ihr Zentrum in Rom zu betreten. Die Roten in Moskau hingegen versetzten Jung zwar in Wut, aber sie interessierten ihn nicht. Nicht einmal mit den Sozialdemokraten, die es auch in der Schweiz gab, konnte Jung etwas anfangen. Daß ein wirklicher Christ auf jeden Fall Sozialist werden müsse, wie es der strenge Theologe Karl Barth forderte, war für Jung ein absurder Gedanke. Barth war wie Jung unter evangelischen Gläubigen in der Nordschweiz aufgewachsen. Er wurde, als eingeschriebenes Mitglied bei den Sozialdemokraten, ein entschiedener Antifaschist, im Gegensatz zu Jung. Dafür ließ sich Jung im Jahr 1939 von einer bürgerlichen Partei für die Parlamentswahlen aufstellen. Er wurde nicht gewählt. Vielleicht war er den Schwarzen in Zürich nicht ganz geheuer.

Jungs verborgenes Männlein auf dem Dachboden, schwarz wie die Kutten der Pfarrer, repräsentierte den Keim der bürgerlichen Seele, einer dunklen Kontrastharmonie zwischen dem drohenden Gegenspieler und der väterlichen Gewalt. Für Jung war der kleine Herr ein «quasi» sexueller Gegenstand, wegen seiner rätselhaften Anziehungskraft. Aber schwarz, also todesnah, blieb er doch. Der kindlichen Einsamkeit, dem Beginn jeder bürgerlichen Existenz, verhieß das Männlein einen Fluchtpunkt, das Ziel einer sehnsüchtigen Trauer, die ohne Namen war. Was aus ihr entstand, wurde von den Erwachsenen mit den feierlichen

Namen der Politik, der Sexualität, der Religion benannt. Der gemeinsame Nenner dieser drei Gebilde der Traurigkeit blieb namenlos, fremd und unbekannt wie der Gott der Gnostiker, jenseits der vertrauten Welt der Bezeichnungen, ohne Gestalt, Geschlecht und Moral, weder draußen noch drinnen, unpersönlich, überall und nirgends, unansprechbar, ausdehnungslos, zeitunabhängig, ein Super-Du für den Ich-Pol. Wenn dem Ich-Pol das Super-Du fehlte, wenn der Ich-Pol gar nichts mehr hatte, worauf er sich beziehen konnte, brach er zusammen. Das Super-Du baute sich beständig aus dem Wunsch aller Ich-Pole auf, sich auf etwas beziehen zu können. So blieb das System politisch, sexuell und religiös in Betrieb, überall auf der Erde, in Zürich, in Rom, in Moskau und Washington. Das System funktionierte seit ein paar tausend Jahren, seit dem Ende der letzten Eiszeit. Die politischen, sexuellen und religiösen Verhältnisse hatten sich seit damals kaum geändert, was die Beziehungen der Ich-Pole zum Super-Du anlangt. In den Städten wuchsen einsame Kinder auf, deren nächtliche Schrecken ihr Privateigentum blieben. Manchmal schrien die Kinder im Schlaf, und dann kam meist ihre Mutter und beruhigte sie. Aber die Mutter war nicht das Super-Du, das den Kindern Probleme bereitete.

Das winzige Mäntlein, das Jung seinem kleinen Herrn umgetan hatte, entsprach der Liebesbedürftigkeit, die vom Super-Du ausging, wie ein Mangel der ganzen Welt, der gestillt werden wollte. So wurde dem Ich-Pol ein zarter Strahl entlockt, der suchte und suchte die Nacht ab. Immer wieder wurden unsichtbare Wellen ausgestrahlt, in der Hoffnung auf Antwort. Aber die Liebesimpulse gingen scheinbar ins Leere. Die Farbe der Trauer, des Todes und der Nacht, die das Kind seinem kleinen Gott zugedacht hatte, zur Erinnerung an die Kutten der Schwarzen, bestätigte die Vergeblichkeit der Liebesimpulse. Die Ausstrahlung wurde dennoch fortgesetzt.

So senden die Ich-Pole ihre sehnsüchtigen Impulse hinaus. Kinder drücken Kätzchen an sich, Männer kaufen Blumen für Frauen. Manchmal strahlt in den Augen der Frauen ein Liebeslicht auf, wie eine Antwort.

Die Schwarzen verwalten inzwischen die Politik, die Sexualität und die Religion, wie Kinder, denen man ihr Kätzchen weggenommen hat. Sie erfinden neue Namen für das Super-Du, damit sie sich beim Regieren auf etwas berufen können. Ihre Anzüge sind grau, blau oder schwarz. Ihre Unwiderstehlichkeit kommt davon, daß sie sich mit der Wirklichkeit abgefunden haben. Sie erwarten vom Super-Du keine Antwort mehr. Sie haben alle Hände voll zu tun, den Gegenspieler einigermaßen unter Kontrolle zu halten, überall auf der Welt. Wenn einer von ihnen mit einer Geliebten erwischt wird, ist er sein Amt los. Sie werden, solang es sie gibt, von den höheren Werten reden, von der Moral, der Vaterlandsliebe, der Tüchtigkeit. Sie werden die Menschen daran erinnern, daß die neue Lustseuche höchst gefährlich ist. Sie sind stärker als je zuvor, und es wird immer schwieriger, sich ihrer Überredungskunst zu entziehen, ihrem bedrohlichen Charme, ihrer Positivität. Sie richten ihre Strahlen auf die Ich-Pole vor den Fernsehgeräten, um ihnen die richtigen Überzeugungen zu vermitteln.

Die Ich-Pole sind verwirrt wie immer. Die zaghaften Liebesbotschaften, die sie aussenden, irren im All umher, verlorene Wellen, die vom Lärm der Welt überlagert werden. Außerdem gibt es die Todesstrahlen, die durch das Freiwerden radioaktiver Substanz entstehen. Sie bedrohen jegliches Leben.

Da bleibt dann häufig nichts anderes übrig, als sich fallen zu lassen, in das Land einer ewigen Kindheit. Dort ist es ganz still. Eine hohe Kalksteinklippe überragt die Nilebene. Am Fuß der Felswand nehmen wir einander an den Händen. Wir wollen heimkehren ins Lichtreich, Baby. Vorbei an den furchtbaren Planetariern, durch den blauen Raum des Nachthimmels, durch den gelben Raum des Taghimmels. Dann werden wir sein wie Engel, die weder heiraten noch geheiratet werden. Dann gibt es nur noch Strahlungen.

Anmerkungen

Die Zahlen am Rand verweisen auf die jeweilige Seite des Textes, auf die sich die Anmerkungen beziehen. Öfters angeführte Arbeiten werden das erste Mal bibliographisch voll ausgewiesen und in der Folge abgekürzt zitiert.

S. 7 *Jung ließ sich fallen:* Vgl. Aniela Jaffé (Hrsg.), Erinnerungen, Träume, Gedanken von C. G. Jung, Olten: Walter, 1984, 182f. – Carl Gustav Jung (1875–1961), Psychologe und Psychiater, gilt als Begründer der sog. «Analytischen Psychologie».
S. 8 *Der Gegenspieler:* Jaffé, Erinnerungen 18 f.
S. 9 *Freundete sich mit Freud an:* Die fachliche und bald auch freundschaftliche Zusammenarbeit Jung-Freud währte von 1906 bis 1913. Vgl. Vincent Brome, Jung. Man and Myth, London: Granada Publishing Limited, 1980, 88 ff.
S. 10 *Der Alte, das Mädchen und die Schlange:* Jaffé, Erinnerungen 184 f.
S. 11 *Die nüchterne Sexualtheorie Freuds:* Vgl. Marthe Robert, Die Revolution in der Psychoanalyse, Frankfurt am Main: Fischer Taschenbuch Verlag, 1986,175-185.
S. 12 *Der Nationalsozialismus:* Zu Jungs Kooperation mit den Nazis vgl. E. H. Englert, Artikel «Analytische Psychologie», in: G. Rexelius/S. Grubitzsch (Hrsg.), Handbuch psychologischer Grundbegriffe. Mensch und Gesellschaft in der Psychologie, Reinbek: Rowohlt, 1981,38-44.
S. 12 *Um Kieselsteine zu sammeln:* Jaffé, Erinnerungen 177 f.
S. 13 *Gedanken, Wünsche, kaum geahnt:* Robespierre in « Dantons Tod» von Georg Büchner. – Zum Zusammenhang zwischen (romantischer) Literatur und Tiefenpsychologie vgl. Werner Obermeit, «Das unsichtbare Ding, das Seele heißt». Die Entdeckung der Psyche im bürgerlichen Zeitalter, Frankfurt: Syndikat, 1980.
S. 13 *Auf einmal ein Rittersmann:* Jaffé, Erinnerungen 168.
S. 14 *Sabina Spielrein:* Teile des Tagebuches von Frau Spielrein wurden im Oktober 1977 in Genf gefunden und von Aldo Carotenuto veröffentlicht. Vgl. Aldo Carotenuto (Hrsg.), Tagebuch einer heimlichen Symmetrie, Freiburg i. B.: Kore, 1986.

S. 14 *Antonia Wolff:* Brome, Jung 129-138.
S. 16 *An einem schönen Sommertag:* Jaffé, Erinnerungen 42-47.
S. 17 *Das schmutzige kleine Geheimnis:* Vgl. Gilles Deleuze/Félix Guattari, Anti-Ödipus, Frankfurt am Main: Suhrkamp, 1979, 347.
S. 19 *Im Jahr 1945:* Vgl. Kurt Rudolph, Die Gnosis, Göttingen: Vandenhoeck & Ruprecht, 1980, 40-58.
S. 21 *Die Sonderlinge des Glaubens:* Vgl. Walter Nigg, Das Buch der Ketzer, Zürich: Artemis, 1970; Malcolm D. Lambert, Ketzerei im Mittelalter, München: Callwey, 1981.
S. 22 *Von Simonpetrus verflucht:* Apostelgeschichte 8,9-24.
S. 23 *Die Jesuiten:* Jaffé, Erinnerungen 17 f.
S. 24 *In einem christlichen Roman:* Die sogenannten Pseudo-Clementinen, eine romanhafte frühchristliche Erbauungsschrift aus dem 4. Jh., enthält Erzählgut aus dem 2. Jh. und ist nachzulesen in: E. Hennecke/W. Schneemelcher (Hrsg.), Neutestamentliche Apokryphen, Tübingen 1964, Band 2, 381-387.
S. 24 *Ein anderer alter Roman:* Hennecke/Schneemelcher, Apokryphen Band 2, 193-216. Der Roman ist nur in Teilen erhalten und stammt vermutlich aus Kleinasien.
S. 24 *Ebenfalls aus christlichen Federn:* Justin der Märtyrer (gest. 167) und Eirenaios von Lyon (gest. 202), vgl. Rudolph, Die Gnosis 315 f.
S. 25 *Die Seele ist eine Jungfrau:* Vgl. Rudolph, Die Gnosis 128f; 318 f. – Zu den Einwänden des Eirenaios vgl. Rudolph 227, 244, 264 f.
S. 26 *Die Infragestellung der Geburt:* Vgl. E. M. Cioran, Vom Nachteil, geboren zu sein, Frankfurt am Main: Suhrkamp, 1981.
S. 27 *Kette von Mißgeschicken:* Vgl. Rudolph, Die Gnosis 86-90.
S. 27 *Immer wenn wir aufwachen aus dem Leib:* VgL Richard Harder, Plotin, Frankfurt am Main: Fischer, 1958,127.
S. 27 *Am Abend da es kühle war:* Johann Sebastian Bach, Matthäuspassion.
S. 28 *Müssen wir gestehen:* Hebräerbrief, 11. Kapitel.
S. 28 *Längst im Inferno gelandet:* Dante, Die göttliche Komödie, Hölle, 19. Gesang. Die Übersetzung ist von Wilhelm G. Hertz, Frankfurt am Main: Fischer Bücherei, 1955, 77. – Zur Geschichte der Korruption vgl. John T. Noonan, Bribes, New York: Macmillan, 1984.
S. 29 *Gehilfe der linken Hand Gottes:* Hennecke/Schneemelcher, Apokryphen Band 2,382. Dem Gegensatzpaar («Syzygie») rechts – links

entspricht in den Pseudo-Clementinen der Gegensatz gut-böse respektive richtig–falsch und stark–schwach. Der Tendenz des Romans zufolge gehört der Apostel Petrus auf die rechte (gute, richtige, starke) Seite, während Simonmagus die linke (böse, falsche, schwache) Seite verkörpert. Die Pointe dabei liegt in der Idee, daß beide Seiten aufeinander angewiesen bleiben.

S. 29 *Jung hatte den Eindruck:* Jaffé, Erinnerungen 309.

S. 30 *Christus und Dionysos:* «Ich denke mir für die Psychoanalyse eine weit schönere und umfänglichere Aufgabe als ein Einmünden in einen ethischen Orden. Ich denke, man müsse der Psychoanalyse noch Zeit lassen, von vielen Zentren aus die Völker zu infiltrieren, beim Intellektuellen den Sinn fürs Symbolische und Mythische wiederzubeleben, den Christum sachte in den weissagenden Gott der Rebe, der er war, zurückzuverwandeln, und so jene ekstatischen Triebkräfte des Christentums aufzusaugen, alles zu dem einen Ende, den Kultus und den heiligen Mythos zu dem zu machen, was sie waren, nämlich zum trunkenen Freudenfeste, wo der Mensch in Ethos und Heiligkeit Tier sein darf.» – Jung an Freud (1910). Siehe W. McGuire/W. Sauerländer (Hrsg.), Sigmund Freud-C. G. Jung Briefwechsel, Frankfurt am Main, 1984,136.

S. 30 *Ich bin der Stehende:* Vgl. Rudolph, Die Gnosis 316. – Die (wenigen) Nachrichten über Simonmagus und seine Lehre, die erhalten geblieben sind, stammen fast durchweg von christlichen Gegnern der Gnosis und sind daher nur bedingt glaubwürdig. Außerdem liegt zwischen dem historischen Simonmagus und den schriftlichen Zeugnissen über ihn in den meisten Fällen ein Zeitraum von 100 Jahren und mehr, was die Verläßlichkeit der Informationen ebenfalls beeinträchtigt – wenn es sich nicht ohnehin um Romanhaftes handelt. Andererseits kann sich auch in fiktivem Material authentisches Überlieferungsgut verbergen. Deshalb muß zum Beispiel offenbleiben, inwieweit die Geschichte vom Freudenmädchen Helena eine tatsächliche Begebenheit referiert. Eine derartige Unentscheidbarkeit mag den Fachhistoriker quälen, wenn er das «freie Zirkulieren der Phantasmen» nicht erträgt – vgl. Alain Besansçon, Psychoanalytische Geschichtsschreibung, in: H. U. Wehler (Hrsg.), Geschichte und Psychoanalyse, Köln 1971, 120f. Den Verfasser quält sie nicht.

S. 31 *Alsbald stand sie auf:* Markusevangelium, 1. Kapitel.

S. 31 *Seine Frau war zu Hause geblieben:* Die «Schwester», die Petrus auf seinen Reisen «als Frau» mit sich führte, war nicht seine Gattin – vgl. 1. Korintherbrief 9,5.
S. 32 *Weide meine Lämmer:* Johannesevangelium, 21. Kapitel.
S. 32 *Und predigte eifrig:* Apostelgeschichte 3,20; 10,42.
S.32 *Etwas recht Merkwürdiges:* Zur Geschichte der frühchristlichen Askese vgl. Robin Lane Fox, Pagans and Christians, London: Viking, 1987, 336-374. – Aline Rousselle, Der Ursprung der Keuschheit, Stuttgart: Kreuz Verlag, 1989. – Uta Ranke-Heinemann, Eunuchen für das Himmelreich, Hamburg: Hoffmann und Campe, 1988.
S. 32 *Die Frau hat kein Verfügungsrecht:* 1. Korintherbrief, 7. Kapitel.
S. 32 *Durch Kindergebären:* 1. Timotheusbrief 2,15.
S. 33 *Von vornherein ledig:* 1. Korintherbrief 7,36-38.
S. 33 *Die Jungfrauen und Witwen:* Ebd. Vers 32-35.
S. 33 *Mußte die Hausfrauen daran erinnern:* 1. Petrusbrief, 2. Kapitel.
S. 33 *1900 Jahre später:* Im Jahr 1985 wurden 23 Prozent aller US-Haushalte von alleinstehenden Personen («singles») bestellt, das sind 50 Millionen Menschen. Für das Jahr 1990 wird angenommen, daß es in den USA ungefähr gleich viele «singles» und Verheiratete geben wird. Bereits heute leben etwa doppelt so viele Frauen wie Männer allein. Vgl. «Time» vom 2.9.1985. Dazu: Ursula Konnertz, Zeiten der Keuschheit. Ansätze feministischer Vernunftkritik, Tübingen: Edition Diskord, 1988.
S. 33 *Jung hatte im Traum:* Jaffé, Erinnerungen 325f. Vgl. C. G. Jung, Ein moderner Mythus. Von Dingen, die am Himmel gesehen werden, in: Gesammelte Werke Band 10, Olten: Walter Verlag, 1981.
S. 34 *Am 11. Mai 1908:* Vgl. Emanuel Hurwitz, Otto Gross. Paradies-Sucher zwischen Freud und Jung, Frankfurt am Main: Suhrkamp, 1979,135-147.
S. 34 *Sein Lebenslauf:* Vgl. Anton Kuh, Der unsterbliche Österreicher, München 1931, 22. Otto Gross lebte von 1877 bis 1920.
S. 35 *Schrieb Jung an Freud:* Vgl. Freud – Jung Briefwechsel 76f.
S. 36 *Die sogenannten «Beziehungen»:* «Wie die Männer ihre Freundschaft, so verschenkten die psychoanalytischen Damen auch ihre Gunst ausschließlich, um jene ‹Beziehung› zu pflegen, über die tage- und nächtelang zu diskutieren der eigentliche Zweck des körperlichen Engagements war» – vgl. Richard Seewald, Der Mann

von gegenüber, München 1963, 170. – Vgl. auch Hurwitz, Otto Gross 112-131.
S. 36 *Gross sah in der Familie:* Vgl. Otto Gross, Von geschlechtlicher Not zur sozialen Katastrophe, Frankfurt am Main: Robinson Verlag, 1980,13-16.
S. 36 *Schrieb Jung einen Liebesbrief:* Vgl. Carotenuto, Symmetrie 189 f.
S. 36 *Fiel ihm Gross wieder ein:* Vgl. Freud – Jung Briefwechsel 111.
S. 37 *Und biß kräftig zu:* Während einer Radtour nach Italien im Oktober 1910 entdeckte Jung eine Statuette des Priapos mit einer Schlange, die in den Geschlechtsteil des Gottes beißt – vgl. Brome, Jung 128.
S. 37 *Der Herr Jesus war unverheiratet geblieben:* «Die Ehelosigkeit Jesu gehört zu den wenigen sicheren Elementen der Überlieferung» – vgl. Kurt Niederwimmer, Askese und Mysterium, Göttingen: Vandenhoeck & Ruprecht, 1975, 40.
S. 37 *Sieben Teufel im Leib:* Markusevangelium, 16. Kapitel; Lukasevangelium, 8. Kapitel. – Bis in die Neuzeit wurde die Magdalenerin von der christlichen Frömmigkeit mit der «Sünderin» des Lukasevangeliums (7. Kapitel) identifiziert, die Jesus die Füße gesalbt hatte. Heute tun die christlichen Exegeten so, als ob diese Tradition auf einem Irrtum beruht hätte. Aber die sogenannten Phantasmen erwiesen sich in der Religion gegenüber den sogenannten Tatsachen meist als überlegen.
S. 37 *Oft auf den Mund geküßt:* Vgl. Elaine Pagels, Versuchung durch Erkenntnis. Die gnostischen Evangelien, Frankfurt am Main: Insel, 1981,110.
S. 37 *Bei der Hinrichtung des Herrn Jesus:* Markusevangelium, 15. Kapitel.
S. 37 *Marie, das Prachtweib einst:* Vgl. Paul Zech, Die lasterhaften Balladen und Lieder des François Villon, München: Deutscher Taschenbuch Verlag, 1968,19.
S. 38 *Herzliebster Jesu:* Johann Sebastian Bach, Matthäuspassion.
S. 38 *In der Krypta:* Vgl. Marina Warner, Maria, München: Trikont-Dianus, 1982, 271.
S. 38 *In der Stadt Ephesus:* Vgl. Victor Saxer, Les Saintes Maries Madeleine et Marie de Béthanie dans la tradition liturgique et homilétique orientale, in: Revue des Sciences religieuses 32 (1958), 13-30.

S. 38 *Halt mich nicht fest:* Johannesevangelium, 20. Kapitel.
S. 39 *Evangelium der Maria Magdalena:* Vgl. Pagels, Versuchung durch Erkenntnis 20. – Rudolph, Gnosis 33.
S. 39 *Voller Erotik:* Vgl. Pagels, Versuchung durch Erkenntnis 111.
S. 39 *Er haßt das weibliche Geschlecht:* Ebd.
S. 39 *Auch Gross hatte Probleme:* Vgl. Hurwitz, Otto Gross 68; 105; 117f; 153.
S. 40 *In seinen Schriften:* Vgl. Gross, Von geschlechtlicher Not 41-54.
S. 40 *Gross kam in die Zeitung:* Vgl. Hurwitz, Otto Gross 214.
S. 40 *Schrieb Gross an seine Frau:* Vgl. Hurwitz, Otto Gross 290f.
S. 41 *Gross ist ein Mensch:* Ebd. 160.
S. 41 *Die Nummer Eins:* «Im Hintergrund wußte ich immer, daß ich Zwei war» – Jaffé, Erinnerungen 50f.
S. 41 *Im Januar 1920:* Vgl. Otto Gross, Von geschlechtlicher Not 148. – Hurwitz, Otto Gross 306.
S. 42 *Sich schizophrenisierte:* «Schizophrenie» ist ein Kunstwort, gebildet aus den altgriechischen Ausdrücken für «spalten» und «Zwerchfell» (dem Sitz des Seelenlebens).
S. 42 *Strahlte vor Freude:* Vgl. Carotenuto, Symmetrie 107.
S. 42 *Bootsfahrt mit Sabina:* Ebd. 189.
S. 43 *O die Schwabinger Mädchen:* Vgl. Erich Mühsam, Namen und Menschen, Berlin o. J., 117.
S. 43 *Da hatte sich Gross:* Vgl. Josef Dworak, Opiumträume in Bad Ischl, in: Forum (September 1985), 50.
S. 43 *Er war ein so fabelhafter Liebhaber:* Ebd. 55.
S. 43 *Ich bin die Geehrte:* Vgl. Rudolph, Gnosis 91 f.
S. 44 *Der unbekannte Mann:* Schriftstellernde Frauen waren in der Antike sehr selten.
S. 44 *Falsche Lehrer:* 2. Petrusbrief, 2. Kapitel.
S. 45 *Liebesmähler der Vereinigung:* Vgl. Rudolph, Gnosis 259.
S. 45 *Die Karpokratianer:* Ebd. 229; 232; 244; 263; 265; 320 f.
S. 45 *Epiphanios:* Ebd. 23 f.
S. 46 *Nach der Vermischung:* Ebd. 258.
S. 46 *Ophiten:* Ebd. 256. Der Schilderung des Epiphanios entspricht in etwa eine spätgriechische Alabasterschale (Durchmesser 22 cm, heute in Privatbesitz, aus dem syrischen Raum, drittes bis fünftes Jahrhundert), auf der 16 nackte Männer und Frauen mit erhobener Hand um

eine Schlange mit Flügeln stehen, die von Sonnenstrahlen umgeben ist: Ebd. 27; 435.
S. 46 *Eine Theorie:* Ebd. 288-290.
S. 47 *Wie die Gnostiker es ausdrückten:* Ebd. lOOf; 225f.
S. 47 *Kinder des Lichts:* Ebd. 222f.
S. 48 *Die Grossianer:* Vgl. Hurwitz, Otto Gross, 118-126.
S. 48 *Im Kultus der Astarte:* Otto Gross, Von geschlechtlicher Not 54. – Vgl. Hurwitz, Otto Gross 294 f.
S. 48 *Landkommunen:* Vgl. Dworak, Opiumträume 47.
S. 49 *Eine Anarchistenkolonie:* Hurwitz, Otto Gross, 203 f.
S. 49 *Im August 1911:* Ebd. 216f.
S. 49 *Tut, was ihr wollt:* Rudolph, Die Gnosis 264.
S. 49 *Diese Leute preisen sich selig:* Vgl. Nigg, Das Buch der Ketzer 25.
S. 49 *Die Polizei:* Eine Polizei im heutigen Sinn gab es in der Spätantike zwar nicht, wohl aber Ordnungstruppen und Aufsichtsorgane. Vgl. J. Irmscher (Hrsg.), Lexikon der Spätantike, Leipzig: VEB Bibliographisches Institut, 1979, 441 f.
S. 49 *Priscillian:* Vgl. Hubert Jedin (Hrsg.), Handbuch der Kirchengeschichte Band 2/1, Freiburg: Herder, 1973,134-142.
S. 50 *Ketzerei und Perversion:* Im Prozeß gegen die Templer (1309–1313) wurde diese Verknüpfung exemplarisch betrieben – vgl. Manfred Hammes, Hexenwahn und Hexenprozesse, Frankfurt am Main: Fischer Taschenbuch Verlag, 1977, 30-34. – Vgl. auch den Diskussionsbeitrag von Le Goff in: Jacques Le Goff (Hrsg.), Hérésies et sociétés, Paris: Mouton, 1968, 26.
S. 50 *Die Zuzügler in Ascona:* Vgl. Hurwitz, Otto Gross 203.
S. 51 *Der alte Gross:* Hans Gross (1847–1915) war zunächst Untersuchungsrichter in Graz, dann Professor für Strafrecht und Strafprozeß in Czernowitz (1897–1902) und Prag. Seit 1899 gab er das «Archiv für Kriminal-Anthropologie und Kriminalistik» heraus.
S. 51 *Im November 1913:* Vgl. Hurwitz, Otto Gross 14-18; 218-225.
S. 51 *Ich habe ihm stets:* Ebd. 220; 218.
S. 51 *Ottos Freunde:* Ebd. 18-33.
S.51 *Gross:* Ebd. 12 f.
S. 52 *Mit Wilhelm Stekel:* Vgl. Hurwitz, Otto Gross 225 und Dworak, Opiumträume 45 f.
S. 52 Einer seiner Vorgesetzten: Vgl. Hurwitz, Otto Gross 236.

S. 53 *Auch Freud und Jung:* Ebd. 85.
S. 53 *Ein halbes Jahr vorher:* Ebd. 278 f.
S. 53 *Wir sind Ärzte:* Vgl. Hurwitz, Otto Gross 94.
S. 54 *Die Psychologie des Unbewußten:* Ebd. 90-92.
S. 54 *Der freie Geist:* Ebd. 95.
S. 54 *Die Gestalten:* Mühsam, Namen und Menschen 110f.
S. 56 *Weintrinken:* Jaffé, Erinnerungen 160f; Robert, Revolution 211 f.
S. 56 *Jungs Mutter:* Vgl. Henry F. Ellenberger, Die Entdeckung des Unbewußten, Zürich: Diogenes, 1985, 886.
S. 57 *Eugen Bleuler:* Ebd. 395-398; 892-894.
S. 57 *Diesen kecken Satz:* Sigmund Freud, Studienausgabe Band 2, Frankfurt am Main: S. Fischer, 1972,11 und 577.
S. 58 *Während die «George Washington»:* Jaffé, Erinnerungen 163-166.
S. 59 *Besorgte sich Jung:* Vgl. Jaffé, Erinnerungen 166. Das Hauptwerk Creuzers (1771–1858) erschien erstmals 1810–1812.
S. 59 *«Wandlungen und Symbole der Libido»:* Die Erstauflage des Buches erschien 1912 bei Deuticke in Leipzig und Wien. Jung hat das Buch später mehrmals und gründlich überarbeitet. Die Letztfassung erschien unter dem Titel «Symbole der Wandlung» im Jahr 1952 (=Band 5 der Gesammelten Werke, Olten: Walter Verlag, 1981).
S. 59 *So sind wir sie denn endlich los:* Sigmund Freud, Briefwechsel mit Karl Abraham 1907–1926, Frankfurt am Main: S. Fischer, 1965, Brief vom 26.7.1914. Zur Entfremdung zwischen Jung und Freud vgl. Brome, Jung 106-154.
S. 60 *Im Herbst 1913:* Jaffé, Erinnerungen 179.
S. 60 *Da erschien Siegfried:* Ebd. 183.
S. 60 *Ein anderes Mal:* Ebd. 186-188.
S. 61 *Ich bin es:* Ebd. 188.
S. 61 *Im Jahr 1916:* Jaffé, Erinnerungen 193-195.
S. 61 *Kreisförmige Figuren:* Jung nannte sie «Mandalas» – vgl. Jaffé, Erinnerungen 199-201.
S. 62 *Treppensteigen:* Freud, Studienausgabe Band 2,349.
S. 62 *In einer gehobenen Sprache:* Jaffé, Erinnerungen 181.
S. 62 *Die Schlange ist weiblicher Natur:* Ebd. 397. Das Zitat stammt aus den «Belehrungen an die Toten», siehe Anm. zu Seite 63.
S. 62 *Aus dem Lande der Toten:* Jaffé, Erinnerungen 195.
S. 63 *Basilides:* Weder seine Schriften noch seine Lebensdaten sind

erhalten geblieben. Seine Gedanken sind lediglich aus verstreuten Zitaten in den Schriften christlicher Autoren zu rekonstruieren, in sehr fragmentarischer Weise – vgl. Rudolph, Gnosis 333-337.

S. 63 *Die sieben Belehrungen:* Vollständiger Text in Jaffé, Erinnerungen 389-398.

S. 63 *Abraxas:* Jaffé 392-394; vgl. Rudolph, Gnosis 336.

S. 63 *Frösche und Kröten:* Jaffé, Erinnerungen 88.

S. 63 *Die gnostische Literatur:* Rudolph, Gnosis 281; 264f.

S. 64 *Wer waren wir:* Anspielung auf ein gnostisches Motiv – vgl. Rudolph 80; 190.

S. 65 *Ordensfestung der Templer:* Dieser geistliche Ritterorden, gegründet 1119 in Jerusalem während der Kreuzzüge, kämpfte in Palästina und auf der Pyrenäenhalbinsel gegen muselmanische Truppen und gelangte bald zu hohem Ansehen, auch zu Reichtum in vielen europäischen Ländern. Philipp IV. von Frankreich, dem der Orden zu mächtig geworden war, ließ 1307 an die 2000 Templer festsetzen und klagte sie der Irrlehre und der widernatürlichen Unzucht an. Der Papst hob 1312 den Templerorden auf, viele Ritter wurden hingerichtet, ein großer Teil der Ordensgüter ging in den Besitz der Feudalherren über.

S. 65 *Liber du duobus principiis:* Einer der wichtigsten Texte der mittelalterlichen Katharer – vgl. Lambert, Ketzerei 195.

S. 65 *Johannes von Lugio:* Vertrat die Lehre des Liber de duobus principiis – vgl. Lambert ebd.

S. 65 *Interrogatio Johannis:* Das Buch wurde um 1190 aus Bulgarien nach Italien gebracht – vgl. Lambert ebd.

S. 65 *Dualismus:* Herleitung des Weltgeschehens aus zwei einander entgegengesetzten Prinzipien.

S. 67 *Nouveaux documents:* Vgl. C. G. Jung, Gesammelte Werke Band 11, Zürich: Rascher Verlag, 1963, 262f.

S. 68 *144000 Erwählte:* Apokalypse, 14. Kapitel.

S. 68 *Sie standen in der Nacht:* Jaffé, Erinnerungen 391.

S. 69 *Gleich im 1. Kapitel:* Freud, Studienausgabe Band 11,291-444.

S. 69 *Manche ihrer Ideen:* Ebd., 164-167.

S. 70 *Jung war der Prinz:* Vgl. C. G. Jung, Bewußtes und Unbewußtes, Frankfurt am Main: Fischer Bücherei, 1957, 27. – Zum sog. Perlenlied vgl. Rudolph, Gnosis 34.

S. 70 *Die Patienten träumten:* Vgl. Jung, Bewußtes und Unbewußtes 26-28.
S. 71 *Sabina Spielrein stand:* Vgl. Carotenuto, Symmetrie 39-41.
S. 71 *Freud hatte ihr empfohlen:* Ebd. 116.
S. 72 *Hatte Sabina geantwortet:* Ebd. 90ff.
S. 72 *Auch Sabinas Mutter:* Ebd. 42f.
S. 73 *Jenen fatalen Brief:* Ebd. 92 f.
S. 73 *Von einem kleinen Siegfried:* Ebd. 49-51.
S. 73 *Jene dämonische Kraft:* Ebd. 107.
S. 74 *Die Frau Doktor fand wenig Beifall:* Ebd. 274 f.
S. 74 *Gratulierte Freud:* Ebd. 120.
S. 74 *Das Ziel alles Lebens:* Freud, Studienausgabe Band 3, 248.
S. 74 *Die kleine Spielrein:* Carotenuto, Symmetrie 247.
S. 74 *Schrieb Freud:* Freud, Studienausgabe Band 3, 263.
S. 74 *Erst 1952:* Jung, Gesammelte Werke Band 5,419.
S. 75 *Ihr Zustand war so ernst:* Carotenuto, Symmetrie 265-267.
S. 76 *Die Krankengeschichte:* Ebd. 263-265.
S. 76 *Ich war eine Göttin:* Ebd. 273; 278.
S. 77 *Eine Liebe ohne Seitenblick:* Ebd. 195 f.
S. 77 *Als prächtigen Hengst:* Ebd. 260.
S. 77 *In seine Arme geschlossen:* Ebd. 50.
S. 77 *Wagners Musik:* Ebd. 98f.
S. 77 *Scheuchzerstraße:* Ebd. 197.
S. 78 *Plötzlich ein Messer:* Ebd. 95.
S. 78 *Wir müssen auf der Hut sein:* Ebd. 45.
S. 78 *Ihr drittes Kind:* Brome, Jung 128.
S. 79 *Unheimlich düster glühende:* Carotenuto, Symmetrie 58.
S. 79 *Abfassung ihres Artikels:* Ebd. 69.
S. 79 *Wir sind und bleiben Juden:* Ebd. 124.
S. 79 *Mit Antonia Wolff:* Brome, Jung 129-138.
S. 79 *Da kam es vor:* Ebd. 170.
S. 80 *Einander wechselweise zu analysieren:* Ebd. 185f.
S. 81 *Zeit des heiligen Pachomius:* Um 320 n. Chr.
S. 81 *Eine Frau, die sich der Leidenschaft überläßt:* Carotenuto, Symmetrie 278.
S. 82 *Der einzig sichere Sex:* «Time», 10. November 1986.
S. 82 *Anachoreten:* Wörtlich = «die Entwichenen». Vgl. Otto Zöckler,

Askese und Mönchtum Bartd 1, Frankfurt am Main: Heyder & Zimmer, 1897, 183. – Bernhard Lohse, Askese und Mönchtum in der Antike und in der Alten Kirche, München: 1969,189. – Jacques Lacarriére, Les hommes ivres de Dieu, Paris: Fayard, 1975,14.
S. 83 *Wie die Augen mancher Schizophrener:* Vgl. Hans Peter Duerr, Sedna oder Die Liebe zum Leben, Frankfurt am Main: Suhrkamp, 1984, 246-249.
S. 83 *Einsiedlerkolonien:* Die beiden Klöster des heiligen Antonios und des heiligen Paulos, 200 km südlich von Suez am Gebirgszug Jabal Al-Jalalat Al-Qiblah gelegen und bis heute von koptischen Mönchen bewohnt, reichen in ihren Ursprüngen bis in die Frühzeit des Mönchslebens zurück – vgl. Adolf Holl, Religionen, Stuttgart: Deutsche Verlags-Anstalt, 1981, 57f. – Zu den Anfängen des Einsiedlerlebens im Wadi an-Natrun und bei Nag Hammadi vgl. Lacarriére, Les hommes ivres 119-130; 77-92.
S. 83 *Ein gewisser Paphnutios:* Vgl. Lacarriére; Les hommes ivres 104.
S. 84 *Alleinstehen:* monachos, wovon auch das deutsche «Mönch».
S. 84 *Die ägyptische Marie:* Vgl. Lacarriére, Les hommes ivres 166-169.
S. 84 *Zehntausend Mann:* Vgl. Zöckler, Askese und Mönchtum Band 1,192-211; Lacarriére, Les hommes ivres 77-32.
S. 85 *Weise Anordnungen:* Zöckler a. a. O. 200-211; Lacarriére a. a. O. 85-91.
S. 86 *Brüder seid nüchtern:* Vgl. Erster Petrusbrief, 5. Kapitel, Vers 8. Im (katholischen) liturgischen Nachtgebet findet diese Stelle bis heute Verwendung.
S. 86 *Homosexuell veranlagte Männer:* Freud-Jung Briefwechsel 44.
S. 87 *Im Evangelium des Johannes:* Kapitel 13, Vers 23; Kapitel 19, Vers 26.
S. 87 *Marie aus Bethanien:* Markusevangelium, Kapitel 14.
S. 88 *Eine Allee von Zypressen:* Vgl. Jaffé, Erinnerungen 176.
S. 88 *Viva la muerte:* Vgl. Erich Fromm, Anatomie der menschlichen Destruktivität, Stuttgart: Deutsche Verlags-Anstalt, 1974, 29.9-301.
S. 88 *Ungefähr zur selben Zeit:* 1913.
S. 88 *Heinrich Himmler:* Vgl. Fromm, Anatomie 271-294.
S. 89 *Lotte Chatemmer:* Vgl. Hurwitz, Otto Gross 124; Robert Landmann, Ascona – Monte Verità, Frankfurt am Main: Ullstein 1979, 76-78 (Lotte Hattemer).

S. 90 *Gift gegeben:* Vgl. Hurwitz, Otto Gross 12.
S. 90 *Einer fatalen Grundstörung:* Dieser Begriff von Michael Balint bezeichnet mißglückte Lösungen des Kleinstkindes von der Mutter; zum Zusammenhang zwischen Patriarchat und Lebensverneigung vgl. Klaus Theweleit, Männerphantasien, 2 Bände, Reinbek bei Hamburg: Rowohlt, 1980,1, 232: «Neben dem kapitalistischen Produktionsverhältnis könnte ein bestimmtes mann/weibliches Verhältnis (das patriarchalische) als Produzent einer lebensvernichtenden Realität ins Zentrum einer Auseinandersetzung mit dem Faschismus gehören.»
S. 91 *Wilhelm Reich:* Vgl. Bernd A. Laska, Wilhelm Reich, Reinbek bei Hamburg: Rowohlt, 1981. – Charles Rycroft, Wilhelm Reich, München: Deutscher Taschenbuch Verlag, 1972.
S. 92 *«Die sexuelle Revolution»:* Frankfurt am Main: Europäische Verlags Anstalt, 1966 (erstmals erschienen 1936 unter dem Titel «Die Sexualität im Klassenkampf»).
S. 92 *Auf die paar schlechten Gedichte:* Reich, Sexuelle Revolution 83.
S. 92 *«Die Massenpsychologie des Faschismus»:* Köln: Kiepenheuer & Witsch, 1986 (erstmals erschienen 1933).
S. 93 *Ein gewisser Aberkios:* Zur gelehrten Literatur über die Aberkios-Inschrift vgl. J. Engemann, Artikel «Fisch, Fischer, Fischfang», in: Reallexikon für Antike und Christentum Band VII, Stuttgart: Anton Hiersemann, 1969, Spalten 1029f. – Die Aberkios-Inschrift wurde 1883 von W. Ramsey wiederentdeckt, in der heutigen Türkei.
S. 93 Der liebe Herr Paulos und die Frau Pistis: Gemeint ist der Apostel. – Pistis = Glaube.
S. 93 Die Mysten des Herrn Jesus: In den ersten drei Jahrhunderten ihres Bestehens hatten die christlichen Gemeinden den Charakter von Mysterienvereinen, d. h. nur die Eingeweihten («Mysten») wußten in den für Außenstehende geheimgehaltenen Glaubensvorstellungen und Kultbräuchen Bescheid.
S. 94 *Ein wundersames Experiment:* Vgl. dazu Hubert Canzik, Zur Entstehung der christlichen Sexualmoral, in: B. Gladigow (Hrsg.), Religion und Moral, Düsseldorf: Patmos, 1976, 57 f.
S. 94 *Akrostichis:* Vgl. Engemann, Fisch 1031 f, 1091-1095.
S. 95 *Venus mit Fisch:* Ebd. 994.
S. 96 *Da hatten die sieben Fischer:* Johannesevangelium, 21. Kapitel.
S. 96 *Ohne Tadel wie Engel:* Lukasevangelium, 20. Kapitel.

S. 96 *Wie im Fall des seligen Vaters Pachomios:* Vgl. Lacarriére, Les hommes ivres 81 f; Zöckler, Askese und Mönchtum 196.
S. 97 *Mit der Silbe «ach»:* Vgl. Jan Assmann, Tod und Initiation im ägyptischen Totenglauben, in: Hans Peter Duerr (Hrsg.), Sehnsucht nach dem Ursprung, Frankfurt am Main: Syndikat, 1983, 336-359.
S. 97 *Salvatrix Salvanda:* Vgl. Niederwimmer, Askese 143. – Zum gnostischen Begriff der «Paargenossin» vgl. Rudolph, Gnosis 157.
S. 97 *Syneisakten:* Vgl. Canzik, Sexualmoral 57 (dort weitere Literatur).
S. 98 *Und die Frauen träumten:* Der Text ist die Wiedergabe eines von Jung zitierten Traums einer Patientin – vgl. Jung, Aion 163 f.
S. 98 *Die süße Isis:* Vgl. J. G. Griffiths, The Origins of Osiris and His Cult, Leiden 1980.
S. 99 *Immer wenn wir aufwachen:* Siehe Anmerkungen zu Seite 27.
S. 99 *Die Mysten stiegen in eine Krypta:* Vgl. Assmann, Tod und Initiation 350 f. – Zum Bericht des Apuleius über den Isiskult vgl. A. D. Nock, Conversion, Oxford: University Press, 1972, 138-155.
S. 100 *Priesterinnen:* Vgl. Rudolph, Gnosis 229 f.
S. 100 *Die Vorstellung einer Gottfrau:* Siehe oben S. 25-27. – Vgl. dazu auch die zusammenfassende Darstellung bei Hans Jonas, Gnosis und spätantiker Geist, Göttingen: Vandenhoeck & Ruprecht, 1964, 351-362.
S. 101 *Verehrte man Schlangenfrauen:* Zur Ausgrabung einer Schlangengöttin in Beth-San (Israel) vgl. Revue Biblique 39 (1928), 542.
S. 101 *Auch der Herr Jesus:* Johannesevangelium, 3. Kapitel, Vers 14.
S. 102 *Das Caput Mortuum der Johannisnacht:* Siehe oben Kapitel 5. Der alchemistische Begriff des Caput Mortuum (= toter Kopf) bezeichnete jenen Augenblick des Experiments, in dem aus der Zersetzung der Ingredienzen die Bildung eines neuen Stoffes beginnt. Vgl. dazu Michel Leiris, Das Auge des Ethnographen, Ethnologische Schriften II, Frankfurt am Main: Syndikat, 1978,262.
S. 102 *Mit einem streng blickenden Mönch:* Der Text des Gesprächs ist den Predigten des heiligen Bernhard von Clairvaux (1090–1153) über das Hohelied entnommen – vgl. John T. Noonan, Empfängnisverhütung, Mainz: Matthias Grünewald, 1969, 221. (Originalquelle: Patrologia Latina Band 183,1092.)
S. 103 *Hippo Regius:* Heute Annaba (Bône) in Algerien. Vgl. F. van der Meer, Augustinus der Seelsorger, Köln: Bachem, 1958, 36-40.

S. 103 *Die Erbsünde:* Vgl. Herbert Haag, Biblische Schöpfungslehre und kirchliche Erbsündenlehre, Stuttgart, Katholisches Bibelwerk, 1966, 66-68.
S. 103 *Eine Geschlechtsmoral:* Vgl. Gunnar Heinsohn/Rolf Knieper/Otto Steiger, Menschenproduktion, Frankfurt am Main: Suhrkamp, 1979,132 f. – Georg Denzler, Die verbotene Lust. 2000 Jahre christliche Sexualmoral, München: Piper, 1988. – Stephan Wyss, Askese. Ein Essay zum Selbstverständnis des herrschenden Mannes, Fribourg: Edition Exodus, 1989.
S. 103 *Bernhard von Clairvaux:* Siehe Anmerkungen zu Seite 102.
S. 104 *Der Fisch:* Aurelius Augustinus, Dreizehn Bücher Bekenntnisse, Buch 13, Kapitel 21. Vgl. die Übersetzung von Carl J. Perl, Paderborn: Schöningh, 1964.
S. 103 *Im August 386:* Vgl. Peter Brown, Augustinus von Hippo, Frankfurt am Main: Societäts-Verlag, 1973, 59-93.
S. 104 *So viele meiner Jahre:* Augustinus, Bekenntnisse Buch 8, Kapitel 7; Buch 4, Kapitel 2; Buch 6, Kapitel 13 und 15 (Montage). – «Hortensius» von Marcus Tullius Cicero (106-43 v. Chr.) ist nur in Fragmenten erhalten.
S. 105 *Eines Tages:* Augustinus, Bekenntnisse Buch 8, Kapitel 6-12 (Montage).
S. 107 *Nicht in Fressen und Saufen:* Römerbrief, 13. Kapitel.
S. 107 *O du meine späte Freude:* Augustinus, Bekenntnisse Buch 2, Kapitel 2; Buch 10, Kapitel 27; Buch 9, Kapitel 2; Buch 1, Kapitel 4 und 5 (Montage).
S. 107 *Nach der Art der Mönche:* Vgl. Van der Meer, Augustinus der Seelsorger 40; 218-235.
S. 108 *Lehrte der Afrikaner:* Aurelius Augustinus, Soliloquien (= Alleingespräche), Buch 1, Kapitel 17. Vgl. die Übersetzung von Carl J. Perl, Paderborn: Schöningh, 1955, 36.
S. 108 *Jegliche Tiefe:* Vgl. Adolf Holl, Die Welt der Zeichen bei Augustin, Wien: Herder, 1963, 64-69.
S. 108 *Mit dem Feuer:* Augustinus, Bekenntnisse Buch 13, Kapitel 9.
S. 108 *In der Tiefe lauerte:* Vgl. Engemann, Fisch 1035; 1038.
S. 108 *Köderfisch Gottes:* Vgl. Gedaliahu Stroumsa, König und Schwein. Zur Struktur des manichäischen Dualismus, in: Jacob Taubes (Hrsg.), Gnosis und Politik, München: Wilhelm Fink, 1984, Seite 151.

S. 108 *Bereits 15 Jahre:* Augustinus, Bekenntnisse Buch 10, Kapitel 30. (Die «Bekenntnisse» entstanden um das Jahr 400.)
S. 109 *Seit seiner Weihe:* Im Frühjahr 391 in Hippo Regius – vgl. Brown, Augustinus 118-120.
S. 109 *Zehn Jahre lang:* Vgl. Brown, Augustinus 39-51; 59.
S. 109 *Die Manichäer:* Vgl. Rudolph, Gnosis 352 -379.
S. 110 *Die Geheimnisse des Fleisches:* Vgl. Michel Foucault, Sexualität und Wahrheit, Band 1, Frankfurt am Main: Suhrkamp, 1977.
S. 111 *Jung jedenfalls:* Vgl. Jung, Aion 51.
S. 111 *Wie die Psychoanalyse:* Vgl. Jürgen Habermas, Erkenntnis und Interesse, Frankfurt am Main: Suhrkamp, 1971, 262-300. Dazu kritisch Dieter E. Zimmer, Tiefenschwindel, Reinbek bei Hamburg: Rowohlt, 1986, 68-84.
S. 112 *Der wunderbare Plotin:* Zum Einfluß plotinischer Gedanken auf Augustinus vgl. Brown, Augustinus 73-84. – Plotin starb im Jahr 270 n. Chr. auf einem Landgut in Campanien. Zum Leben und Denken Plotins vgl. Harder, Plotin 7-25. Dort (127) auch die Stelle vom Aufwachen aus dem Leib (siehe auch oben Seiten 27 und 98).
S. 113 *Die kaiserliche Polizei:* Zu den behördlichen Maßnahmen gegen die sog. Donatisten Nordafrikas vgl. Brown, Augustinus 203-212; Van der Meer, Augustinus der Seelsorger 101-123.
S. 113 *Die Kirche mag kein Blut sehen:* Dieser alte Grundsatz ist in zwei Formeln erhalten: Ecclesia abhorret a sanguine; Ecclesia non sitit sanguinem.
S. 114 *Im Jahr 1938:* Vgl. Jaffé, Erinnerungen 280f.
S. 114 *Schiwa:* Vgl. Wendy Doniger O'Flaherty, Siva. The Erotic Ascetic, Oxford: University Press, 1981.
S. 115 *Als Einhorn:* Vgl. O'Flaherty, Siva 50.
S. 116 *Was aber tat Jung:* Vgl. Jaffé, Erinnerungen 278; 284-286.
S. 116 *Und die Götter flehten:* Vgl. O'Flaherty, Siva 144; 211.
S. 116 *Aus seinem Dritten Auge:* Ebd. 247-251.
S. 117 *Beklagte sich die Schwiegermutter:* Ebd. 219-221.
S. 117 *Die Pfauen schreien:* Ebd. 220.
S. 117 *Und trauernd tanzte:* Ebd. 31.
S. 120 *Daran wurde Jung erinnert:* Vgl. Jaffé, Erinnerungen 281 f.
S. 120 *Der gepanzerte Mönch:* Vgl. oben Kapitel 1.
S. 121 *Übung des Liebesaktes ohne Samenerguß:* Vgl. O'Flaherty, Siva

256 (coitus reservatus). Siehe ferner Reay Tannahill, Sex in History, London: Hamish Hamilton, 1980,170f.
S. 121 *So wie die Frauen:* Ebd. 109; 273-277.
S. 121 *Die Schwarze:* Ebd. 225; 234; 251; 271.
S. 122 *Hatte Jung das Gefühl:* Vgl. Jaffé, Erinnerungen 279.
S. 123 *Zölibat und Götter des Todes:* Vgl. O'Flaherty, Siva 83.
S. 123 *Siegel aus Speckstein:* Ebd. 9.
S. 123 *Die Erfindung der Fabriksdisziplin:* Vgl. Hubert Treiber/Heinz Steinert, Die Fabrikation des zuverlässigen Menschen, Berlin: Ernst Wilhelm & Sohn, 1980.
S. 124 *Blieb er an Bord:* Vgl. Jaffé, Erinnerungen 288.
S. 125 *Noch mindestens zehn Jahre:* Vgl. Jung, Aion 103.
S. 126 *Im Januar 1944:* Jung, Erinnerungen 293-299.
S. 126/127 *Im Granatapfelgarten:* Vgl. Gershom Schölern, Die jüdische Mystik in ihren Hauptströmungen, Frankfurt am Main: Alfred Metzner, o. J. (1957), 245; 276-278.
S. 127 *Die Vermählung des Lammes:* Vgl. Apokalypse 19 und 21.
S. 127 *Kriminalromane:* Brome, Jung 249.
S. 128 *Ein Drittel der Sterne:* Apokalypse 12.
S. 128 *Angenehm überrascht:* Vgl. Jung, Gesammelte Werke Band 11, 492-503.
S. 128 *Aion:* Altgriechischer Begriff für Weltzeitalter, also den gesellschaftlichen und kosmischen Gesamtzustand. Im hellenistischen Mittelmeerraum zur Zeit des Kaisers Augustus galt Aion als Gottheit, dessen Geburtstag als Neujahrsfest gefeiert wurde.
S. 129 *Die andere Marie:* Siehe oben Kapitel 3 und 7.
S. 130 *Keusch im ursprünglichen Sinn:* Vgl. Deutsches Wörterbuch von Jacob und Wilhelm Grimm, München: Deutscher Taschenbuch Verlag, 1986, Band 11, 651-654.
S. 130 *In den Papieren von Nag Hammadi:* Pagels, Versuchung 110 f.
S. 130 *Konnte nicht auftauchen:* Vgl. Carotenuto, Symmetrie 269 («daß jede psychologische Theorie, ungeachtet ihrer tatsächlichen Gültigkeit, auf jeden Fall ein Problem ihres Autors zum Ausdruck bringt»),
S. 130 *Helene Preiswerk:* Vgl. Stefanie Zumstein-Preiswerk, C. G. Jungs Medium. Die Geschichte der Helly Preiswerk, München: Kindler, 1975. – Ehrenberger, Entdeckung des Unbewußten 925-927.

S. 131 *Was Sabina Spielrein bemerkte:* Vgl. Carotenuto, Symmetrie 104 f.
S. 131 *Im blauen Dunst:* Vgl. Jolande Jacobi, Komplex Archetypus Symbol, Zürich: Rascher, 1957,183-189 («Der blaue Dunst»),
S. 131 *Dorf stand auch ein rotes Kreuz:* Vgl. Sebastian Evans (Hrsg.), Perlesvaus. The high history of the Holy Grail, Cambridge : 1969, Seite 199 f.
S. 133 *Die Vereinigung der Gegensätze:* Jung, Aion 96.
S. 133 *Emma im Traum:* Jaffé, Erinnerungen 299f.
S. 134 *Um 4 Uhr am Nachmittag:* Brome, Jung 273.
S. 134 *Eher therapeutischen Wert:* Jaffé, Erinnerungen 319.
S. 135 *Über die Archetypen des kollektiven Unbewußten:* Jung, Gesammelte Werke Band 9/1, Olten: Walter, 1983.
S. 135 *Die Theologen sind in einer schwierigen Lage:* Jaffé, Erinnerungen 147.
S. 136 *Der hungrige König David:* Erstes Buch Samuel 21.
S. 137 *So wie die Gottessöhne:* Genesis 6.
S. 137 *Arbeit an einer Studie:* Holl, Die Welt der Zeichen.
S. 138 *Geistliches Leben:* Der Ausdruck «geistlich» ist im Deutschen seit Berthold von Regensburg (gest. 1272) belegt, als Gegensatz zu «weltlich».
S. 139 Wo *der Wurm nicht stirbt:* Markus 9,48.
S. 139 *Da stand der Afrikaner:* Augustinus, Bekenntnisse 9, 10, 23-25.
S. 139 *Immer wenn wir aufwachen:* Siehe oben die Anmerkung zu Seite 27. – Zum Einfluß Plotins auf Augustinus vgl. Brown, Augustinus, 76-84.
S. 140 *Zur Spiegelschrift ihres Gegenteils:* Vgl. Theodor W. Adorno, Minima Moralia, Frankfurt am Main: Suhrkamp, 1970,334.
S. 140 *Die ältere Schwester:* Van der Meer, Augustinus der Seelsorger 225-244.
S. 142 *Blut Christi, tränke mich:* Mittelalterliches Christusgebet; vollständiger Wortlaut in: Ignatius von Loyola, Die Exerzitien, Einsiedeln: Johannes Verlag, 1962, 5.
S. 142 *Unter dem Kreuze aber standen:* Vgl. Johannesevangelium 19,25 f.
S. 142 *Also denk daran:* Heinz Knienieder (1941–1986) an den Verfasser (Brief vom 8.9.1982).
S. 142 *Dunkle Nacht der Seele:* Vgl. L. A. McCann, The Doctrine of the Void, Toronto 1955.

S. 143 *Der Nazarener hatte andere Dinge im Kopf gehabt:* Vgl. Adolf Holl, Jesus in schlechter Gesellschaft, Stuttgart: Deutsche Verlags-Anstalt, 1971, 69-73.
S. 144 *Indiz für schlechte Verdauung:* Friedrich Nietzsche, Studienausgabe Band 4 (Hrsg. Hans Heinz Holz), Frankfurt am Main: Fischer Bücherei, 1968,135 (= Zur Genealogie der Moral, Dritte Abhandlung 25).
S. 145 *Die Flucht in den göttlichen Bereich:* Vgl. Richard Harder (Hrsg.), Plotin. Ausgewählte Einzelschriften, Heft 1, Hamburg: Felix Meiner, 1956, 64.
S. 145 *Unruhig ist unser Herz:* Augustinus, Bekenntnisse 1,1,1.
S. 146 *Wenn es nur außerhalb dieser Welt ist:* Vgl. Charles Baudelaire, Prosadichtungen (Übersetzung W. Kückler), Heidelberg 1974.
S. 146 *Zur Magersucht beispielsweise:* Vgl. Rudolph M. Bell, Holy Anorexia, Chicago: University Press, 1985.
S. 146 *Blaustrümpfe:* Elizabeth Montague (1720–1800) begründete in London einen literarischen Zirkel, der das Tragen blauer Wollstrümpfe kultivierte.
S. 147 *Einer traurigen Verstimmung:* Vgl. Rainer Jehl, Melancholie und Acedia, Paderborn: Schöningh, 1984.
S. 148 *Jene berühmten Versuchungen des Teufels:* Vgl. Gustave Flaubert, Die Versuchung des heiligen Antonius, Frankfurt am Main: Insel, 1966.
S. 148 *Theophrast:* Verfasser philosophischer und naturwissenschaftlicher Abhandlungen (372–288 v. Chr.).
S. 148 *Dauerthemen der Weltliteratur:* Vgl. Wolf Lepenies, Melancholie und Gesellschaft, Frankfurt am Main: Suhrkamp, 1969.
S. 148 *Die schönsten Werke des Menschen:* André Gide, LTmmoraliste; zitiert nach: Mario Praz, Liebe, Tod und Teufel, München: Deutscher Taschenbuch Verlag, 1981, 46.
S. 148 *Die keusche Würde der Enthaltsamkeit:* Siehe Anmerkung zu Seite 105.
S. 150 *Buch des Kaplans Andreas:* Vgl. F. Schlösser, Andreas Capellanus, Bonn 1959. – Man darf davon ausgehen, daß die Auffassung der Troubadoure von der Liebe zwischen Mann und Frau die Sinnlichkeit nicht ausschloß, wohl aber die Fortpflanzung – vgl. Noonan, Empfängnisverhütung 219-221.

S. 150 *Genauer gesagt:* Hubert Grundmann, Ketzergeschichte des Mittelalters, in: Die Kirche in ihrer Geschichte Band 2, Lieferung G, Göttingen: Vandenhoeck & Ruprecht, 1967, 22.
S. 150 *Ketzer:* Zu dieser Ableitung vgl. Jean Duvernoy, Le Catharisme Band 1, Toulouse 1976,302-304.
S. 152 *Liebe macht keusch:* Vgl. Gordon Rattray Taylor, Kulturgeschichte der Sexualität, Frankfurt am Main: Fischer, 1977, 77.
S. 153/154 *Im Juli des Jahres 1209:* vgl. Lothar Baier, Die große Ketzerei, Berlin: Wagenbach, 1984,113-122.
S. 154 *Träumte die europäische Literatur:* «Jemandem, der uns nach unseren Literaturen beurteilt, müßte der Ehebruch als eine der bemerkenswertesten Beschäftigungen erscheinen, denen sich der Abendländer hingibt» – vgl. Denis de Rougemont, Die Liebe und das Abendland, Zürich: Diogenes, 1957, 21. (Die These de Rougemonts, daß die höfische Literatur ketzerisch inspiriert war, ist wissenschaftlich nicht haltbar, ebenso wenig wie die Spekulationen des Autors über den «religiösen» Ursprung der Geschichte von Isolde und Tristan.)
S. 155 *Sie verkörperte die obere Sophie:* «Die Realität ‹Frau› derart mit dem Frauenbild der Höhe zu verwechseln, ist ein Standard der Literaturgeschichtsschreibung» – vgl. Theweleit, Männerphantasien 1,316.
S. 157 *Die mystische Bedeutung der schwarzen Schönheit:* Gemeint ist ein beliebtes Zitat aus dem biblischen Hohelied (1,5).
S. 157 *Prinzessin in Tripolis:* Vgl. Tannahill, Sex in History 267.
S. 157 *Franz von Assisi:* Vgl. Adolf Holl, Der letzte Christ, Stuttgart: Deutsche Verlags-Anstalt, 1979,161-164.
S. 158 *Herzwunde:* Vgl. Manfred Schneider, Die kranke schöne Seele der Revolution, Frankfurt am Main: Syndikat, 1980, 47-63.
S. 158 *Dienst am Gral:* Wolfram von Eschenbach, Parzival, Stuttgart: Reclam, 1981, Band 1, 401-403.
S. 158 *Der verwundete Mann:* Vgl. Karl Richstätter, Die Herz-Jesu-Verehrung des deutschen Mittelalters, Regensburg: Kösel, 1924.
S. 159 *Die Grundstörung:* Vgl. Michael Bahnt, Therapeutische Aspekte der Regression. Die Theorie der Grundstörung, Reinbek bei Hamburg: Rowohlt, 1973.
S. 159 *Schon der alte Heraklit:* Vgl. Harder, Plotin 127f. Heraklit lebte von ca. 535–475 v. Chr., Empedokles von ca. 490–430, Platon von 427–347, Plotin von 204–270 n. Chr.

S. 161 *In der Stunde vor Tagesanbruch:* Vgl. die Anmerkungen zu Seite 49 und 64.
S. 162 *Torhüter der Lichtwelt:* Siehe oben Anmerkung zu 64.
S. 162 *In der himmlischen Heimat:* Vgl. Adolf Holl, Unsere Heimat im Himmel, in: Siegfried Rudolf Dunde (Hrsg.), Vater im Himmel – seine Söhne auf Erden, Reinbek bei Hamburg: Rowohlt, 1986, 204-214.
S. 163 *Die Eremiten des Altertums:* Ernst Schwarz (Hrsg.), So sprach der Weise. Chinesisches Gedankengut aus drei Jahrtausenden, Berlin (Ost), Rütten & Loening, 1981,192 f.
S. 163 *Während der Trübsal des Peleponnesischen Kriegs*: Vgl. Eugen Fehrle, Die kultische Keuschheit im Altertum, Gießen: Alfred Töpelmann, 1910, 229 f.
S. 163 *Beinahe schien es:* Vgl. Taylor, Kulturgeschichte der Sexualität 72-76, wo zwischen «paternistischen» (sexuell intoleranten) und «maternistischen» (sexuell toleranten) Perioden unterschieden wird, die einander abwechseln.
S. 164 *Die asketischen Ideale:* Vgl. Friedrich Nietzsche, Zur Genealogie der Moral, Dritte Abhandlung.
S. 164 *Sein Buch über die Träume:* Freud, Studienausgabe Band 2.
S. 165 *Jung glaubte zu wissen:* Jaffé, Erinnerungen 154.
S. 166 *Von psychologischer Seite:* Vgl. Fromm, Anatomie 371-375.
S. 166 *Anzeichen für die Befreiung der Sexualität:* Vgl. Eberhard Schorsch/Gunter Schmidt (Hrsg.), Ergebnisse zur Sexualforschung, Köln: Kiepenheuer & Witsch, 1975, 15-29.
S. 167 *Lysergsäurediäthylamid:* Vgl. Adolf Dittrich, Ätiologieunabhängige Strukturen veränderter Wachbewußtseinszustände, Stuttgart: Enke, 1985, 24-26.
S. 168 *Der neue Weltstil:* Ernst Jünger, Sämtliche Werke Band 11, Stuttgart: Klett-Cotta, 1978, 46-52.
S. 168 *Auch die Nervenärzte:* Vgl. Hanscarl Leuner, Tiefenpsychologische Aspekte der Drogenerfahrung, in: Gisela Völger (Hrsg.), Rausch und Realität Teil 2, Köln: Rautenstrauch-Joest-Museum, 1981, 648-655.
S. 169 *Andere Schlüssel:* Vgl. Stanislav Grof, Geburt, Tod und Transzendenz, München: Kösel, 1985.
S. 170 *Die Leidenschaft ist dabei auszusterben:* Vgl. Elisabeth Badinter, Ich bin Du. Die neue Beziehung zwischen Mann und Frau oder Die

androgyne Revolution, München: Piper, 1987. – Shere Hite, Weibliche Sexualität. Von Frauen für Frauen, München: Goldmann, o. J.
S. 171 *Wir kommen zurück von Jerusalem:* Siehe oben Seite 61-64.
S. 171 *Weg des Wassers:* Siehe oben Seite 69-70.
S. 172 *Schrieb ich:* Adolf Holl, Tod und Teufel, Stuttgart: Deutsche Verlags-Anstalt, 1973, 242; 246.
S. 172 *Ein dienstliches Schreiben:* Vgl. Adolf Holl, Lieber Papst, Frankfurt am Main: Ullstein Sachbuch, 1983, 41-44.
S. 174 *Gloria in excelsis Deo:* Ehre sei Gott in der Höhe.
S. 175 *In einer bibeltheologischen Abhandlung:* Vgl. Josef Blank, Kirchliches Amt und Priesterbegriff, in: 3. Kongreß des europäischen Instituts für Priesterhilfe, Luzern 1967.
S. 175 *Ich bin Ion:* Text nach Jung, Gesammelte Werke Band 11, 248 f. (Zosimos, geboren um 300 n. Chr. im oberägyptischen Panopolis, lebte in Alexandria, als Verfasser eines auf 28 Bände geschätzten Werkes, das fast zur Gänze verlorengegangen ist, und gilt als der erste historisch faßbare Alchemist.)
S. 176 Wie *eine zweite Geburt:* Vgl. Mircea Eliade, Das Mysterium der Wiedergeburt, Zürich: Rascher, 1941.
S. 176 *Siehe ich habe vollendet:* Jung, Gesammelte Werke Band 11, 248.
S.176 *Manche fanden:* Vgl. Franz Alt, Frieden ist möglich, München : Piper, 1983,10.
S. 176 *Wurden zu Jüngern:* Vgl. Jan Foudraine, Bhagwan, Krishnamurti, C. G. Jung und die Psychotherapie, Essen: Synthesis Verlag, 1983.
S. 177 *Der spirituelle Weg ist einfach:* Jan Foudraine, Der religiöse Mensch als Ziel, in: Rudolf Bahro u. a., Radikalität im Heiligenschein, Berlin: Herzschlag Verlag, 1984, 31.
S. 177 *Einstens waret ihr Finsternis:* Epheserbrief 5,8; Römerbrief 13,13.
S. 178 *Mit einem Traum:* Jaffé, Erinnerungen 206.
S. 178 Angeregt zur Beschäftigung: Ebd. 208.
S. 178/79 Sie träumten beispielsweise: Jung, Gesammelte Werke Band 11, 206.
S. 179 *Arbeitsschritte bei der Goldkocherei:* Vgl. F. S. Taylor, The Alchemists, 1951.
S. 179 *Dem Prinzip der Verwandlung:* Vgl. Edward F. Edinger, Anatomy of the Psyche. Alchemical Symbolism in Psychotherapy, La Salle (Illinois): Open Court, 1985,15.

S. 179 *Seine eigene Krise:* Jaffé, Erinnerungen 213. Vgl. dazu die Bemerkung Aldo Carotenutos, «daß jede psychologische Theorie, ungeachtet ihrer tatsächlichen Gültigkeit, auf jeden Fall ein Problem ihres Autors zum Ausdruck bringt» – Carotenuto, Symmetrie 269.
S. 179 *Notierte der Träumer:* Jung, Gesammelte Werke Band 11,249.
S. 182 *Eine gemeinsame Leidenschaft für Vergangenes:* Vgl. Dieter E. Zimmer, Tiefenschwindel, Reinbek bei Hamburg: Rowohlt, 1986,81.
S. 182 *Waren die Toten nicht gestorben:* Jaffé, Erinnerungen 286; 176.
S. 184 *Wir, die wir wagen:* Jean-Francois Lyotard, Postmoderne für Kinder, Wien: Passagen, 1987, 55.
S. 184 *Wie die Kampfhähne:* Text nach Schwarz, So sprach der Weise 197.
S. 185 *Sanskritwort für Leere:* Der Ausdruck śunyata wird von der Wurzel śvi (geschwollen, einen Hohlraum bildend) abgeleitet. Vgl. Edward Conze, Der Buddhismus, Stuttgart: Kohlhammer, 1981, 123. Siehe dazu auch Agehananda Bharati, The Light at the Center, Santa Barbara (California): Ross-Erikson, 1982, 45.
S. 185 *Der gelehrte Mönch Nagarjuna:* Vgl. Hans-Wolfgang Schumann, Buddhismus, Olten: Walter Verlag, 1978,177-183.
S. 186 *Der Nullzustand selbst:* Prof. Bharati, dem ich hier folge, spricht von «zero-experience » und bezeichnet damit die mystische Erfahrung schlechthin – vgl. Bharati, Light at the Center 75.
S. 187 *Weder als heilig noch als profan:* Vgl. R. C. Zaehner, Mystik religiös und profan, Stuttgart: Ernst Klett o. J., eine Apologie theistischer Mystik. Wie stark die psychischen Sperren dieses Orientalisten gegen Entgrenzungserlebnisse waren, zeigt das Protokoll seiner Erlebnisse im Meskalinrausch (a. a. O., 280-301).
S. 188 *Als traurigen, harten, entschlossenen Blick:* Nietzsche, Genealogie der Moral, Dritte Abhandlung 24-28.
S. 188 *Auflösung der dinglichen Wirklichkeit:* Vgl. Hans-Peter Dürr (Hrsg.), Physik und Transzendenz, Bern: Scherz, 1986,12f.
S. 188 *Der Sprung ins Leere:* Das Buch unter diesem Titel von Christian Kellerer (Köln: DuMont, 1982) vergleicht den Surrealismus mit dem Zen-Buddhismus.
S. 189 *Sogenannter Depersonalisierter:* Vgl. Duerr, Sedna 246-249.
S. 189 *Katharina von Genua:* Text nach Duerr a. a. O. 248.
S. 189 *Der Geschmack am Nichts:* Zitiert nach Duerr a. a. O. 253.

S. 190 *Ein deutscher Psychiater:* Vgl. Bharati, Light at the Center 47.
S. 190 *Im Nullzustand:* Der Guru gebrauchte das Wort «samadhi», das in der Yoga-Terminologie des Patanjali den achten und letzten, d. h. vollkommenen Zustand der kontemplativen Versenkung bezeichnet; in der Alltagssprache des heutigen Indien wird unter «samadhi» jede intensive Meditation verstanden – Bharati, Light at the Center 236.
S. 191 *Das zweite große Geheimnis:* Jaffé, Erinnerungen 27-33.
S. 192 *Nie ganz klar:* Ebd. 33.
S. 192 *Auf jeden Fall Sozialist:* Vgl. Friedrich-Wilhelm Marquardt, Theologie und Sozialismus, Kaiser: München, 1972, 22. (Karl Barth, 1886–1968, arbeitete zuerst als reformierter Pfarrer im schweizerischen Aargau und lehrte dann in Göttingen, Münster und Bonn als Universitätslehrer Theologie. 1935 als Gegner des Nationalsozialismus seines Lehramtes enthoben, kehrte Barth in die Schweiz zurück und wirkte bis 1962 an der Universität Basel. Er gilt als einer der führenden Theologen des Jahrhunderts.)
S. 192 *Von einer bürgerlichen Partei:* Es handelte sich um den «Landesring der Unabhängigen» – vgl. Brome, Jung 235.
S. 192 *Ein quasi sexueller Gegenstand:* Jaffé, Erinnerungen 29.
S. 193 *Wie der Gott der Gnostiker:* Vgl. Rudolph, Gnosis 68-76.

Das Manuskript wurde im Dezember 1984 begonnen und im Januar 1990 abgeschlossen.

Nachwort

KIRCHE – ZÖLIBAT – GESCHLECHTSLUST
Über die Vereinbarkeit des Unvereinbaren

Schon im Titel und Untertitel des Buches *Der Fisch aus der Tiefe oder Die Freuden der Keuschheit* wird sichtbar, dass es hier um eine Auseinandersetzung um das richtige Verhältnis zwischen Glaube und Liebe, besonders der körperlichen Liebe, der Sexualität, geht. Und dabei schwingen, je weiter die erzählende Reflexion fortschreitet, immer wieder autobiographische Töne mit. Adolf Holl war, was sein Ringen um erotische Leidenschaft und Abstinenz in den Beziehungen zum anderen Geschlecht betrifft, ein durchaus Zerrissener. Seine Ambivalenz ging tief.

Holl war überzeugter Christ und ein hervorragender Theologe. Und nicht nur in den Jahren, in denen er sein Priesteramt aktiv ausübte, erwies er sich gegenüber Menschen, die der Kirche fernstanden oder am Rande der Gesellschaft lebten, als einfühlender Gesprächspartner und hilfsbereiter Seelenhirte, durchaus auch, indem er durch materielle Hilfe Erleichterung in den schweren Alltag von sozial Benachteiligten und vom Leben Geplagten bringen konnte.

Holl wusste um die Sorgen und Nöte der «einfachen Leute», zumal er in den Jahren seiner frühen Kindheit nicht auf Rosen gebettet war. Er wuchs als Einzelkind auf, die Mutter war alleinerziehend und musste für den Lebensunterhalt hart arbeiten. Der junge Adolf erfuhr zwar Zuwendung, aber die finanziellen Möglichkeiten waren sehr beschränkt.

Schon früh hatte Holl nicht nur zur Mutter, sondern auch zu anderen Frauen enge emotionale Bindungen. Er hat mir in den langen Jahren unserer Freundschaft häufig davon berichtet, dass es ihm, ohne dass er dies bewusst wollte, immer gelang, von Frauen liebevoll umsorgt und betreut zu werden: «Mit Frauen habe ich schon in meiner frühen Kinder -und Jugendzeit gute Beziehungen unterhalten.»

Das Väterliche, Patriarchale war in seiner Kindheit abwesend, eine positive männliche Bezugsperson konnte er nicht benennen, jedenfalls keine aus seinem engeren Umkreis. Da lag es nur allzu nahe, dass positiv besetzte Männerbilder nicht im engeren Familienkreis, sondern im weiteren und auch im literarischen Beziehungsfeld gesucht und gefunden wurden.

Begeistert war er als Jugendlicher von seinem Gemeindepfarrer. Ihm ist es wohl zu verdanken, dass er gerne Ministrant gewesen war. Aber schon früh hatten für seine intellektuelle und spirituelle Entwicklung auch männliche Autoritäten wie Jesus von Nazareth, der Afrikaner Aurelius Augustinus oder Franz von Assisi eine prägende Rolle gespielt – um nur die wichtigsten zu nennen.

Im Klappentext zur Erstausgabe seines Buches schreibt Adolf Holl, dass der Tiefenpsychologe und Vater der Archetypenlehre, Carl Gustav Jung, die Reiseleitung beim Schreiben übernommen habe. C. G. Jung habe ihn, Holl, in die Tiefe seiner eigenen Seele geführt.

Als weitere wichtige Wegbegleiter tauchen dann auf: Simon Petrus und Simon Magus, beide um 65 n. Chr. gestorben. Simon Petrus ist Holls Antipode – ein Asket, körperfeindlich, von der römisch-katholischen Kirche als «erster Bischof von Rom» anerkannt. Hingegen gilt Simon Magus als erster Häretiker der Kirche. Er ist in Holls Darstellung körperfreundlich, lustbetont, menschlichen Gefühlen nahe bis in die verborgenen Tiefen der Seele.

Mit diesen Wegbegleitern geht er auf die Reise von Europa nach Indien und zurück, die Jahrhunderte durchstreifend, beginnend mit der Zeit des Lebens Jesu bis ins 20. Jahrhundert, hin zu den Anfängen der Tiefenpsychologie und Psychoanalyse.

Holl demonstriert am Beispiel des überaus einflussreichen Kirchenlehrers Augustinus von Hippo oder, wie er auch genannt wird, Aurelius Augustinus (gest. 430 n. Chr.), in welchem Ausmaß und in welchen Facetten Köperfeindlichkeit und Lustunterdrückung die Moral der Kirche geprägt haben. Holl schildert, in welchem Umfang und Ausmaß verdrängte Triebimpulse unter dem kirchlichen Dogma destruktiv wüteten und wie viele Menschenleben am krankhaften, sadistischen, wahnhaften Ausagieren von Sexualpathologien zugrunde gingen.

Um seelischen Mechanismen zu demonstrieren nimmt uns Holl mit in die Träume und Visionen C. G. Jungs, bis an jenen extremen Punkt, wo die Psyche des Träumenden auseinanderzubrechen droht. In drastischen Worten schildert Holl, was der christliche Pfarrersohn Jung von der triebfeindlichen Kirche hielt. Gott selbst hätte sich entsetzt abgewendet. Die Drastik gipfelt in einem Traum, in dessen Verlauf der Tiefenpsychologe den Allerhöchsten bei der Verrichtung seiner Notdurft «schaut», Gott also, grobianisch gesprochen, buchstäblich auf die Kirche «scheißt».

Jung war für Holl in gewisser Weise ein Vorbild, einer jener historischen Männer, die er bewunderte. An einer Stelle beschreibt Holl «Sonderlinge des Glaubens», die in der Seele Jungs zu rumoren begannen, indem sie – Jungscher Archetypenlehre gemäß – dessen lebendiger, bedürftiger Fleischlichkeit entsprangen.

Dem autobiographischen Teil am Ende des Buches kann der Leser entnehmen, wie Holl, als Einunddreißigjähriger noch in einem Pfarrhaus lebend, sich verliebte und an den freien Nachmittagen intensiver körperlicher Lust frönte. Daraus wird ersichtlich, wie sehr die Überlegungen des Tiefenpsychologen dem Priester Holl geholfen haben, sich von seinen Schuldgefühlen zu befreien.

Aber ganz verschwanden diese Gefühle nicht. Die typisch katholische Ambivalenz blieb bestehen, also – einerseits – die Hinneigung zu den «Reinheitssphären» der Abstinenz und des rein Geistigen, während – andererseits – das Ausagieren der Libido als befreiend empfunden wurde.

Holl hatte sich als Katholik mit dem Priesterberuf zur geschlechtlichen Enthaltsamkeit verpflichtet. Obwohl er im *Fisch aus der Tiefe* durchgehend ein Plädoyer für die Leidenschaft und die körperliche Liebe ablegt, blieb er in seinem Innersten der Reinheitsregel des Zölibats verhaftet. Vor diesem Hintergrund ist Holls dialektische Suche nach Gründen zu verstehen, warum erst ein leidenschaftliches Liebesleben den Menschen «ganz Mensch», das heißt, seiner natürlichen Bestimmung gerecht werden lasse.

Für Holl gehörte zum Gottesdienst auch die Liebe, und zwar nicht nur die platonisch vergeistigte, sondern auch die körperliche, die alle Sinne umfasst. Holl pflegte zu sagen (mit diesen und mit ähnlichen Worten): «Gott hat uns die Liebe und die Leidenschaft zwischen den Geschlechtern geschenkt, und wir sollten dieses Geschenk auch dankbar annehmen.» Deshalb triumphiert im *Fisch aus der Tiefe* Simon Magus über den Asketen Simon Petrus.

Je größer die Lebenserfahrung von Holl wurde, je mehr er sich auf die Menschen eingelassen hat, je seelsorglicher er mit Menschen, die ihm begegneten, umgegangen ist, desto mehr hat er seine eigene Sinnlichkeit auch leben können. Holl ist häufig selbst in die Tiefe seiner Seele hinabgestiegen, er hat sich mit seinen Träumen und Visionen intensiv auseinandergesetzt und wusste aus eigener Erfahrung, was unter «Grenzerfahrungen» zu verstehen ist – Situationen an der Grenze zwischen Welt und Überwelt, geistiger Anstrengung und Ekstase, bis hin zum Wahnsinn.

Seine Spiritualität, die sich im Laufe der Jahre vertiefte, und seine Hinneigung zum religiösen Ritual, das er nach dem Ausscheiden aus dem Priesteramt nicht mehr praktizieren durfte, blieben dem Autor Holl als Triebkräfte durchgängig erhalten. Auch diese Persönlichkeitsprägung ist in den *Fisch aus der Tiefe* eingegangen, ein Buch, das, recht gelesen, zwischen den Zeilen und explizit auch ein autobiographisches Bekenntnis ist.

Am Ende schien Holl klargeworden zu sein: Er hatte den für ihn richtigen Lebensweg beschritten. Er hatte seine priesterlichen Aufgaben aufgeben müssen zugunsten von Weltoffenheit, Neugierde und Lebenslust – und wegen einer starken Neigung zum Widerspruch allen dogmatischen Verengungen des religiösen Glaubens gegenüber dem sinnlichen Lebens.

Dem Leben von Adolf Holl, und nicht zuletzt auch seinen Büchern, haftet etwas Priesterliches an. Darüber können die Leichtigkeit des Stils und der Erzählweise nicht hinwegtäuschen. Kein Zweifel: *Den Fisch aus der Tiefe* schrieb ein enzyklopädisch ausgelegter, hochinformierter Religionspublizist, der im Herzen «katholisch» im ursprünglichen und zugleich liberalen Verständnis geblieben war

Bernd Deininger

Dr. theol. et phil. ADOLF HOLL, geb. am 13. Mai 1930 in Wien, verstorben ebendort am 23. Jänner 2020. Katholischer Priester, Theologe, Religionslehrer, Universitätsdozent, Schriftsteller und Publizist.

Adolf Holls *Der Fisch aus der Tiefe* erschien erstmals 1990.

Informationen zu Adolf Holl und der zwölf Bände umfassenden Werkausgabe: adolf-holl.at